독자의 1초를
아껴주는 정성을
만나보세요!

세상이 아무리 바쁘게 돌아가더라도 책까지 아무렇게나 빨리 만들 수는 없습니다.
인스턴트 식품 같은 책보다 오래 익힌 술이나 장맛이 밴 책을 만들고 싶습니다.
땀 흘리며 일하는 당신을 위해 한 권 한 권 마음을 다해 만들겠습니다.
마지막 페이지에서 만날 새로운 당신을 위해 더 나은 길을 준비하겠습니다.

코딩 자율학습 **나도코딩의 파이썬 입문**

Python for Beginners with Nadocoding

초판 발행 · 2023년 2월 20일
초판 4쇄 발행 · 2024년 11월 11일

지은이 · 나도코딩
발행인 · 이종원
발행처 · (주)도서출판 길벗
출판사 등록일 · 1990년 12월 24일
주소 · 서울시 마포구 월드컵로 10길 56(서교동)
대표 전화 · 02)332-0931 | **팩스** · 02)323-0586
홈페이지 · www.gilbut.co.kr | **이메일** · gilbut@gilbut.co.kr

기획 및 책임편집 · 정지연(stopy@gilbut.co.kr) | **디자인** · 책돼지 | **제작** · 이준호, 손일순, 이진혁, 김우식
마케팅 · 임태호, 전선하, 차명환, 박민영, 지운집, 박성용 | **영업관리** · 김명자 | **독자지원** · 윤정아

교정교열 · 이미연 | **전산편집** · 책돼지 | **출력 및 인쇄** · 금강인쇄 | **제본** · 금강인쇄

ISBN 979-11-407-0330-2　93000
(길벗 도서번호 080357)

정가 24,000원

독자의 1초를 아껴주는 정성 길벗출판사

(주)도서출판 길벗 | IT교육서, IT단행본, 경제경영서, 어학&실용서, 인문교양서, 자녀교육서
www.gilbut.co.kr
길벗스쿨 | 국어학습, 수학학습, 어린이교양, 주니어 어학학습, 학습단행본
www.gilbutschool.co.kr

페이스북 · https://www.facebook.com/gbitbook
예제 소스 · https://github.com/gilbutITbook/080357
코딩 자율학습단 · https://cafe.naver.com/gilbutitbook

코딩
자율학습

구독자 33만
조회수 1,900만

나도코딩 의
파이썬 입문

초보자 눈높이에 맞춘
친절한 프로그래밍 자습서

나도코딩 지음

이러다
코딩천재?

길벗

베타 학습단의 한마디

프로그래밍을 처음 접하는 사람들을 위해 어려운 개념이나 복잡한 설명은 절제하고, 간결하고 쉬운 설명과 비유로 이해를 도우려는 나도코딩 님의 세심한 배려가 느껴졌습니다. **_박소영**

파이썬의 기본 개념을 확실하게 잡아주는 책입니다. 누구나 이해할 수 있도록 철저하게 입문자의 눈높이에 맞춰 진행하지만, 결코 대충 넘어가는 내용이 없고 흐름이 매끄러워 자연스럽게 탄탄한 기본기를 갖출 수 있습니다. 특히나 입문자에게 난관인 클래스를 비중 있게 다루고 실제 게임과 비슷한 실습 예제로 객체지향 프로그래밍까지 경험할 수 있습니다. **_이용택**

책과 강의를 함께 보니 정말 더할 나위 없이 좋았습니다. 이제 막 파이썬에 입문하는 분께 하나의 초석이 될 수 있는 책입니다. 재미있는 예제들로 코드를 직접 실행해 보니 기초 공부에 정말 많은 도움이 됐습니다. **_김예원**

다른 파이썬 기초 책을 봤지만 실습이 부족했는지 자신감이 없었습니다. 그런데 실생활을 반영한 예제와 재미있는 강의 덕분에 실력 향상에 도움이 많이 됐습니다. 특히 9장에서 게임을 이용한 코드로 흥미를 높이고, 기본 코드를 입력하고 기능을 확장하면서 완성해 가는 방법으로 학습하는 부분이 인상 깊었습니다. **_박준희**

핵심만 짚은 간결한 설명, 직접적으로 와닿는 비유, 챕터 간 개념이 점진적으로 누적되어 가는 구성으로 비전공자도 부담 없이 코딩에 입문할 수 있도록 돕는 책입니다. 저는 나도코딩 님 강의로 코딩에 입문한 뒤, 이 책을 읽으며 전체 내용과 세부 개념을 다시 정리했습니다. 책은 강의에서 간단하게 설명한 개념들을 시각적으로 보여 주고, 명확한 정의 과정을 통해 살을 붙여 주기 때문에 강의를 들었더라도 얻어갈 부분이 많았습니다. 코딩을 처음 접하는 분도 부담 없이 시작할 수 있는 책입니다. **_전영수**

이미 유튜브 강의를 본 상태지만, 뒤로 갈수록 모르고 지나쳤던 내용과, 작동 원리나 기능을 잘 알지 못하면서 넘긴 부분을 제대로 학습할 수 있었습니다. 이 책은 프로그래밍을 입문하기에 아주 최적화되어 있어서 아무것도 모르고 프로그래밍을 입문하는 분께 강력 추천하고 싶습니다. 익숙하고 이해하기 쉬운 예제와 좋은 팁까지 있어서 이해할 때까지 반복 학습한다면 한 단계 더 성장할 수 있을 겁니다. **_민성철**

다른 파이썬 책은 상세한 설명을 생략해서 헤맬 때가 종종 있는데, 이 책은 조금이라도 막힐 만한 부분은 자세히 설명해 놓아서 좋았습니다. 가장 도움이 됐던 부분은 클래스와 메서드를 이용해 게임을 제작하는 부분이었습니다. 게임을 제작하며 클래스를 직접 만들고 상속하고 유닛을 생성하는 등 풍부한 예시로 클래스를 생생하게 체험할 수 있었습니다. 초보자에게 가장 친절하고 완벽한 교재라고 생각합니다. **_차민경**

꼼꼼하게 공부할 수 있는 기회가 되어 좋았습니다. 업무나 전공과 관련 없고 주변에 파이썬을 공부하는 사람도 없어서 좀 고독했는데 학습단과 함께해서 끝까지 포기하지 않고 공부할 수 있었습니다. **_김민지**

40대 아줌마도 도전할 정도로 쉽게 만들어졌습니다. 동영상 강의로만 보다가 책을 보니 코드에 대한 이해도가 상승했습니다. 또한, 실습 문제를 풀며 앞에서 배운 내용을 이용하다 보니 앞으로 공부할 게 많이 남았다는 사실을 깨닫게 됐습니다. 앞으로 더 배워야겠지만 첫걸음을 잘 디딘 것 같아 기쁘고, 다른 언어에 대한 호기심도 생겨 전체적으로 만족합니다. _이진향

책 출간에 직접 참여하는 활동이 처음이라 설레기도 하고 학생이기에 지식이 부족해 남들에 미치지 못할까 봐 걱정이기도 했습니다. 그러나 학습단을 하다 보니 공부에 열중하게 됐습니다. 학습단이 끝나니 아쉬우면서도 이런 활동에 참여했다는 것에 자부심을 느꼈습니다. 이 책을 계기로 제 진로가 더 확실해졌고 한 차원 높은 프로그래밍 실력을 가질 수 있을 것 같습니다. 이런 책을 편찬해 주셔서 정말 감사드립니다. _손지형

파이썬 기초를 다시 다질 수 있어서 좋았습니다. 파이썬 공부 초기에 나도코딩 님 영상으로 도움을 많이 받았는데 작게나마 책에 참여할 기회를 얻어 기뻤습니다. 앞으로 나올 도서에서도 도움이 될 수 있으면 좋겠습니다. _박민영

파이썬을 잠깐 공부했지만, 중도 포기했었습니다. 이번 기회를 통해 하루 1장씩 공부하며 책을 읽고, 코드를 치며 잘 마무리할 수 있었습니다. 드디어 파이썬 기초를 뗄 수 있겠네요! _김시유

개발자를 꿈꾸는 분께 큰 힘이 되는 책입니다. 실습에 필요한 환경 설치 및 실행 방법, 개발에 필요한 이론적인 내용과 예제 그리고 간단한 게임 제작 등 알차게 구성되어 있습니다. 어떤 원리로 코드가 작동되는지 자세히 알 수 있어서 입문자에게 매우 도움이 됩니다. 주위에 파이썬을 배우려는 사람이 있다면 이 책을 추천하겠습니다. _김기홈

내용이 직관적이고 잘 읽혔습니다. 파이썬의 기초부터 핵심 내용을 쉬운 예제들로 설명해 입문자가 배우고 이해하기 쉬웠습니다. 책 구성이 좋아 부담되지 않고 재미있게 공부할 수 있었네요. _조근행

학습단에 참여해 파이썬이라는 언어를 깊게 이해하고 하나씩 배워 갈 수 있었습니다. 공부한 내용을 응용해서 간단한 게임까지 직접 만들어 볼 수 있어서 매우 도움이 됐습니다. 배운 내용을 업무 자동화, 웹 스크래핑 등에 활용하며 실력을 키워 보겠습니다. _차하나

중간중간에 어려운 부분도 있었지만 학습단에 참여하면서 여유 시간도 활용하고 가물가물하던 파이썬 내용도 다시 기억할 수 있었습니다. 커뮤니티를 운영하며 질문에 답변해 주신 점도 매우 만족합니다. _나희수

베타 학습단에 참여해 주신 모든 분께 감사드립니다.
여러분의 소중한 의견이 모여 더 좋은 책을 만들 수 있었습니다.

지은이의 말

"너무 너무 감사합니다. 전 현재 60세 여자인데 코딩을 선생님 강의로 시작해서 완강했어요. 너무 너무 재미있었습니다." _lee**** 님

나도코딩 유튜브 채널의 파이썬 강의 동영상에 달린 이 댓글을 보고 많은 분이 긍정적인 충격을 받았습니다. 초등학생을 비롯한 10대뿐 아니라 40~50대 구독자 분들도 이 댓글에 힘입어 코딩 공부를 다짐하게 됐고, 어느 분은 출퇴근 시간마저 아껴가며 공부하기 위해 일부러 대중교통을 이용한다고도 했습니다.

제가 어렸을 때는 모든 차량의 변속기가 수동이었습니다. 아버지가 운전하실 때 1단부터 직접 기어를 바꾸며 바쁘게 움직이는 손이 참 멋있게 느껴졌습니다. 하지만 오르막길에서는 앞차가 출발할 때 뒤로 조금씩 밀리는 일이 있었고 심지어는 시동이 꺼지는 차량도 종종 볼 수 있었습니다. 과연 제가 어른이 됐을 때 운전을 잘 할 수 있을까 하는 걱정도 들더군요.

그런데 그 걱정은 생각보다 오래 가지 않았습니다. 언제부터인가 자동 변속기가 나왔고 지금은 대부분 차량에 자동 변속기가 장착됐습니다. 기어를 D에 놓으면 전진하고, R에 놓으면 후진하는 간단한 조작법 덕에 이제는 정말 많은 사람이 쉽게 운전할 수 있게 됐습니다.

프로그래밍 세계에서는 파이썬이 이런 자동 변속기 역할을 하고 있는 것 같습니다. 정말 많은 부분을 신경 쓰며 코딩해야 했던 다른 언어들과 달리, 파이썬은 아주 간결하면서 이해하기 쉬운 문법으로 누구나 쉽게 코딩에 발을 들여 놓게 했고 프로그램을 만들 수 있게 해 주었습니다. 또한, 전 세계 수많은 파이썬 개발자가 이미 만들어 둔 수십만 개의 패키지는 초보자가 좀 더 쉽고 편리하게 개발할 수 있게 했습니다. 프로그램의 모든 기능을 직접 만들 필요 없이 필요한 기능이 있을 때는 패키지를 찾아 사용하기만 하면 되죠.

파이썬은 활용처도 정말 다양합니다. 친구들과 함께 즐길 수 있는 게임 개발부터 프로그램을 더 사용하기 쉽게 해주는 GUI 프로그래밍, 웹페이지에서 데이터를 수집할 수 있는 웹 스크래핑, 업무를 컴퓨터가 대신해 주는 업무 자동화(RPA), 대량의 자료를 분석하고 원하는 형태의 그래프로 나타낼 수 있는 데이터 분석 및 시각화, 이미지나 동영상을 분석해 얼굴 인식 등 다양하게 응용할 수 있는 이미지 처리, 데이터로부터 의미 있는 모델을 도출해 새로운 데이터에 대한 결

과를 예측할 수 있는 머신러닝, 하드웨어 기기를 프로그래밍하고 주변 장치와 연결해 정보를 주고받을 수 있는 사물 인터넷(IoT), 자신만의 전략을 적용해 자동으로 매매할 수 있는 주식 자동화, 온라인 웹 페이지 제작, 인공지능 챗봇 등 정말 많은 분야에서 파이썬을 사용합니다.

이처럼 많은 용도로 쓰이는 파이썬은 비전공자도 쉽게 배울 수 있고 특히 빠르게 공부해서 바로 활용하려는 사람에게는 더없이 좋은 프로그래밍 언어입니다. 실제로 파이썬 기본편 강의를 수강한 분들이 회사에서 코딩 역량을 발휘해 의미 있는 성과를 내고 승진하거나, 뛰어난 경쟁자들이 참여하는 대회에서 당당히 대상을 수상하고, IT 기업에 개발자로 취업 또는 개발과 관련 없는 팀에서 개발팀으로 인사 이동을 하는 등 많은 결실을 맺었습니다.

이제는 여러분 차례입니다. 파이썬을 공부하고 나면 세상에 없던 여러분만의 프로그램을 마음껏 만들 수 있게 될 겁니다. 학생은 배움의 재미를, 취준생은 취업의 기회를, 직장인은 빠른 퇴근을, 일반인은 훌륭한 취미를 갖게 될 것입니다. '이렇게 쉬워도 되나?'라는 생각이 들 정도로 누구나 쉽고 재미있게 공부하실 수 있도록 나도코딩이 도와 드리겠습니다.

나도코딩

지은이 소개 나도코딩(nadocoding@gmail.com)

누구나 쉽고 재미있게 코딩을 공부할 수 있도록 다양한 강의를 제공하는 유튜버이자 개발자다. 유튜브 강의를 통해 개발자로 취업에 성공하거나 업무 성과를 인정받아 승진했다는 등의 감사 인사를 받을 때 가장 큰 보람과 희열을 느낀다. '예제를 통한 쉬운 설명', '군더더기 없는 깔끔한 강의'라는 수강평을 받은 이후로 이 두 가지는 반드시 지키자는 다짐으로 새로운 강의 제작에 임하고 있다.

유튜브 https://www.youtube.com/@nadocoding
블로그 https://nadocoding.tistory.com
인프런 https://www.inflearn.com/users/@nadocoding

이 책의 구성

코딩을 처음 배우는 사람도 자세한 설명과 친절한 지시선으로 막힘없이 따라 할 수 있습니다. 기본 설명 외에도 팁, 노트 등을 적재적소에 배치해 완벽한 자율학습을 할 수 있게 이끕니다. 일상 속 재미있는 예제로 문법을 익히고 1분 퀴즈, 실습 문제, 셀프체크로 이어지는 단계별 학습으로 개념을 완벽하게 이해할 수 있습니다.

① 형식

형식을 이해하고 활용하기 쉽게 기본 구문 정리

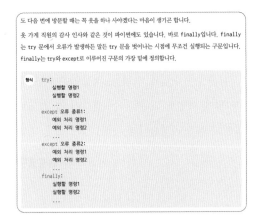

② 팁과 노트

팁과 노트로 실습 시 생길 수 있는 의문점을 해결

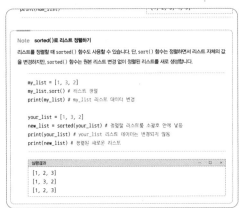

③ 1분 퀴즈

간단한 퀴즈 문제로 배운 내용 바로 확인

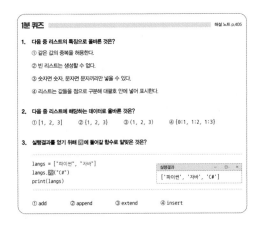

④ 실습 문제

간단한 프로그램 문제로 기본 개념 이해

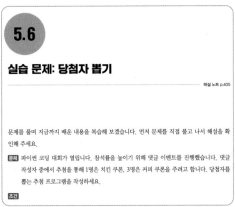

⑤ 마무리

개념을 다질 수 있게 장마다 핵심 내용 정리

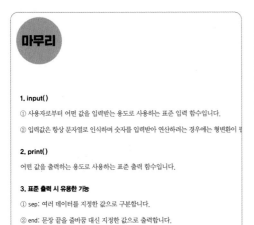

마무리

1. input()

① 사용자로부터 어떤 값을 입력받는 용도로 사용하는 표준 입력 함수입니다.

② 입력값은 항상 문자열로 인식하며 숫자를 입력받아 연산하려는 경우에는 형변환이 핃

2. print()

어떤 값을 출력하는 용도로 사용하는 표준 출력 함수입니다.

3. 표준 출력 시 유용한 기능

① sep: 여러 데이터를 지정한 값으로 구분합니다.

② end: 문장 끝을 줄바꿈 대신 지정한 값으로 출력합니다.

③ file: 출력 대상을 지정합니다.

④ ljust()와 rjust(): 미리 공간을 확보하고 왼쪽 또는 오른쪽 정렬로 출력합니다.

⑤ zfill(): 미리 공간을 확보하고 빈칸을 0으로 채웁니다.

⑥ 셀프체크

직접 코드를 짜 보면서 배운 내용을 이해했는지 확인

셀프체크　　　　　　　　　　　　　　해설 노트 p.413

문제 미세먼지 수치를 입력받아 대기질 상태를 출력하는 함수를 만들어 보세요.

조건

1. get_air_quality라는 이름으로 함수를 만든다.

2. 이 함수는 전달값으로 미세먼지 수치를 입력받는다.

3. 이 함수는 대기질 상태를 반환한다.

4. 미세먼지 수치에 따른 대기질 상태는 다음과 같다.
   - 좋음: 0~30
   - 보통: 31~80
   - 나쁨: 81~150
   - 매우 나쁨: 151 이상

5. 함수에 전달되는 전달값은 항상 0 이상의 값이라고 가정한다.

```
# 테스트 코드
print(get_air_quality(15)) # 좋음
print(get_air_quality(85)) # 나쁨
```

실행결과

```
# 미세먼지 수치가 15일 때
좋음

# 미세먼지 수치가 85일 때
나쁨
```

⑦ 게임 만들기 예제

게임을 만들어 보며 클래스 이해

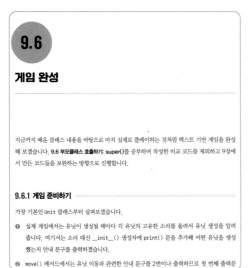

9.6

게임 완성

지금까지 배운 클래스 내용을 바탕으로 마치 실제로 플레이하는 것처럼 텍스트 기반 게임을 완성해 보겠습니다. **9.6 부모클래스 호출하기: super()**를 공부하며 작성한 비교 코드를 제외하고 9장에서 만든 코드들을 보완하는 방향으로 진행합니다.

9.6.1 게임 준비하기

가장 기본인 Unit 클래스부터 살펴보겠습니다.

❶ 실제 게임에서는 유닛이 생성될 때마다 각 유닛의 고유한 소리를 울려서 유닛 생성을 알려줍니다. 여기서는 소리 대신 __init__() 생성자에 print() 문을 추가해 어떤 유닛을 생성했는지 안내 문구를 출력하겠습니다.

❷ move() 메서드에서는 유닛 이동과 관련한 안내 문구를 2번이나 출력하므로 첫 번째 출력문

⑧ 웹북과 동영상

웹북과 동영상으로 자유롭게 학습

Python 기본편 400만↑

"고마워, 클릭해 줘서"

<미래의 내가 전하는 메시지>

웹북 https://thebook.io

동영상 https://www.youtube.com/@nadocoding

코딩 자율학습단과 함께 공부하기

혼자 공부하기 어렵다면 코딩 자율학습단에 참여해 보세요.

코딩 자율학습단은 정해진 기간에 도서 1종을 완독하는 것을 목표로 합니다. 학습단 운영 기간에는 도서별 멘토들의 공부 방법과 학습 팁을 제공하고, 완독을 위한 다양한 이벤트도 진행합니다.

학습단 제대로 활용하기   **1. 멘토들의 학습 가이드 따라하기**

코딩 초보자들도 공부하기 쉽도록 도서마다 학습 멘토들이 공부한 내용을 정리해 학습 가이드를 제공합니다. 혼자 공부하면서 이해하기 어려운 부분이 있다면 학습 가이드를 활용해 보세요.

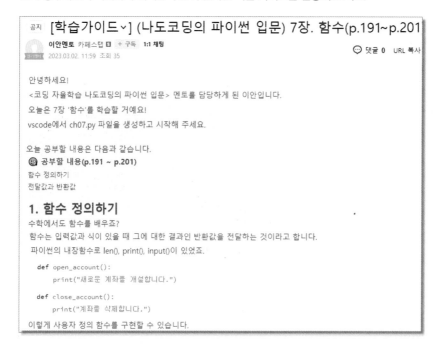

학습단 제대로 활용하기 2. 학습 질문 게시판 이용하기

혼자 공부하다가 모르거나 막히는 부분이 있다면 학습 질문 게시판에 물어 보세요. 학습 튜터가 친절하게 답변해 드립니다.

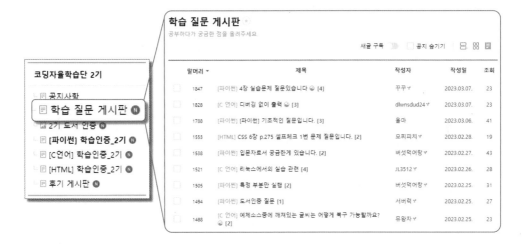

코딩 자율학습단은 어떻게 참여하나요?

코딩 자율학습단은 연 4회 운영됩니다. 자세한 내용은 코딩 자율학습단 공식 카페 (https://cafe.naver.com/gilbutitbook) 공지사항에서 확인할 수 있습니다.

지원도 받고 공부도 하는 코딩 자율학습단 참여 혜택

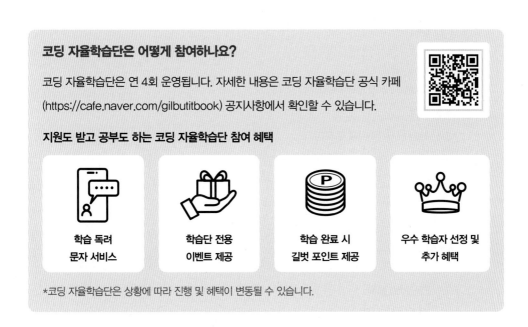

*코딩 자율학습단은 상황에 따라 진행 및 혜택이 변동될 수 있습니다.

4장 문자열 다루기 093

7장 함수 189

10장 예외 처리 325

11장 모듈과 패키지 351

1장

Hello, 파이썬!

프로그래밍 언어의 인기도를 나타내는 TIOBE 지수(https://www.tiobe.com/tiobe-index)를 보면 현재 가장 인기 있는 언어는 파이썬(Python)입니다.

그림 1-1 TIOBE 지수(2023년 12월 기준)

Dec 2023	Dec 2022	Change		Programming Language	Ratings	Change
1	1			Python	13.86%	-2.80%
2	2			C	11.44%	-5.12%
3	3			C++	10.01%	-1.92%
4	4			Java	7.99%	-3.83%
5	5			C#	7.30%	+2.38%
6	7	^	JS	JavaScript	2.90%	-0.30%
7	10	^	php	PHP	2.01%	+0.39%
8	6	v	VB	Visual Basic	1.82%	-2.12%
9	8	v	SQL	SQL	1.61%	-0.61%
10	9	v	ASM	Assembly language	1.11%	-0.76%

파이썬은 왜 인기가 많은 걸까요?

1. 배우기가 무척 쉽습니다.
2. 라이브러리가 매우 다양합니다.
3. 개발 생산성(프로그램 제작 속도)이 높습니다.
4. 인공지능, 업무 자동화, 빅데이터 분석, 사물 인터넷, 얼굴 인식, 웹 크롤링, GUI 프로그래밍, 게임 개발 등 활용 분야가 아주 많습니다.

이렇게 다양한 매력으로 인기를 얻고 있는 파이썬을 이제부터 배워 보겠습니다. 이 책에서는 개발 환경 설정부터 모듈과 패키지까지, 파이썬으로 프로그램을 만드는 데 필요한 기본 내용을 다룹니다. 쉬운 실생활 예제로 파이썬의 기본 문법과 활용 방법을 설명하니 부담 갖지 마세요. 이 책을 끝내고 나면 여러분은 파이썬 개발자가 돼 있을 테니까요.

개발 환경 설정하기

프로그래밍 언어로 프로그램을 작성할 때 필요한 준비 과정이 있는데, 이를 **개발 환경 설정**이라고 합니다. 개발 환경 설정은 사용하는 PC의 운영체제 또는 프로그래밍 언어에 따라 다양한 방법이 있습니다. 하지만 본인에게 가장 편하거나 익숙한 도구를 이용하는 것이 좋습니다. 이 책에서는 마이크로소프트의 Windows를 기준으로 설명합니다.

> **Note** **개발 환경 설정 시 내 화면과 다르다면?**
>
> 프로그램마다 새로운 버전이 나오면 환경 설정 방법이 조금씩 달라질 수 있습니다. 또한, 사용하는 PC의 운영체제가 macOS라면 개발 환경 설정이 Windows와 조금 다릅니다. 이럴 땐 다음 링크에서 최신 개발 환경 설정 방법을 확인해 주세요.
> - **Windows:** https://nadocoding.tistory.com/4
> - **macOS:** https://nadocoding.tistory.com/101

1.1.1 파이썬 설치하기

가장 중요한 파이썬부터 설치해 봅시다.

1. 파이썬 홈페이지의 다운로드 페이지(https://www.python.org/downloads)에 접속합니다. 화면을 아래로 내리면 파이썬의 전체 버전을 보여 주는 **Looking for a specific release?** 항목이 보입니다. 이 중에서 **Python 3.8.6**의 **Download** 버튼을 찾아 클릭합니다. 또는 Python 3.8.6 다운로드 페이지(https://www.python.org/downloads/release/python-386)에 바로 접속해도 됩니다.

TIP —— 파이썬 공식 홈페이지에서는 다양한 버전을 제공합니다. 현재(2024년 1월) 최신 버전은 3.12.1이지만, 이 책에서는 3.8.6을 설치합니다. 최신 버전은 일부 패키지가 제대로 작동하지 않을 수 있기 때문입니다. 그러나 이 책에서 다루는 예제들은 대부분 파이썬 3.6 이후 버전이면 문제없이 수행할 수 있으니 최신 버전을 설치해도 됩니다.

그림 1-2 파이썬 버전 선택

Release version	Release date		Click for more
Python 3.9.0	Oct. 5, 2020	🔽 Download	Release Notes
Python 3.8.6	Sept. 24, 2020	🔽 Download	Release Notes
Python 3.5.10	Sept. 5, 2020	🔽 Download	Release Notes
Python 3.7.9	Aug. 17, 2020	🔽 Download	Release Notes
Python 3.6.12	Aug. 17, 2020	🔽 Download	Release Notes
Python 3.8.5	July 20, 2020	🔽 Download	Release Notes
Python 3.8.4	July 13, 2020	🔽 Download	Release Notes

2. Python 3.8.6 다운로드 페이지가 열리면 화면을 아래로 내려 **Files** 항목을 찾습니다. Files에서 **Windows x86 executable installer**를 선택합니다. 선택한 파일명을 클릭하면 설치 파일을 자동으로 내려받습니다.

TIP —— 운영체제가 다르다면 운영체제에 맞는 버전을 선택하세요.

그림 1-3 Python 3.8.6 다운로드 페이지

Version	Operating System	Description	MD5 Sum
Gzipped source tarball	Source release		ea132d6f449766623eee886966c7d41f
XZ compressed source tarball	Source release		69e73c49eeb1a853cefd26d18c9d069d
macOS 64-bit installer	macOS	for OS X 10.9 and later	68170127a953e7f12465c1798f0965b8
Windows help file	Windows		4403f334f6c05175cc5edf03f9cde7b4
Windows x86-64 embeddable zip file	Windows	for AMD64/EM64T/x64	5f95c5a93e2d8a5b077f406bc4dd96e7
Windows x86-64 executable installer	Windows	for AMD64/EM64T/x64	2acba3117582c5177cdd28b91bbe9ac9
Windows x86-64 web-based installer	Windows	for AMD64/EM64T/x64	c9d599d3880dfbc08f394e4b7526bb9b
Windows x86 embeddable zip file	Windows		7b287a90b33c2a9be55fabc24a7febbb
Windows x86 executable installer	Windows		02cd63bd5b31e642fc3d5f07b3a4862a
Windows x86 web-based installer	Windows		acb0620aea46edc358dee0020078f228

3. 내려받은 파일을 클릭해 실행하면 다음과 같은 화면이 보입니다. 이때 화면 아래에 있는 **Add Python 3.8 to PATH** 옵션을 꼭 체크하세요. 그러고 나서 **Customize installation**을 클릭합니다.

그림 1-4 설치 옵션 체크

4. 옵션 선택 화면이 보이면 기본값을 그대로 둔 상태로 **Next** 버튼을 클릭합니다.

그림 1-5 옵션 선택 화면

5. 두 번째 옵션 선택 화면이 나오면 설치 경로를 나타내는 Customize install location 입력란에 **C:\Python38**이라고 작성합니다. Python38에서 38은 3.8 버전을 의미합니다. 따라서 설치하는 버전이 3.9이면 Python39로, 3.10이면 Python310으로 바꾸면 됩니다. 나머지는 그대로 두고 **Install** 버튼을 클릭합니다. 만약 사용자 계정 컨트롤 팝업창이 나타나면 **예** 버튼을 클릭합니다.

TIP —— 설치 경로에서 폴더명 앞에 있는 역슬래시(\)는 키보드에서 ₩(원화 기호)와 같은 키에 있습니다.

그림 1-6 파이썬 설치 경로 지정

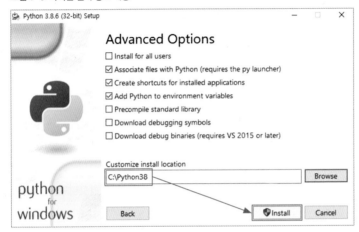

6. 설치가 끝나면 **Close** 버튼을 눌러 설치 프로그램을 종료합니다.

그림 1-7 파이썬 설치 종료

1.1.2 비주얼 스튜디오 코드 설치하기

프로그래밍 언어로 프로그램을 개발하려면 코드 작성을 돕는 텍스트 편집기 또는 에디터(editor)라는 도구가 필요합니다. 파이썬으로 코드를 작성할 때 사용하는 에디터는 종류가 다양합니다. 이 책에서는 비주얼 스튜디오 코드(Visual Studio Code, 이하 VSCode)를 사용하겠습니다.

VSCode는 다양한 프로그래밍 언어를 개발할 수 있는 강력한 도구입니다. 그래서 파이썬을 공부하면서 VSCode를 익혀 두면 나중에 다른 언어를 공부할 때도 새로운 개발 환경에 적응하는 과정 없이 바로 학습할 수 있다는 장점이 있습니다.

> **Note 파이썬 에디터**
>
> 파이썬에서 사용할 수 있는 유용한 에디터를 몇 가지 소개합니다. 버전이 변경되는 경우를 고려해 사용 방법은 별도 페이지에서 다루니 링크를 참고해 주세요.
>
> - **파이참**(PyCharm): https://nadocoding.tistory.com/102
> - **Repl.it**: https://nadocoding.tistory.com/103
> - **주피터 노트북**(Jupyter Notebook): https://nadocoding.tistory.com/104
> - **구글 코랩**(Google Colab): https://nadocoding.tistory.com/105

1. VSCode 홈페이지(https://code.visualstudio.com)에 접속합니다. 화면에 바로 보이는 **Download for Windows** 버튼을 클릭해 설치 파일을 내려받습니다.

   TIP ── 운영체제가 다르다면 Download for Windows 버튼 옆에 ☑ 부분을 클릭해 운영체제에 맞는 버전을 선택하세요.

그림 1-8 VSCode 다운로드

2. 내려받은 파일을 클릭해 실행하면 사용권 계약 화면이 나옵니다. **동의합니다** 옵션을 선택하고 **다음** 버튼을 클릭합니다.

그림 1-9 사용권 계약 동의

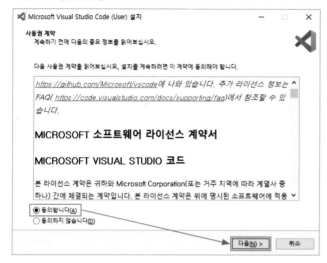

3. 설치 위치와 시작 메뉴 폴더 선택 화면이 순서대로 나오면 기본값을 그대로 두고 **다음** 버튼을 클릭합니다.

그림 1-10 설치 위치와 시작 메뉴 폴더 선택

4. **바탕 화면에 바로가기 만들기** 옵션을 선택하고 **다음** 버튼을 클릭합니다.

그림 1-11 바탕 화면에 바로가기 만들기 아이콘 추가

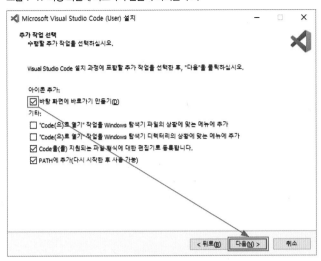

5. **설치** 버튼을 클릭해 VSCode를 설치합니다. 설치가 끝나면 **종료** 버튼을 클릭해 설치 프로그램을 종료합니다.

그림 1-12 VSCode 설치 및 설치 프로그램 종료

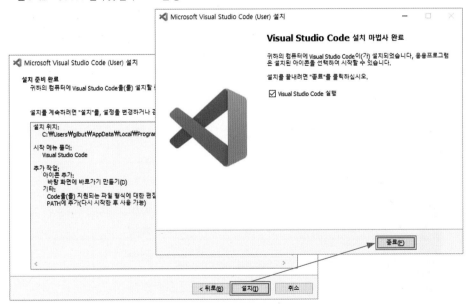

1.1.3 VSCode 설정하기

파이썬 코드를 작성할 때 필요한 내용을 VSCode에 설정해 보겠습니다.

1. 컴퓨터 바탕화면에 **PythonWorkspace** 폴더를 새로 만듭니다.

2. 설치 프로그램을 종료하면 VSCode가 자동으로 실행되고 다음과 같은 화면이 보입니다. 화면 왼쪽에 있는 **액티비티 바**(activity bar)에서 첫 번째 메뉴인 **탐색기**(Explorer)를 클릭합니다.

그림 1-13 VSCode 초기 실행 화면

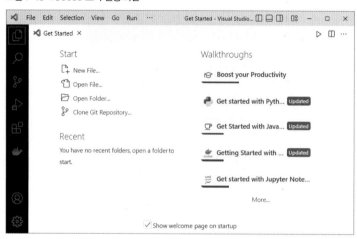

3. 사이드 바(side bar)가 열리면서 메뉴가 보입니다. 이 중에서 NO FOLDER OPENED(열린 폴더 없음)에 있는 **Open Folder**(폴더 열기) 버튼을 클릭합니다.

그림 1-14 폴더 열기

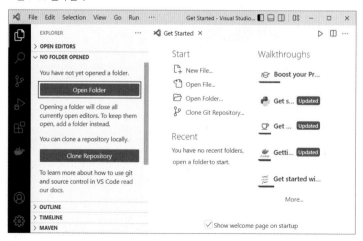

4. 폴더 선택 창이 열리면 바탕화면에 있는 **PythonWorkspace** 폴더를 찾아 선택합니다.

그림 1-15 폴더 선택

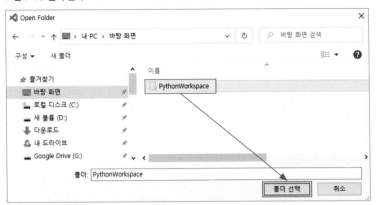

TIP —— 폴더를 선택하고 나면 폴더의 파일 작성자를 신뢰하는지 묻는 창이 나타날 수 있습니다. 신뢰한다는 의미로 체크박스에 표시하고 Yes, I trust the authors 버튼을 클릭합니다.

5. 사이드 바에 PythonWorkspace 폴더가 표시됩니다. 폴더명 위에 마우스를 가져가면 다음 그림처럼 아이콘들이 나타납니다. 이 중에서 첫 번째 New File(새 파일,) 아이콘을 클릭합니다.

그림 1-16 파이썬 파일 생성

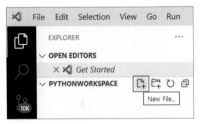

6. 그림처럼 입력란이 나오면 **helloworld.py**를 입력하고 Enter를 누릅니다. 이때 helloworld는 파일명이고, 점(.)은 구분 기호, py는 **확장자**라고 합니다. 확장자는 파일이 어떤 유형의 파일인지를 나타냅니다. 확장자 위치에 py를 넣으면 파이썬 소스 파일이 되고, c라고 넣으면 C 언어 소스 파일이 됩니다.

그림 1-17 파일명 입력

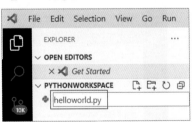

7. 화면 오른쪽에 **helloworld.py** 파일이 열립니다. 이때 그림과 같이 아래쪽에 팝업창이 나타나면 **Install** 버튼을 클릭해 설치합니다.

그림 1-18 파일 생성 완료

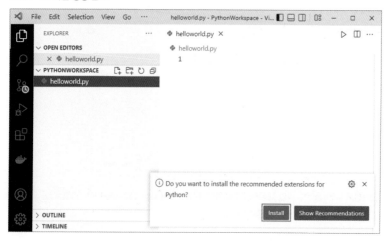

팝업창이 나타나지 않는다면 직접 확장 프로그램을 찾아 설치해 주세요. 왼쪽 액티비티 바에서 다섯 번째 메뉴인 **확장 프로그램**(Extensions)을 클릭(❶)합니다. 사이드 바가 열리고 검색창이 보이면 **python**을 입력(❷)하고 Enter를 누릅니다. 검색 결과에서 Python 확장 프로그램이 보이면 **Install**(설치) 버튼을 클릭(❸)해 설치합니다.

그림 1-19 확장 프로그램 설치

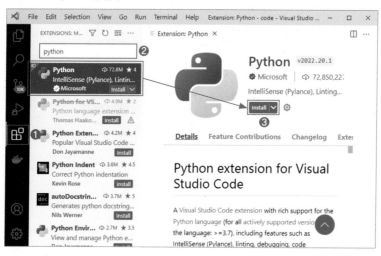

> **Note** **확장 프로그램**
>
> VSCode는 다양한 언어로 코드를 작성할 수 있는 에디터입니다. 그래서 한 프로그래밍 언어를 선택해
> 코드를 작성하려면 해당 언어를 VSCode와 연동할 수 있는 확장 프로그램을 설치해야 합니다. 또한,
> 조금 더 편하게 개발하기 위한 확장 프로그램도 있습니다. 예를 들어, 확장자에 따라 파일 탐색기에 보
> 이는 파일명에 아이콘을 붙여 예쁘게 보여 준다거나 소스 코드의 시작과 끝을 한눈에 볼 수 있게 해 주
> 는 확장 프로그램이 있습니다. 이런 프로그램들은 사용자 개개인에 최적화한 환경을 구성할 수 있게 도
> 와줍니다. 그러나 개인마다 호불호가 있고 본인만의 개발 스타일에 따라 필요한 프로그램이 달라질 수
> 도 있어서 이 책에서는 따로 소개하거나 추천하지 않습니다. 구글에서 'VSCode 확장 프로그램' 또는
> 'VSCode Extension'으로 검색해 보면 다양한 확장 프로그램을 확인할 수 있습니다.

8. 설치가 끝나면 컴퓨터에 설치된 파이썬 버전이 화면 아래 상태 바에 표시됩니다. 기존에 파
이썬을 설치한 적이 있다면 3.8.6이 아닌 다른 버전이 표시될 수도 있습니다. 버전 부분을
클릭하면 컴퓨터에 설치된 파이썬 버전 목록이 나타납니다. 이 중에서 Python 3.8.6을 선
택하면 해당 버전으로 변경됩니다.

그림 1-20 파이썬 버전 확인

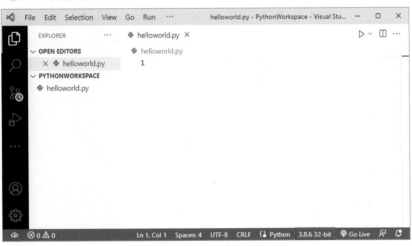

이것으로 개발 환경 설정이 끝났습니다.

> **Note** **VSCode 테마 선택**
>
> VSCode는 어두운 테마(dark)를 기본으로 제공합니다. 이 책에서는 편의상 밝은 테마(light+)를 선택하겠습니다. 테마를 바꾸고 싶다면 메뉴에서 File(파일) → Preferences(기본 설정) → Theme(테마) → Color Theme(색 테마)를 선택하거나 단축키로 Ctrl + K + T(macOS일 때 command + K + T)를 누릅니다. VSCode에서 제공하는 여러 테마가 표시되는데, 이 중에서 본인에게 맞는 테마를 선택하면 됩니다. 코드를 작성하다가 지루하다면 테마를 변경해 분위기를 바꿔 보세요.

1.2

첫 번째 파이썬 프로그램 작성하기

개발 환경이 제대로 설정됐는지 간단한 코드로 확인해 봅시다. helloworld.py 파일에 다음 코드를 작성합니다. 이 코드가 무엇인지는 몰라도 괜찮습니다. 지금은 무작정 따라 하면 됩니다.

```python
print("hello world")
```

코드를 실행해 봅시다. 실행할 때는 화면 오른쪽 위에 보이는 **삼각형 모양의 실행 아이콘**(▷)을 클릭합니다.

그림 1-21 코드 작성 및 실행

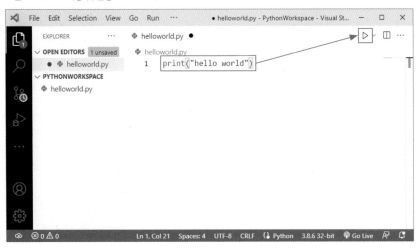

화면 아래쪽에 터미널(terminal) 창이 생기고 'hello world'라는 글자를 출력합니다.

뒤에서 배우지만, 작성한 코드는 'hello world라는 문자열을 출력해'라고 컴퓨터에 지시하는 명령어입니다.

그림 1-22 코드 실행

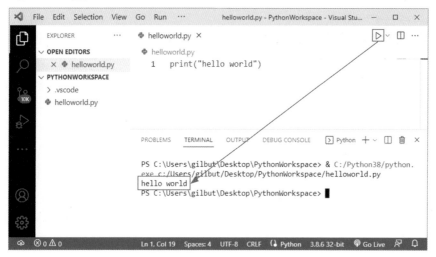

d 다음에 느낌표(!)를 추가해 봅시다. !를 추가하고 나면 파일명 옆에 동그라미가 생깁니다. 이는 파일에 수정하거나 추가한 부분이 있는데, 아직 저장하지 않았다는 뜻입니다.

그림 1-23 코드 추가 또는 수정 시

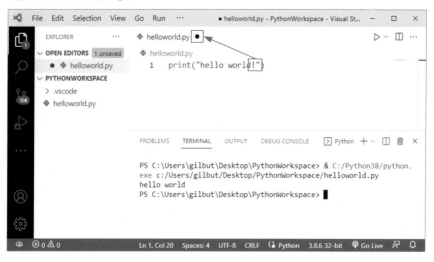

이 상태에서 실행 아이콘을 클릭하면 코드가 자동으로 저장되며 실행됩니다. 실행 아이콘 대신
터미널 창에서 python [파일명] 형태의 명령으로 실행하는 방법도 있는데, 이때는 코드가 저

장되지 않고 실행만 됩니다. 따라서 수정한 내용은 파일에 반영되지 않습니다.

그림 1-24 터미널로 실행 시

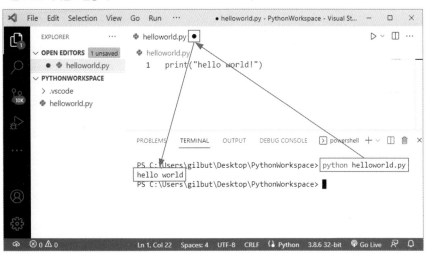

코드를 작성하고 나면 항상 저장하는 습관을 들이는 게 좋습니다. 코드를 저장할 때는 메뉴에서 **File**(파일) → **Save**(저장)를 선택하거나 단축키 Ctrl + S (macOS일 때 command + S)를 누르면 됩니다.

그림 1-25 파일 저장

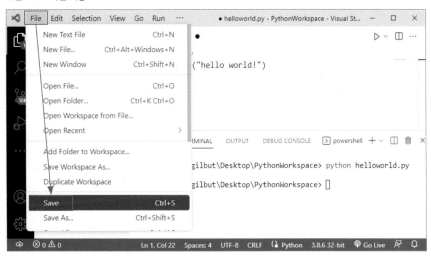

첫 번째 파이썬 프로그램을 작성하고 실행해 봤습니다. 앞으로 실습할 예제들도 이런 방식으로 새로운 파일을 만들고 코드를 작성하면 됩니다.

VSCode에서 파이썬 소스 코드를 실행하는 4가지 방법을 소개합니다.

❶ 화면 오른쪽 상단에 있는 **실행 아이콘** 클릭

❷ 소스 코드 입력창에서 마우스 오른쪽 버튼을 클릭하면 나타나는 메뉴에서 **Run Python File in Terminal**(터미널에서 Python 파일 실행) 선택

그림 1-26 실행 아이콘 또는 팝업창 메뉴로 실행

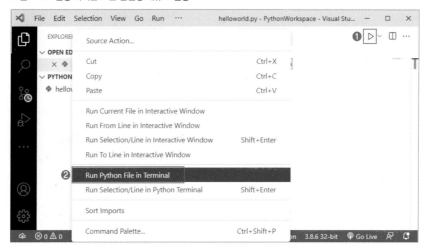

❸ 상단 메뉴에서 **Run**(실행) → **Run Without Debugging**(디버깅 없이 실행) 선택

그림 1-27 메뉴에서 선택

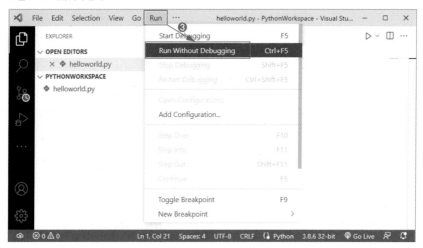

○ 계속

❹ 상단 메뉴에서 **Terminal**(터미널) → **New Terminal**(새 터미널)을 선택하면 열리는 터미널 창에서 **python [파일명]** 입력

그림 1-28 터미널 창 열기

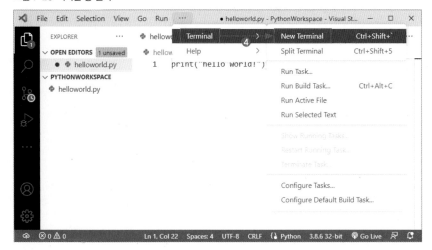

그림 1-29 터미널 창에서 실행

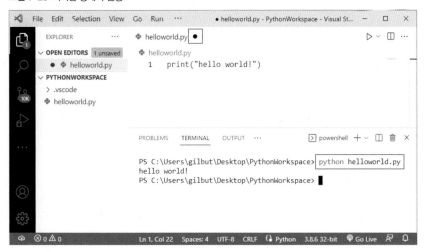

❶이 가장 간편하고 빠르나 각자 편한 방법으로 실행하면 됩니다. 단, 편집기에 파일이 여러 개 열려 있을 때는 현재 활성화한(화면에 보이는) 파일을 실행한다는 점을 주의해 주세요!

1장에서는 파이썬과 VSCode를 설치하고 간단한 프로그램을 작성해 봤습니다. 모든 프로그래밍 언어는 개발을 시작하기 전에 환경 설정을 알맞게 하는 것이 가장 중요합니다. 여기까지 무사히 온 것을 축하합니다. 이제 파이썬으로 개발할 수 있는 환경이 준비됐습니다. 다음 장부터는 본격적으로 파이썬의 개념과 작동 원리를 배워 보겠습니다.

2장

자료형과 변수

2장부터는 파이썬을 본격적으로 배워 봅니다. 처음 다룰 내용은 자료형과 변수입니다. **자료형**
(data type)은 말 그대로 데이터(자료, data)의 형태(type)를 의미하는데, 여기서 데이터는 123,
abc, 가나다 같이 프로그래밍에 사용하는 **값**을 말합니다. 보통 데이터와 값은 혼용해서 사용하니
같은 의미라고 생각하면 됩니다. 이런 값은 변수에 담아 사용할 수 있습니다. 그럼 파이썬의 다양
한 자료형과 변수 사용법을 하나씩 살펴보겠습니다.

2.1

숫자 자료형

1.2 첫 번째 파이썬 프로그램 작성하기에서 print( )라는 명령어를 사용했습니다. print( )는 ( ) 안 내용(값)을 화면에 출력하라는 뜻의 명령어입니다. 이 명령어를 사용해 자료형이 무엇인지 확인해 보겠습니다. VSCode에서 1장에서 만든 PythonWorkspace 폴더에 **ch2.py**라는 이름으로 새로운 파일을 생성합니다. 2장에서 실습하는 내용은 모두 여기에 작성합니다.

수에는 1, 2, 3과 같은 정수도 있고 1.2, 3.14와 같은 실수도 있습니다. 이처럼 숫자로 된 데이터는 **숫자 자료형**이라고 합니다. 숫자 자료형에는 앞에서 보듯이 정수형도 있고 실수형도 있습니다.

숫자 자료형을 출력할 때는 다음과 같이 별도 표시 없이 소괄호(( )) 안에 값을 그대로 넣으면 됩니다. 다른 프로그래밍 언어와는 다르게 파이썬은 명령어 끝에 세미콜론(;)을 붙이지 않습니다.

```
print(5)
```

실행결과	–	□	×
5			

실행해 보면 print( ) 명령어의 소괄호 안에 넣은 정수 5가 터미널 창에 출력됩니다. 코드를 조금 더 작성해 보겠습니다.

```
print(-10)
print(3.14)
print(1000)
```

실행결과	–	□	×
-10			
3.14			
1000			

실행하면 소괄호 안에 넣은, 음수인 정수 −10, 실수 3.14, 정수 1000이 모두 잘 출력됩니다.

이번에는 숫자 하나 대신 간단한 수식을 넣어 보겠습니다. 이때 주의할 점이 있습니다. 프로그래밍에서 곱하기 연산을 할 때는 수학에서 쓰는 ×(곱셈 기호)가 아니라 *(애스터리스크, asterisk)를, 나누기 연산을 할 때는 ÷(나눗셈 기호)가 아니라 /(슬래시, slash)를 사용한다는 점을 알아두세요.

TIP ── /는 키보드에서 ?와 같은 키에 있습니다.

```
print(5 + 3)
print(2 * 8)
print(6 / 3)
print(3 * (3 + 1))
```

실행결과		− □ ×
8		
16		
2.0		
12		

어떤가요? 예상한 결과가 나왔나요? 이처럼 수식을 넣으면 컴퓨터가 마치 계산기처럼 자동으로 계산해서 값을 출력합니다. 참고로, 나누기 연산을 하면 결과는 소수점을 포함한 실수 형태로 나옵니다. 이에 관해서는 **3.1.1 산술 연산자**에서 자세히 알아보겠습니다.

Note 실행할 때 오류 발생 시

프로그램을 실행할 때 실수로 한 줄 실행 단축키(Shift + Enter)가 눌려진 경우에 다음과 같은 오류가 발생할 수 있습니다.

```
& C:/Python38/python.exe c:/Users/Desktop/PythonWorkspace/ch2.py
File "<stdin>", line 1
& C:/Python38/python.exe c:/Users/Desktop/PythonWorkspace/ch2.py
^
SyntaxError: invalid syntax
#SyntaxError #invalid syntax #stdin #line 1
```

이럴 때는 터미널 창의 오른쪽 위에 있는 쓰레기통 모양 아이콘(🗑)을 터미널 창이 모두 닫힐 때까지 계속 누른 후 다시 실행해 보세요. 또는 터미널 창에서 exit( )라고 입력한 후 Enter를 눌러도 됩니다.

---

1. 다음 중 숫자 자료형 −10을 출력하기 위한 방법으로 알맞은 것은?

   ① print(- + 10)

   ② print(-10)

   ③ print("-10")

   ④ print(10-)

2.2

문자열 자료형

자료형에는 문자열(string) 자료형도 있습니다. 지금 여러분이 읽고 있는 한글이나 알파벳 같은
것들이죠. 파이썬에서는 문자열을 **작은따옴표**('')나 **큰따옴표**("")로 감싸야 합니다. 그래야 컴퓨
터가 문자열이라고 인식합니다. 다음 코드를 실행해 봅시다.

```
print('풍선')
print("나비")
print("abcdefg")
print("10")
print("파이썬" * 3)
```

실행결과
```
풍선
나비
abcdefg
10
파이썬파이썬파이썬
```

넷째 줄을 보면 문자가 아닌 숫자를 넣었습니다. 하지만 큰따옴표로 감쌌기 때문에 숫자가 아니
라 문자열로 인식합니다.

마지막 줄에서는 문자열에 숫자를 곱합니다. 오류가 발생할 것 같지만, 문제없이 파이썬을 연속
3번 출력합니다. 즉, 문자열과 숫자를 곱하기 연산하면 곱한 숫자만큼 문자열을 반복해서 출력
합니다.

문자열을 작성할 때 한 가지 주의할 점이 있습니다. 문자열을 감쌀 때 작은따옴표는 작은따옴표
끼리, 큰따옴표는 큰따옴표끼리 사용해야 한다는 점입니다. 서로 다른 따옴표를 섞어 쓰면 다음
과 같이 오류가 납니다.

```
print('작은따옴표")
print("큰따옴표')
```

> **실행결과** — □ ✕
>
> ```
> SyntaxError: EOL while scanning string literal
> ```

Note **문자열에서 작은따옴표와 큰따옴표의 차이는 무엇인가요?**

선택의 문제일 뿐 다른 점은 없습니다. 다만 앞뒤 기호는 꼭 한 쌍으로 맞춰 주세요. 문자열을 작은따옴표로 시작하면 작은따옴표로 끝내고, 큰따옴표로 시작하면 큰따옴표로 끝내야 합니다.

또한, 문장 안에 다음처럼 작은따옴표가 있는 경우가 있습니다.

I don't want to go to school.

해당 문장을 출력하려면 문장을 작은따옴표가 아닌 큰따옴표로 둘러싸야 제대로 처리됩니다.

```
print("I don't want to go to school") # 정상 출력
print('I don't want to go to school') # 오류 발생
```

반대로 큰따옴표가 있는 경우에는 작은따옴표로 둘러싸야 문제가 발생하지 않습니다. 이 책에서는 이후 문자열을 표시할 때 큰따옴표를 사용합니다.

1분 퀴즈 ▬▬▬▬▬▬▬▬▬▬▬▬▬
해설 노트 p.400

2. 다음 중 문자열 자료형을 표시하는 방법으로 알맞은 것은?

① 마우스 　　 ② '마우스" 　　 ③ "마우스' 　　 ④ "마우스"

2.3

불 자료형

거짓말 탐지기를 들어 본 적이 있을 겁니다. 거짓말 탐지기를 사용할 때는 '네'와 '아니요' 둘 중 하나로만 답할 수 있는 질문을 던집니다.

파이썬에서도 이렇게 둘 중 하나로만 답이 나올 때 불(boolean)이라는 자료형을 사용합니다. 불 자료형은 코드에서 참과 거짓을 판단할 때 사용하며, 참을 의미하는 True와 거짓을 의미하는 False 값만 가질 수 있습니다.

예를 들어 봅시다. 다음 수식은 참일까요? 거짓일까요?

    5 > 10

5는 10보다 작은데 크다고 했으니 거짓이죠? 수식을 다음과 같이 바꾸면 참이 될 겁니다.

    5 < 10

수식을 그대로 print( )에 넣어 출력해 봅시다.

```
print(5 > 10)
print(5 < 10)
```

실행결과   — □ ×
False
True

첫 번째 수식은 거짓이므로 False를, 두 번째 수식은 참이므로 True를 출력합니다. 또한, boolean 자료형의 값을 넣으면 값을 그대로 출력합니다.

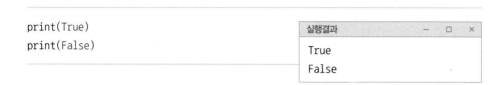

```
print(True)
print(False)
```

실행결과 — □ ×
```
True
False
```

다음 문장을 수식으로 표현해 봅시다.

5는 10보다 크지 않다.

5 〈 10으로 작성하면 될까요? 이 수식은 '5는 10보다 작다'는 의미라서 앞의 문장과 완전히 같지는 않습니다. 이럴 때 not이라는 **연산자**(operator)를 사용할 수 있습니다. not은 값을 부정하는 연산자로, 값이 True면 False, 값이 False면 True가 됩니다.

TIP — 연산자는 프로그래밍에서 값으로 연산을 수행할 때 사용하는 기호입니다. 앞에서 사용한 +, *, 〈, 〉도 모두 연산자입니다. 연산자에 관해서는 **3장 연산자**에서 자세히 다룹니다.

```
print(not True)
print(not False)
```

실행결과 — □ ×
```
False
True
```

따라서 '5는 10보다 크지 않다.'는 코드로 다음과 같이 표현할 수 있습니다.

```
not (5 > 10)
```

'5는 10보다 크다'는 것을 **부정**하므로 '5는 10보다 크지 않다'는 뜻이 됩니다. 이를 print( )에 넣어 실행하면 5 〉 10은 False이고, 이를 부정하므로 반대 값인 True를 출력합니다.

```
print(not (5 > 10))
```

실행결과 — □ ×
```
True
```

지금까지 파이썬에서 사용하는 숫자, 문자열, 불 자료형을 알아봤습니다.

3. **다음 중 불 자료형에 대한 설명으로 잘못된 것은?**

① 참과 거짓을 판단할 때 사용한다.

② True 또는 False만 가지는 자료형이다.

③ 5 〉 10 연산의 결과는 False다.

④ 불 자료형 앞에 not을 붙이면 None이 된다.

2.4

변수

2.4.1 변수 정의하기

다음과 같은 대화를 한다고 합시다.

> Q: 반려동물을 소개해 주세요.
>
> A: 우리 집 반려동물은 개인데, 이름이 연탄이예요. 연탄이는 4살이고, 산책을 아주 좋아해요.
>
> Q: 연탄이는 수컷인가요?
>
> A: 네.

이를 코드로 다음처럼 작성할 수 있습니다. 소개하는 내용은 한글로 된 문자열이므로 큰따옴표로 감싸는 것을 잊지 마세요.

```
print("반려동물을 소개해 주세요.")
print("우리 집 반려동물은 개인데, 이름이 연탄이예요.")
print("연탄이는 4살이고, 산책을 아주 좋아해요.")
print("연탄이는 수컷인가요?")
print("네.")
```

그런데 반려동물의 이름을 해피로 바꾼다고 합시다. 코드에서 연탄이를 해피로 바꾸려면 '연탄이'라고 적은 부분을 모두 찾아서 '해피'로 바꿔야 합니다.

```
print("반려동물을 소개해 주세요.")
print("우리 집 반려동물은 개인데, 이름이 해피예요.")
```

```
print("해피는 4살이고, 산책을 아주 좋아해요.")
print("해피는 수컷인가요?")
print("네.")
```

예제에서는 바꿀 곳이 3군데밖에 없지만, 프로그램이 크고 복잡해진다면 어떨까요? 수많은 파일과 어마어마한 양의 코드에서 '연탄이'가 사용된 부분을 일일이 찾아 고쳐야 하니 아마 보통 일이 아닐 겁니다. 그러다가 실수로 놓치는 부분도 발생하겠지요.

이럴 때 **변수**(variable)를 사용합니다. 변수는 어떤 값을 저장하는 공간이라고 보면 됩니다. 변수에 값을 저장할 때는 원하는 변수명을 적고 등호(=)로 값을 대입합니다. 이때 변수명은 저장하는 값이 무엇인지 알기 쉽게 짓는 것이 좋습니다. 그리고 등호는 수학에서처럼 같다는 의미로 사용하지 않습니다. 파이썬에서는 등호를 '값을 대입한다'는 의미로 사용해서 **대입 연산자**라고 합니다.

> **형식**   변수명 = 값

반려동물을 소개하는 코드에 변수를 사용해 봅시다. 먼저 코드에서 값이 바뀔 수 있는 부분을 생각해 봅시다. 반려동물의 이름, 종류, 나이, 취미, 성별이 바뀔 수 있겠네요. 이름부터 봅시다. 이름이므로 변수명은 name이라고 짓겠습니다. 그리고 등호를 사용해 '연탄이'를 값으로 넣어 주는데, 문자열이므로 큰따옴표로 감쌉니다.

```
name = "연탄이"
```

반려동물이 지금은 개이지만, 고양이를 키우는 경우도 있을 겁니다. 그래서 animal이라는 이름으로 변수를 만들고 '개'라는 값을 넣습니다. '개'도 문자열이므로 큰따옴표로 감싸는 걸 잊지 마세요.

```
animal = "개"
```

다음으로 나이는 age라는 이름으로 변수를 만들겠습니다. 그리고 4를 대입하는데, 이때 4라는 값은 숫자이므로 따옴표 없이 그냥 4라고 적으면 됩니다.

```
```

```
age = 4
```

'산책'을 좋아하므로 취미를 뜻하는 hobby라는 변수를 만들어 값으로 넣겠습니다.

```
hobby = "산책"
```

마지막으로 수컷이냐는 질문에 '네'라고 답했습니다. 파이썬에서 참일 때는 불 자료형인 True를 사용하므로 다음과 같이 is_male이라는 변수에 True라고 값을 넣어 보겠습니다.

```
is_male = True
```

이렇게 변수를 만들고 값을 대입해 저장하는 과정을 **변수를 정의한다**고 표현합니다. 상자(변수)에 값을 넣어 저장하는데, 상자를 구분하기 위해 이름(변수명)을 붙인다고 생각하면 됩니다.

그림 2-1 변수 정의

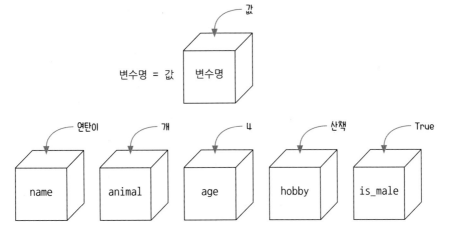

2.4.2 변수 사용하기

처음에 작성한 print( ) 문에 앞에서 정의한 변수를 적용해 보겠습니다.

```
name = "연탄이"
animal = "개"
age = 4
hobby = "산책"

print("반려동물을 소개해 주세요.")
print("우리 집 반려동물은 개인데, 이름이 연탄이예요.")
print("연탄이는 4살이고, 산책을 아주 좋아해요.")
```

첫 번째 print( ) 문에는 변수를 적용할 부분이 없으니 두 번째 print( ) 문부터 바꿉니다. 두 번째 print( ) 문에서 반려동물의 종류를 나타내는 부분은 animal 변수로, 이름을 나타내는 부분은 name 변수로 대체합니다. 그러면 한 문장 안에 문자열과 변수가 함께 있게 됩니다. 이렇게 문자열과 변수가 문장 안에 같이 있을 때는 + 연산자로 문자열과 변수를 연결해 줘야 합니다.

TIP ― + 연산자는 사칙연산에서 숫자를 더하는 역할을 합니다. 그리고 문자열과 문자열, 문자열과 변수에 사용하면 서로의 값을 연결하는 역할도 합니다.

> **형식** "문자열" + 변수 + "문자열"

코드를 수정하고 다시 출력해 봅시다. 문자열과 변수 사이에 빈칸이 있으면 문자열 앞이나 뒤에 넣어 표시합니다.

```
print("우리 집 반려동물은 " + animal + "인데, 이름이 " + name + "예요.")
```

실행결과   — ☐ ✕

우리 집 반려동물은 개인데, 이름이 연탄이예요.

실행하면 변수로 작성한 부분은 변수에 저장한 값을 출력합니다. 즉, 변수 animal에 저장한 '개'와 변수 name에 저장한 '연탄이'를 출력합니다.

그림 2-2 변수 대입 시

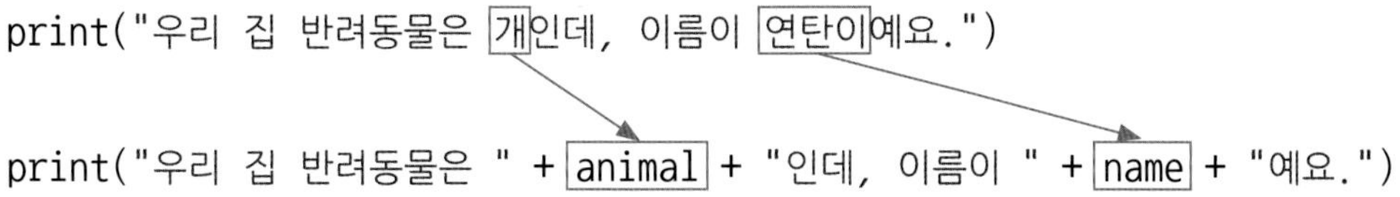

```
print("우리 집 반려동물은 개인데, 이름이 연탄이예요.")


print("우리 집 반려동물은 " + animal + "인데, 이름이 " + name + "예요.")
```

같은 방법으로 다음 줄도 바꿔 보겠습니다. '연탄이', '4', '산책'을 앞에서 정의한 변수로 바꾸면 되겠죠.

```
print("연탄이는 4살이고, 산책을 아주 좋아해요.") -------------------------------- 수정 전
print(name + "는 " + age + "살이고, " + hobby + "을 아주 좋아해요.") --------- 수정 후
```

실행결과   — ☐ ✕

연탄이는 4살이고, 산책을 아주 좋아해요.
TypeError: can only concatenate str (not "int") to str

그런데 실행하니 수정 전에는 문제가 없었는데, 수정한 후에는 오류가 발생하고 오류 메시지가 나옵니다. 해석하면 문자열(str)은 문자열만 연결할 수 있다는 뜻입니다.

바꾼 print() 문에는 3개의 변수 name, age, hobby를 사용합니다. 이 중에서 name, hobby 변수의 값은 문자열이지만, age 변수의 값은 4로 숫자입니다. 즉, 숫자를 문자열과 결합해서 오류가 발생했습니다. +로 연결할 때는 값의 형태인 자료형이 같아야 합니다. 그래서 다음처럼 코드를 바꿔야 합니다.

```
print(name + "는 " + str(age) + "살이고, " + hobby + "을 아주 좋아해요.")
```

str()은 값의 자료형을 문자열로 바꾸는 기능을 하는 명령어입니다. 소괄호 안에 문자열로 바꾸길 원하는 값을 넣으면 되는데, 여기서는 age 변수를 넣어 숫자형을 문자열로 바꿉니다. 이렇게 자료형을 바꾸는 방법을 **형변환**이라고 합니다. 형변환은 **2.4.3 형변환하기**에서 다시 살펴보겠습니다.

TIP — str은 문자열을 뜻하는 string의 줄임말입니다.

지금까지 작성한 코드를 정리해서 실행해 봅시다.

```
name = "연탄이"
animal = "개"
age = 4
hobby = "산책"

print("반려동물을 소개해 주세요.")
print("우리 집 반려동물은 " + animal + "인데, 이름이 " + name + "예요.")
print(name + "는 " + str(age) + "살이고, " + hobby + "을 아주 좋아해요.")
```

실행결과	— ☐ ✕
반려동물을 소개해 주세요. 우리 집 반려동물은 개인데, 이름이 연탄이예요. 연탄이는 4살이고, 산책을 아주 좋아해요.	

변수 없이 작성했을 때와 print() 문의 출력 내용이 똑같습니다.

이렇게 변수로 코드를 작성하고 나면 이후부터는 반려동물 소개를 출력하기가 매우 편리합니다. 이번에는 친구네 반려동물을 소개한다고 합시다. '고양이'를 키우고, 이름은 '해피'입니다. 나이는 역시 '4'살이고, '산책' 대신 '낮잠'을 좋아합니다. 이제는 기존 코드에서 print() 문 부분은 그대로 두고 변수의 값만 다음처럼 바꾸면 됩니다. 실행하면 문장이 각 변수의 값으로 바뀌어 출력됩니다.

```
name = "해피"
animal = "고양이"
age = 4
```

```
hobby = "낮잠"

print("반려동물을 소개해 주세요.")
print("우리 집 반려동물은 " + animal + "인데, 이름이 " + name + "예요.")
print(name + "는 " + str(age) + "살이고, " + hobby + "을 아주 좋아해요.")
```

실행결과　　　　　　　　　　　　　　　　　　　　　　　　　　　　－　□　✕

반려동물을 소개해 주세요.
우리 집 반려동물은 고양이인데, 이름이 해피예요.
해피는 4살이고, 낮잠을 아주 좋아해요.

Note　쉼표로 연결하기

문자열과 변수를 연결할 때 + 연산자를 사용했는데, 쉼표로도 연결할 수 있습니다. 단, + 연산자를 사용할 때
와 2가지가 다릅니다.

- 형변환하지 않아도 된다.
- 값과 값 사이에 빈칸을 하나 포함한다.

print( ) 문을 다음처럼 수정하고 결과를 확인해 보겠습니다.

```
name = "연탄이"
animal = "개"
age = 4
hobby = "산책"
                                                    + 연산자 사용 시
print(name + "는 " + str(age) + "살이고, " + hobby + "을 아주 좋아해요.") ------
print(name, "는", age, "살이고,", hobby, "을 아주 좋아해요.") --------- 쉼표 사용 시
```

실행결과　　　　　　　　　　　　　　　　　　　　　　　　　　　　－　□　✕

연탄이는 4살이고, 산책을 아주 좋아해요.
연탄이 는 4 살이고, 산책 을 아주 좋아해요.

쉼표를 사용하면 str( )로 형변환하지 않는데, age 변수의 값인 숫자 4를 넣어 문제없이 출력합니다. 그리
고 쉼표가 들어간 부분에 '연탄이 는', '4 살', '산책 을'처럼 빈칸이 하나씩 들어 있습니다.

2.4.3 형변환하기

형변환은 문자열로 바꾸는 str( ) 외에도 정수형으로 바꾸는 int( ), 실수형으로 바꾸는 float( )가 있습니다. 사용법은 모두 같으며, 소괄호 안에 바꾸려는 값 또는 변수를 넣으면 됩니다. 단, 형변환할 수 없는 값을 넣으면 오류가 발생합니다.

TIP — int는 정수를 뜻하는 integer의 줄임말이고, float는 부동소수점을 의미하는 floating-point에서 왔습니다.

예제로 간단히 살펴보겠습니다. 먼저 int( )를 확인해 봅시다.

문자열 '3'을 정수 '3'으로 변환하지만, 보기에는 차이가 없어 보입니다. 다음 코드를 실행하면 정수로 변환됐음을 확실히 알 수 있습니다. 오류가 발생하며 + 연산자로 정수형과 문자열을 연결할 수 없다고 나옵니다.

```
print(int("3") + "입니다.")
```

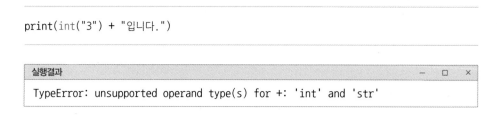

다음 코드는 실수 '3.5'를 정수 '3'으로 변환합니다. 결과에서 보듯이 실수를 정수로 변환할 때는 소수점 이하를 버립니다.

그러면 숫자로 된 문자열이 아닌 글자로 된 문자열을 정수형으로 변환할 수 있을까요?

```
print(int("삼"))
```

```
실행결과                                          —  □  ×
ValueError: invalid literal for int() with base 10: '삼'
```

문자열 '삼'을 정수로 변환하려고 하니 오류가 발생합니다. 이와 같이 문자열을 int()로 형변환할 때는 오로지 숫자로 된 문자열만 사용할 수 있습니다.

다음으로 float()를 사용해 변환해 봅시다.

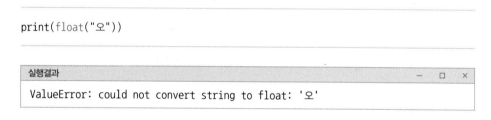

```
print(float("3.5"))
print(float(3))
```

```
실행결과        —  □  ×
3.5
3.0
```

첫 번째 코드는 문자열 '3.5'를 실수 '3.5'로 변환합니다. 두 번째 코드에서는 정수 '3'을 실수로 변환하는데, 소수점 이하 첫째 자리에 0을 붙여 실수 '3.0'으로 변환합니다.

글자로 된 문자열도 형변환해 볼까요?

```
print(float("오"))
```

```
실행결과                                          —  □  ×
ValueError: could not convert string to float: '오'
```

int()와 마찬가지로 문자열 '오'를 실수로 변환하려고 하니 오류가 발생합니다. int()와 float()는 모두 숫자로 된 문자열에만 사용할 수 있습니다.

마지막으로 str()도 살펴보겠습니다.

```
print(str(3) + "입니다.")
print(str(3.5) + "입니다.")
```

```
실행결과        —  □  ×
3입니다.
3.5입니다.
```

str()로 정수 '3'과 실수 '3.5'를 문자열로 형변환했습니다. 형변환한 값을 + 연산자로 문자열과 연결해도 문제없이 출력합니다.

2.4.4 변수를 사용할 때 유의할 점

반려동물 예제에서 변수를 코드 시작 부분에 정의했지만, 반드시 그럴 필요는 없습니다. 변수에
는 다음과 같은 특징이 있기 때문입니다.

- 변수는 사용하기 전에 정의한다.
- 변수는 사용하기 전에 마지막으로 저장한 값을 사용한다.

어떤 의미인지 살펴보겠습니다. 코드에서 name 변수를 다음처럼 print( ) 문 중간으로 옮겨 정의
하고 실행해 봅시다.

```
animal = "개"
age = 4
hobby = "산책"

print("반려동물을 소개해 주세요.")
print("우리 집 반려동물은 " + animal + "인데, 이름이 " + name + "예요.")
name = "연탄이"
print(name + "는 " + str(age) + "살이고, " + hobby + "을 아주 좋아해요.")
```

실행결과	– □ ✕
NameError: name 'name' is not defined	

오류가 발생하고 오류 메시지를 출력합니다. 'name이라는 변수를 아직 정의하지 않았다'고 하네요. 즉, name 변수를 정의하기 전에 print() 문에서 사용하려고 해서 오류가 발생했다는 뜻입니다. 이처럼 변수는 사용하기 전에 정의해야 합니다.

TIP — 오류 메시지가 나오지 않는다면 기존 코드를 삭제하고 해당 코드만 단독으로 실행해 보세요. 기존 코드가 있으면 앞에서 정의한 name 변수의 값을 사용하게 돼서 오류가 발생하지 않습니다.

다음 특징을 살펴봅시다. 이번에는 기존 hobby 변수는 원래 위치에 그대로 두고 print() 문 중간에서 '수영'이라는 값을 hobby 변수에 다시 저장합니다.

```
name = "연탄이"
animal = "개"
age = 4
hobby = "산책"

print("반려동물을 소개해 주세요.")
print("우리 집 반려동물은 " + animal + "인데, 이름이 " + name + "예요.")
hobby = "수영"
print(name + "는 " + str(age) + "살이고, " + hobby + "을 아주 좋아해요.")
```

실행결과	– □ ✕
반려동물을 소개해 주세요. 우리 집 반려동물은 개인데, 이름이 연탄이예요. 연탄이는 4살이고, 수영을 아주 좋아해요.	

실행해 보면 hobby 변수 위치에 새로 저장한 값인 '수영'을 출력합니다. 변수에 값을 저장하면 기존 값은 사라지고 마지막으로 저장한 값이 남아서 이를 사용합니다.

1분 퀴즈

해설 노트 p.400

4. 다음 중 변수에 대한 설명으로 <u>잘못된</u> 것은?

   ① 데이터를 저장하기 위해 사용한다.

   ② 변수의 이름에는 공백을 사용할 수 없다.

   ③ 변수의 값은 한 번 정의하면 바꿀 수 없다.

   ④ 변수의 이름을 적고 등호(=)로 값을 대입한다.

5. 다음과 같이 변수가 정의되어 있을 때, 변수의 값을 출력하기 위한 방법으로 알맞은 것은?

```
number = 3
```

① print("number")　　② print(number)　　③ print = "number"　　④ print = number

2.5

주석

중학생일 때 학교를 마치고 집에 왔는데 식탁에 쪽지와 함께 3천 원이 놓여 있었습니다.

배고프지? 짜장면 사 먹으렴.

– 엄마가

당시 짜장면 가격은 딱 3천 원이었고, 배가 무척 고팠기에 바로 짜장면을 시켜서 아주 맛있게 먹었습니다. 그런데 쪽지가 없었다면 어땠을까요? 왜 3천 원이 식탁에 놓여 있는지, 누가 올려둔 것인지, 무슨 용도인지, 왜 3천 원인지 등 의문이 생겼을 것입니다.

코딩하다 보면 분명 과거의 내가 만든 코드인데 왜 이렇게 작성했는지 이해할 수 없는 경우가 있습니다. 때로는 추가 설명이 필요한, 복잡한 코드를 작성해야 할 때도 있고, 특별한 의미가 있는 어떤 값을 사용해야 할 때도 있습니다. 특히 다른 누군가와 함께 코드를 작성한다면 서로 이해할 수 있게 부연 설명이 필요할 때도 있지요. 이런 경우에 **주석**(comment)을 사용하면 좋습니다.

주석은 보통 코드가 어떤 내용을 포함하고 있는지, 이 문장이 의미하는 것이 무엇인지, 왜 이렇게 썼는지, 주의할 점은 무엇인지, 추가로 알아야 할 내용은 무엇인지 등을 설명해야 할 때 사용합니다. 주석은 프로그램 안에 작성하지만, 프로그램을 실행하는 데 아무런 영향을 끼치지 않습니다. 하지만 개발자에게는 코드의 의미를 전달하는 아주 큰 역할을 합니다. 마치 식탁에 놓인 쪽지처럼요.

앞에서 작성한 코드를 다시 살펴봅시다. 첫 번째 print( ) 문은 변수를 사용하지 않으므로 변수를 설명할 때 없어도 되는 부분입니다. 이런 경우 앞에 #(샤프, sharp)를 붙이면 주석으로 처리할 수 있습니다.

```
name = "연탄이"
animal = "개"
age = 4
hobby = "산책"

# print("반려동물을 소개해 주세요.")
print("우리 집 반려동물은 " + animal + "인데, 이름이 " + name + "예요.")
print(name + "는 " + str(age) + "살이고, " + hobby + "을 아주 좋아해요.")
```

첫 번째 print() 문은 소스 코드에서는 보이지만, 실행했을 때 아무 동작도 하지 않고 무시됩니다. 이처럼 주석 처리하고 싶은 명령문이 있으면 문장 앞에 #를 붙이면 됩니다.

주석이 꼭 문장 앞에 올 필요는 없습니다. 어떤 명령문이 있고 명령문을 설명하는 내용을 넣고 싶을 때는 명령문 뒤에 주석을 작성해도 됩니다. 이때도 설명하는 내용 앞에 #를 붙이기만 하면 됩니다. 그러면 명령문에서 # 이후에 오는 내용은 주석으로 처리됩니다.

```
name = "연탄이" # 이름
animal = "개" # 종류
age = 4 # 나이
hobby = "산책" # 취미

# print("반려동물을 소개해 주세요.")
print("우리 집 반려동물은 " + animal + "인데, 이름이 " + name + "예요.") # 종류, 이름
print(name + "는 " + str(age) + "살이고, " + hobby + "을 아주 좋아해요.") # 나이, 취미
```

실행결과	— □ ×
우리 집 반려동물은 개인데, 이름이 연탄이예요. 연탄이는 4살이고, 산책을 아주 좋아해요.	

#는 한 줄만 주석 처리할 수 있습니다. 그래서 여러 줄을 한꺼번에 주석 처리하고 싶으면 #을 여러 번 사용해야 합니다. 이럴 때 따옴표 3개(큰따옴표 또는 작은따옴표)를 사용하면 여러 줄을 한꺼번에 주석 처리할 수 있습니다. 다음처럼 주석으로 처리하고 싶은 문장의 시작 부분과 끝 부분에 따옴표 3개를 붙여 코드를 감싸면 print() 문 전체가 모두 주석 처리됩니다.

```python
name = "연탄이"  # 이름
animal = "개"  # 종류
age = 4  # 나이
hobby = "산책"  # 취미

"""
# print("반려동물을 소개해 주세요.")
print("우리 집 반려동물은 " + animal + "인데, 이름이 " + name + "예요.")  # 종류, 이름
print(name + "는 " + str(age) + "살이고, " + hobby + "을 아주 좋아해요.")  # 나이, 취미
"""
```

> **Note VSCode의 주석 단축키**
>
> VSCode에서 주석을 단축키로 설정할 수 있습니다. 한 줄 전체를 주석 처리할 때는 문장 아무 곳에나 커서를 두고 다음 단축키를 누르면 됩니다. 단, 문장 일부만 주석 처리할 때는 단축키를 사용하기 어려우니 해당 내용 앞에 #를 직접 입력해 주세요. 여러 줄을 주석 처리할 때는 마우스 드래그하거나 키보드 Shift + 방향키(↑, ↓)로 주석으로 지정할 영역을 선택한 뒤에 다음 단축키를 눌러 주세요. 이때 /(슬래시)는 키보드에서 숫자 키패드에 있는 키가 아니라 마침표 옆에 ?와 함께 있는 키입니다.
>
> - 주석 설정 : Ctrl + / 또는 Ctrl + K + C(macOS일 때 command + / 또는 command + K + C)
> - 주석 해제 : Ctrl + / 또는 Ctrl + K + U(macOS일 때 command + / 또는 command + K + U)

1분 퀴즈　　　　　　　해설 노트 p.400

6. 다음 코드의 실행결과로 올바른 것은?

```python
print("파이썬은")
# print("처음에는")
print("쉬워요")
```

①

②

③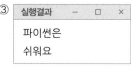

④

2.6

실습 문제: 역 이름 출력하기

———— 해설 노트 p.400

문제를 풀며 지금까지 배운 내용을 복습해 보겠습니다. 먼저 문제를 직접 풀고 나서 해설을 확인해 주세요.

문제 변수를 사용해 다음 문장을 출력하세요.

조건

1. 변수명은 station으로 한다.

2. 값은 변수에 '사당, 신도림, 인천공항' 순으로 저장한다.

3. 실행결과는 다음과 같은 형태로 나와야 한다.

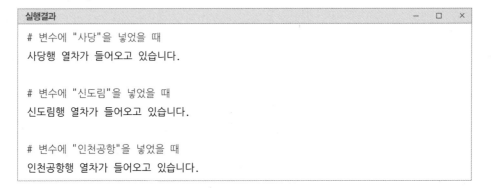

```
실행결과                                                    —  □  ×
# 변수에 "사당"을 넣었을 때
사당행 열차가 들어오고 있습니다.

# 변수에 "신도림"을 넣었을 때
신도림행 열차가 들어오고 있습니다.

# 변수에 "인천공항"을 넣었을 때
인천공항행 열차가 들어오고 있습니다.
```

1. 자료형

① 자료형은 데이터의 형태를 의미합니다.

② 자료형에는 정수 또는 실수로 이루어진 숫자 자료형, 문자열로 이루어진 문자열 자료형, 참을 의미하는 True와 거짓을 의미하는 False만 값으로 가지는 불 자료형이 있습니다.

③ 문자열 자료형은 작은따옴표(')나 큰따옴표(")로 감싸야 합니다.

- 숫자 자료형: 5, −10, 3.14, 1000
- 문자열 자료형 : '풍선', '나비', "파이썬"
- 불 자료형 : True, False

2. 변수

① 변수는 어떤 값을 저장하는 공간입니다.

② 변수에 값을 저장할 때는 변수명을 먼저 적고 등호(=)로 값을 대입합니다.

③ 변수명은 저장하는 값이 무엇인지 알기 쉽게 짓는 것이 좋습니다.

> **형식**   변수명 = 값

3. 형변환

① 형변환은 값의 자료형을 다른 형태로 바꾸는 것을 의미합니다. 예를 들어, 숫자 자료형을 문자열 자료형으로, 문자열 자료형을 숫자 자료형으로 변환할 수 있습니다.

② 형변환 명령어는 다음과 같습니다. 소괄호 안에 바꾸길 원하는 값을 넣으면 됩니다.

- str(): 값을 문자열로 형변환
- int(): 값을 정수형으로 형변환

- float( ): 값을 실수형으로 형변환

4. 주석

① 주석은 코드에서 실행하지 않도록, 즉 무시하도록 처리하는 것을 말합니다.

② 주석은 코드에 설명을 추가해야 하거나 일시적으로 실행되지 않길 원하는 부분이 있을 때 사용합니다.

③ 한 줄을 주석 처리할 때는 #를 이용하고, 여러 줄을 주석 처리할 때는 따옴표(작은따옴표 또는 큰따옴표) 3개를 이용합니다.

형식	# 한 줄 코드
	명령문 # 보충 설명
	"""
	여러 줄
	코드
	"""

셀프체크

해설 노트 p.400

문제 변수를 사용해 택배의 배송 상태를 안내하는 프로그램을 작성하세요.

조건

1. 변수명은 status로 한다.

2. 값은 변수에 '상품 준비, 배송 중, 배송 완료' 순으로 저장한다.

3. 실행결과는 다음과 같은 형태로 나와야 한다.

실행결과	— □ ×
# 1. 변수에 "상품 준비"를 넣었을 때 주문상태 : 상품 준비 # 2. 변수에 "배송 중"을 넣었을 때 주문상태 : 배송 중 # 3. 변수에 "배송 완료"를 넣었을 때 주문상태 : 배송 완료	

MEMO

3장

연산자

이번에는 연산자를 공부해 보겠습니다. 앞에서 이미 몇 가지 연산자를 살펴봤습니다. 값을 부정하는 not 연산자와 값을 대입할 때 사용하는 = 연산자입니다. 또한, 문자열과 변수를 + 연산자로 연결했습니다. 이처럼 파이썬에는 다양한 연산자가 있는데, 이들을 어떻게 사용하는지 살펴보겠습니다.

3.1

연산자의 종류

연산자(operator)는 프로그래밍에서 연산할 때 사용하는 기호입니다. 일반적으로 수학에 나오는 연산 기호를 파이썬에서도 연산자로 사용합니다.

3.1.1 산술 연산자

먼저 사칙연산 기호부터 알아보겠습니다. 사칙연산 기호는 수를 연산하는 데 사용해서 **산술 연산자**라고 합니다. 산술 연산자는 **2.1 숫자 자료형**에서 수식을 다룰 때 이미 사용했죠. 그때 설명했듯이 코딩할 때는 기호 표시가 일부 다릅니다. 곱하기는 × 대신 *를, 나누기는 ÷ 대신 /를 사용합니다.

표 3-1 산술 연산자 1

연산자	의미
+	연산자 왼쪽과 오른쪽 더하기
-	연산자 왼쪽에서 오른쪽 빼기
*	연산자 왼쪽과 오른쪽 곱하기
/	연산자 왼쪽을 오른쪽으로 나누기

print( ) 문에 연산자를 사용한 수식을 입력하면 바로 연산 결과를 확인할 수 있습니다.

```
print(1 + 1)
print(3 - 2)
print(5 * 2)
print(6 / 3)
```

실행결과	—	□	×
2			
1			
10			
2.0			

실행결과를 보면 나누기 결과는 정수 2가 아닌 실수 2.0으로 표시됩니다. 정수와 정수의 나누기 결과로 정수가 나오기를 바란다면 / 대신 6 // 3과 같이 // 연산자를 사용하는 방법이 있습니다. 이렇게 하면 2.0이 아닌 2라는 결과가 나오는데, //가 무엇인지는 조금 뒤에서 알아볼게요.

조금 더 어려운 연산을 해 봅시다. 실행결과를 보고 어떤 연산인지 감이 오나요?

```
print(2 ** 3)
print(10 % 3)
print(10 // 3)
```

실행결과	—	□	×
8			
1			
3			

첫 번째 연산자 **는 연산자 앞의 수를 뒤의 수만큼 거듭제곱하라는 뜻입니다. 2 ** 3이므로 2를 세제곱한 8이 나옵니다. 두 번째 연산자 %는 연산자 앞의 수를 뒤의 수로 나눈 나머지를 구하라는 뜻입니다. 따라서 10을 3으로 나눈 나머지인 1을 출력합니다. 마지막 연산자 //는 연산자 앞의 수를 뒤의 수로 나눈 몫을 구하라는 뜻입니다. 따라서 10을 3으로 나눈 몫인 3을 출력합니다.

이전 코드에서 정수와 정수의 나누기 결과로 정숫값을 얻으려면 6 / 3 대신 6 // 3을 한다고 했었죠. // 연산자는 몫을 구하므로 6을 3으로 나눈 몫인 2가 결과로 나오게 됩니다. 즉, 우리가 원하는 정수 형태의 결과를 얻을 수 있습니다.

이번에 배운 3가지 연산자도 수를 계산하는 데 사용하는 산술 연산자입니다.

표 3-2 산술 연산자 2

연산자	의미
**	연산자 왼쪽을 오른쪽만큼 거듭제곱
%	연산자 왼쪽을 오른쪽으로 나눈 나머지
//	연산자 왼쪽을 오른쪽으로 나눈 몫

3.1.2 비교 연산자

수학에는 등호와 함께 값의 크기를 비교할 때 사용하는 부등호(), 〈, ≥, ≤)가 있습니다. 파이썬에서도 같은 기호로 비교 연산을 수행해서 이들을 **비교 연산자**라고 합니다. 다만, 크거나 같은 경우(≥), 작거나 같은 경우(≤)는 다음과 같이 일렬로 표시합니다.

표 3-3 비교 연산자 1

연산자	의미
〉	연산자 왼쪽이 오른쪽보다 큼
〉=	연산자 왼쪽이 오른쪽보다 크거나 같음
〈	연산자 왼쪽이 오른쪽보다 작음
〈=	연산자 왼쪽이 오른쪽보다 작거나 같음

다음과 같이 코드를 작성하고 실행하면 어떤 결과가 나올까요?

```
print(10 > 3)
print(4 >= 7)
print(10 < 3)
print(5 <= 5)
```

비교 연산자는 산술 연산자와 달리 값을 계산하지 않고 값을 비교합니다. 값을 비교해 맞으면 True를, 아니면 False를 출력합니다. 그래서 결과는 다음과 같습니다.

실행결과	— □ ×
True	
False	
False	
True	

또한, 파이썬에서는 등호를 같다는 의미가 아니라 값을 대입한다는 의미로 사용한다고 했습니다. 같다는 의미를 나타내고 싶으면 어떻게 할까요? 같다는 의미는 등호를 2번 연속으로 써서 == 형태로 표시합니다. 또한, 다르다는 의미를 나타내고 싶을 때는 등호 앞에 !를 붙여 != 형태로 표시합니다. 두 연산자도 값이 같은지 다른지 비교하는 비교 연산자입니다.

표 3-4 비교 연산자 2

연산자	의미
==	연산자 왼쪽과 오른쪽이 같음
!=	연산자 왼쪽과 오른쪽이 다름

두 연산자로 다음과 같이 코드를 작성하면 부등호와 마찬가지로 식이 맞는지 틀린지에 따라 True 또는 False를 출력합니다.

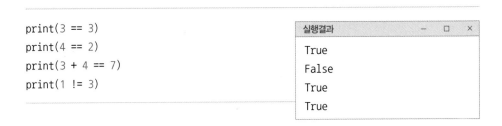

```
print(3 == 3)
print(4 == 2)
print(3 + 4 == 7)
print(1 != 3)
```

실행결과

```
True
False
True
True
```

3.1.3 논리 연산자

논리 연산자는 여러 조건을 결합해 참인지 거짓인지 판단할 때 사용합니다. 앞에서 나온 not 연산자를 포함해 파이썬에서 사용하는 논리 연산자는 다음과 같습니다.

표 3-5 논리 연산자

연산자	의미
and	연산자 왼쪽과 오른쪽이 모두 참이면 참
or	연산자 왼쪽과 오른쪽 중 하나라도 참이면 참
not	값이 참이면 거짓, 거짓이면 참

논리 연산자를 사용하면 비교 연산자와 마찬가지로 판단 결과에 따라 True 또는 False를 출력합니다. 다음 코드를 작성하고 실행해 봅시다.

```
print((3 > 0) and (3 > 5))
print((3 > 0) or (3 > 5))
print(not(1 != 3))
```

실행결과

```
False
True
False
```

앞의 코드는 비교 연산자와 논리 연산자를 함께 사용합니다. 첫 번째 코드에서 and 연산자 왼쪽 수식은 3이 0보다 크므로 참입니다. 왼쪽 수식은 3이 5보다 작으므로 거짓입니다. 모두 참이어야 하는데 하나만 참이므로 결과는 거짓, 즉 False를 출력합니다. 두 번째 코드는 같은 구조에서 연산자만 or로 바꿨습니다. or 연산자는 하나라도 참이면 참이므로 True를 출력합니다. 세 번째 코드는 not 연산자를 사용해 수식을 부정합니다. 수식은 1과 3이 다르다는 뜻이므로 참입니다. 참을 부정하므로 결과로 False를 출력합니다.

참고로 a > b > c처럼 연산자를 연달아 사용할 수도 있습니다. 이 수식은 a > b and b > c와 같습니다.

Note 단축 평가

논리 연산자에서 and와 or는 앞의 연산 결과에 따라 뒤의 연산이 수행되지 않을 수도 있는데, 이를 **단축 평가**(short circuit evaluation)라고 합니다. and 연산자는 앞뒤 연산이 모두 참일 때 True가 됩니다. 그래서 앞의 연산이 이미 False라면 뒤의 연산은 결과가 참이건 거짓이건 상관없으므로 수행되지 않습니다. or 연산자는 앞뒤 연산 중 하나라도 참일 때 True가 되는데 앞의 연산이 이미 True 라면 뒤의 연산은 하지 않아도 상관없으므로 수행되지 않습니다. 다음 예를 봅시다.

```
print(5 > 4 > 3)
print(4 > 5 > 3)
```

실행결과	— □ ×
True	
False	

첫 번째 코드에서 5 > 4는 참이므로 다음 수식을 확인합니다. 4 > 3도 참이므로 결과는 True가 됩니다. 그런데 두 번째 코드를 보면 4 > 5는 거짓이므로 뒤의 연산 결과에 상관없이 False가 됩니다. 따라서 뒤의 수식을 수행하지 않고 결과를 출력합니다.

1분 퀴즈

해설 노트 p.401

1. 다음 코드의 실행결과로 올바른 것은?

```
print(5 + 3)
```

① 5   ② 3   ③ 8   ④ 53

2. 다음 코드의 실행결과로 올바른 것은?

```
print(6 / 3)
```

① 1　　　　　② 1.0　　　　　③ 2　　　　　④ 2.0

3. 다음 코드의 실행결과로 올바른 것은?

```
print(5 % 3)
```

① 1　　　　　② 2　　　　　③ 2.0　　　　　④ 1.6666666666666667

4. 다음 연산의 의미로 올바른 것은?

```
(5 < 3) or (7 < 3)
```

① 5가 3보다 작거나 7이 3보다 작다

② 5가 3보다 작고 7이 3보다 작다

③ 5와 3 중에서 작은 수 또는 7과 3 중에서 작은 수

④ 5와 3 중에서 작은 수 그리고 7과 3 중에서 작은 수

3.2

연산자의 우선순위

다음과 같은 수식이 있습니다. 결과는 무엇일까요? 20일까요?

2 + 3 × 4 = ?

정답은 14입니다. 왜 이런 결과가 나오는지 알 겁니다. 사칙연산의 우선순위 때문이죠. 더하기와 곱하기가 연속해서 나오면 더하기보다 곱하기의 우선순위가 높아서 3 × 4가 먼저 계산되고 곱하기 결과에 앞에 있는 2를 더합니다.

다음 경우는 어떨까요?

(2 + 3) × 4 = ?

소괄호가 있어서 2 + 3을 먼저 계산하고 나서 더하기 결과인 5에 4를 곱해 20이 됩니다. 소괄호는 연산의 우선순위를 바꿔 소괄호 안의 연산을 먼저 수행하게 합니다.

수학의 연산 기호와 마찬가지로 파이썬 연산자도 우선순위가 있습니다. 앞의 수식을 파이썬 코드로 작성해서 결과를 출력해 보겠습니다.

```
print(2 + 3 * 4)
print((2 + 3) * 4)
```

실행결과   − □ ×
14
20

파이썬 연산자의 우선순위 때문에 두 수식은 연산 결과가 다르게 나옵니다. 이처럼 연산자를 사용할 때는 우선순위에 따라 연산 순서가 달라지므로 연산자의 우선순위를 확인해야 합니다.

파이썬에서 사용하는 주요 연산자의 우선순위는 다음과 같습니다. 위에서 아래로 갈수록 우선순위가 낮습니다. 모두 외울 필요는 없고, 중요한 몇 가지만 알고 나머지는 필요할 때 확인하면 됩니다.

전체 연산자의 우선순위는 https://docs.python.org/ko/3/reference/expressions.html?highlight=우선순위#operator−precedence에서 확인할 수 있습니다.

표 3−6 주요 연산자 우선순위

우선순위	연산자	설명
높음	[ ], { }, ( )	리스트, 딕셔너리, 세트, 튜플
	**	거듭제곱
	*, /, //, %	곱셈, 나눗셈, 정수 나눗셈, 나머지
	+, −	덧셈, 뺄셈
	not, in, <, <=, >, >=, !=, ==	부정, 비교 연산자
	and, or	논리 연산자
낮음	=	대입 연산자

1분 퀴즈

해설 노트 p.401

5. 다음 코드에 대해 잘못 설명한 사람은?

```python
print(2 + 3 * 4)
```

① 우주: 코드의 실행결과는 14야.

② 은하: print((2 + 3) * 4)와 결과가 같아.

③ 하늘: 우선순위가 높은 연산이 먼저 수행돼.

④ 한별: 곱셈 연산이 덧셈 연산보다 우선순위가 높아.

3.3

변수로 연산하기

2장에서 배운 변수와 연산자를 함께 사용해 보겠습니다. 다음처럼 수식을 number라는 변수에 넣고 변수의 값을 출력합니다.

```
number = 2 + 3 * 4
print(number)
```

실행결과		— □ ×
14		

현재 number 변수의 값은 14입니다. 여기에 2를 더하려면 어떻게 해야 할까요?

```
number = 2 + 3 * 4
print(number)
number = 2 + 3 * 4 + 2
print(number)
```

실행결과		— □ ×
14		
16		

이렇게 작성해도 되지만, 다음과 같이 변수를 활용하면 코드가 짧아집니다.

```
number = 2 + 3 * 4
print(number)
number = number + 2 # (2 + 3 * 4) + 2
print(number)
```

여기서 코드를 한 번 더 줄일 수 있습니다. 대입 연산자와 산술 연산자를 합친 **복합 대입 연산자**(augmented assignment operator)를 사용하면 됩니다. 각 연산자의 의미는 다음과 같습니다.

표 3-7 복합 대입 연산자

연산자	의미	예
+=	연산자 왼쪽 값에 오른쪽 값을 더한 후 왼쪽 값에 대입	number = number + 2 → number += 2
-=	연산자 왼쪽 값에서 오른쪽 값을 뺀 후 왼쪽 값에 대입	number = number - 2 → number -= 2
*=	연산자 왼쪽 값에 오른쪽 값을 곱한 후 왼쪽 값에 대입	number = number * 2 → number *= 2
/=	연산자 왼쪽 값을 오른쪽 값으로 나눈 후 왼쪽 값에 대입	number = number / 2 → number /= 2
**=	연산자 왼쪽 값을 오른쪽 값으로 거듭제곱한 후 왼쪽 값에 대입	number = number ** 2 → number **= 2
//=	연산자 왼쪽 값을 오른쪽 값으로 나눈 후 몫을 왼쪽 값에 대입	number = number // 2 → number //= 2
%=	연산자 왼쪽 값을 오른쪽 값으로 나눈 후 나머지를 왼쪽 값에 대입	number = number % 2 → number %= 2

앞의 코드에 복합 대입 연산자를 적용하면 코드가 더 짧아지고, 변수 덕분에 반복 연산도 할 수 있습니다.

```
number = 2 + 3 * 4
print(number)
# number = number + 2
# print(number)
number += 2 # number = number + 2와 동일
print(number)
```

실행결과　　　　　　　　　－　□　×
```
14
16
```

다른 연산자들도 같은 방식으로 적용하면 됩니다. 다음 코드를 실행하면 현재 number 변수의 값인 16을 기준으로 순서대로 연산한 결과를 확인할 수 있습니다.

```
number -= 2 # number = number - 2와 동일
print(number)
number *= 2 # number = number * 2와 동일
print(number)
```

```
number /= 2 # number = number / 2와 동일
print(number)
number **= 2 # number = number ** 2와 동일
print(number)
number //= 2 # number = number // 2와 동일
print(number)
number %= 2 # number = number % 2와 동일
print(number)
```

실행결과	—	□	×
14			
28			
14.0			
196.0			
98.0			
0.0			

3.1.1 산술 연산자에서 정수로 나누기 연산을 하면 결과는 소수점을 포함한 실수 형태로 나온다고 설명했습니다. 그래서 number / 2 이후부터는 결과가 14.0, 196.0과 같이 실수 형태로 출력되는 것을 볼 수 있습니다.

1분 퀴즈

해설 노트 p.401

6. 다음과 같은 실행결과를 얻기 위해 가에 들어갈 코드로 알맞은 것은?

```
num = 3
가
print(num)
```

실행결과	—	□	×
6			

① num += 2 　　② num *= 2 　　③ num + 3 　　④ num == 2

3.4

함수로 연산하기

3.4.1 숫자 처리 함수

파이썬에서는 다음과 같이 숫자 연산을 할 수 있는 여러 함수를 제공합니다.

TIP —— 함수(function)는 7장에서 자세히 다루는데, 우선 여기서는 파이썬에서 특정 기능을 수행하도록 미리 만들어 둔 명령어라고 이해하면 됩니다. 앞에서 자주 사용한 print( )도 함수입니다.

표 3-8 주요 숫자 처리 함수

함수	의미
abs(x)	x의 절대값
pow(x, y)	x를 y만큼 거듭제곱한 값
max( )	가장 큰 값
min( )	가장 작은 값
round(x, d)	x를 반올림한 값, d는 표시할 소수점 이하 자릿수, d가 없으면 소수점 이하 첫째 자리에서 반올림한 정수

각 함수를 어떻게 사용하는지는 예제로 확인할 수 있습니다.

```
print(abs(-5)) # -5의 절대값
print(pow(4, 2)) # 4를 제곱한 값
print(max(5, 12)) # 5와 12 중 큰 값
print(min(5, 12)) # 5와 12 중 작은 값
print(round(3.14)) # 3.14를 소수점 이하 첫째 자리에서 반올림한 정수
print(round(4.678, 2)) # 4.678을 소수점 이하 셋째 자리에서 반올림한 값
```

```
실행결과                                                    —  □  ×
5
16
12
5
3
4.68
```

3.4.2 math 모듈

숫자 연산을 수행하는 함수는 다음과 같이 math 모듈에도 있습니다.

표 3-9 math 모듈의 숫자 처리 함수

함수	의미
floor()	내림
ceil()	올림
sqrt()	제곱근

모듈(module)은 어떤 기능을 하는 코드를 모아 놓은 파이썬 파일을 의미합니다. 직접 만들 수도 있고 파이썬에 이미 만들어져 있는 모듈을 가져와서 사용할 수도 있습니다. 프로그램에 모듈의 기능을 가져다 쓰려면 사용하기 전에 다음 형태의 구문을 추가해야 합니다.

> **형식**   from 모듈명 import 기능

기능 부분에 *를 넣으면 모듈 안 모든 기능을 가져다 쓰겠다는 의미가 됩니다. 그래서 math 모듈에 속한 함수를 모두 사용하고 싶다면 다음과 같이 작성합니다.

TIP —— **2.1 숫자 자료형**을 배울 때 파이썬에서는 곱셈 기호로 *를 사용한다고 했습니다. *는 와일드카드 문자(wildcard character)로, 모든 것을 지칭할 때 사용합니다. 예를 들어, 윈도우 탐색기에서 파일을 검색할 때 검색창에 *.png를 입력하면 확장자가 png인 모든 파일(예: desk.png, book.png)을, py*.txt로 입력하면 py로 시작하고 확장자가 txt인 모든 파일(예: python.txt, pyper.txt)을 검색합니다.

```
from math import * # math 모듈의 모든 기능을 가져다 쓰겠다는 의미

result = floor(4.99)
print(result) # 4.99의 내림
result = ceil(3.14)
print(result) # 3.14의 올림
result = sqrt(16)
print(result) # 16의 제곱근
```

실행결과

```
4
4
4.0
```

모듈의 기능을 가져다 쓸 때 구문을 다음과 같이 작성해도 됩니다.

형식   import 모듈명

단, 이 방법을 사용할 때는 기능 앞에 기능이 속한 모듈명을 점(.)으로 연결해서 적어야 합니다.

```
import math # math 모듈의 기능을 가져다 쓰겠다는 의미

# math.을 함께 작성
result = math.floor(4.99)
print(result) # 4.99의 내림
result = math.ceil(3.14)
print(result) # 3.14의 올림
result = math.sqrt(16)
print(result) # 16의 제곱근
```

실행결과

```
4
4
4.0
```

모듈에 관해서는 **11장 모듈과 패키지**에서 자세히 공부하니 지금은 사용하는 방법 정도만 알고 넘어가도 됩니다.

3.4.3 random 모듈

파이썬에서 제공하는 함수 중에 무작위로 숫자를 뽑아 주는 random( ) 함수가 있습니다. random( ) 함수는 random 모듈에 속하므로 코드를 다음과 같이 사용합니다. 2~3번 반복 실행하면서 값이 어떻게 출력되는지 확인해 보세요.

```
from random import * # random 모듈의 모든 기능을 가져다 쓰겠다는 의미

print(random())
print(random())
print(random())
```

실행결과

                                    — ☐ ✕

```
0.7884237332330322
0.2701703905209617
0.3180391273828307
```

실행결과를 보면 모두 0 이상 1 미만 사이의 수를 출력합니다. 그리고 실행할 때마다 매번 다른 수가 출력될 겁니다. 여러분이 실행한 결과도 책과 다르고요. 이처럼 random() 함수는 0 이상 1 미만(1은 불포함)에서 난수를 뽑는 기능을 합니다.

> **Note** from random import *에 밑줄이 생기면서 "Unused import(s) …"라는 경고문이 뜨는데, 이유가 무엇인가요?
>
> VSCode에 파이썬 코드를 분석하는 Pylint라는 확장 프로그램이 설치돼 있을 때 이러한 경고가 나타날 수 있습니다. 이는 현재 작성 중인 코드 안에서 random 모듈의 모든 기능을 사용하지 않으므로 필요한 부분만 가져다 쓰도록 안내하는 메시지입니다. 예를 들어, 작성 중인 코드에서 random(), randint() 함수만 필요하다면 다음과 같이 import 구문을 수정하고 코드에서도 random(), randint() 함수만 사용하면 경고는 사라집니다.
>
> ```
> # random 모듈의 random(), randint() 함수를 가져다 쓰겠다는 의미
> from random import random, randint
> ```
>
> 프로그램에서 사용하는 기능만 가져다 쓰면 좋겠지만, 어느 기능을 쓸지 명확하지 않다면 입문 단계에서는 *로 작성해도 괜찮습니다.

앞의 예제에서 뽑아낸 난수를 활용하기에는 숫자가 복잡해 보입니다. 그런데 다음과 같이 조금만 변형하면 얼마든지 활용하기 쉬운 난수를 뽑아낼 수 있습니다.

```
print(random() * 10)
print(int(random() * 10))
print(int(random() * 10) + 1)
```

실행결과	— □ ×
6.645512609040765	
5	
8	

코드를 한 문장씩 풀어 보면 다음과 같습니다.

표 3-10 코드의 의미

코드	의미
random() * 10	0.0 이상 10.0 미만에서 난수 생성
int(random() * 10)	**0 이상 10 미만 정수에서** 난수 생성(random() 결과를 int()로 감싸서 정수로 변환)
int(random() * 10) + 1	**1 이상 11 미만 정수에서** 난수 생성(random() 결과를 정수로 변환해 1을 더함)

예를 들어, 1부터 45까지 정수 범위 안에서 로또 번호를 뽑으려면 다음처럼 작성합니다. random() 함수로 생성한 난수에 45를 곱해 0.0 이상 45.0 미만인 난수를 생성합니다. 그리고 이를 int() 로 감싸서 정수로 변환하고 여기에 1을 더합니다. 그러면 1 이상 46 미만인 정수에서 난수를 생성합니다.

```
print(int(random() * 45) + 1)
```

실행결과	— □ ×
17	

그런데 범위를 매번 계산하려면 머리가 조금 아프겠죠? 고맙게도 random 모듈에는 원하는 범위 안에서 난수를 뽑을 수 있는 함수들이 있습니다.

표 3-11 random 모듈의 함수

함수	의미
randrange(시작 숫자, 끝 숫자)	주어진 범위 안에서 정수인 난수 생성(끝 숫자 미포함)
randint(시작 숫자, 끝 숫자)	주어진 범위 안에서 정수인 난수 생성(끝 숫자 포함)

주의할 점은 randint() 함수는 끝 숫자 미만이 아닌 이하, 즉 끝 숫자를 포함한 범위 안에서 난수를 뽑는다는 점입니다. 따라서 다음 두 문장은 난수 생성 범위가 같습니다.

```
print(randrange(1, 46)) # 1 이상 46 미만에서 난수 생성
print(randint(1, 45)) # 1 이상 45 이하에서 난수 생성
```

실행결과	– □ ×
13	
30	

그러면 로또 번호 6개를 추첨하기 위해 다음처럼 같은 문장을 6번 반복하면 될까요? 운이 좋으면 어쩌다 서로 다른 수 6개가 나올 수도 있지만, 중복 번호가 발생할 수도 있습니다. 각 문장은 서로 영향을 주지 않는 독립 사건이기 때문입니다.

```
print(randint(1, 45))
print(randint(1, 45))
print(randint(1, 45))
print(randint(1, 45))
print(randint(1, 45))
print(randint(1, 45))
```

이럴 때는 random 모듈에서 제공하는 sample( )이라는 함수를 이용하면 됩니다. 이 부분은 제어문을 배운 후에 **5.6 실습 문제: 당첨자 뽑기**에서 다시 살펴보겠습니다.

1분 퀴즈

해설 노트 p.401

7. 다음 코드의 실행결과로 올바른 것은?

```
print(round(0.1357, 2))
```

① 0   ② 0.1   ③ 0.13   ④ 0.14

8. 다음 중 random 모듈에 대해 잘못 설명한 사람은?

① 우주: random 모듈을 사용하려면 먼저 import해야 해.

② 은하: random( ) 함수는 0.0 이상 1.0 이하의 난수를 생성해.

③ 하늘: randint(1, 10) 함수는 1 이상 10 이하의 정수인 난수를 생성해.

④ 한별: randrange(1, 10) 함수는 1 이상 10 미만의 정수인 난수를 생성해.

실습 문제: 스터디 날짜 정하기

———————————————————————— 해설 노트 p.401

문제를 풀며 지금까지 배운 내용을 복습해 보겠습니다. 먼저 문제를 직접 풀고 나서 해설을 확인해 주세요.

문제 코딩 스터디 모임을 만들었습니다. 월 4번 모이는데, 3번은 온라인으로, 1번은 오프라인으로 모이기로 했습니다. 조건에 맞는 오프라인 모임 날짜를 정하는 프로그램을 작성하세요.

조건

1. 날짜를 무작위로 뽑는다.

2. 월별 일수가 다르므로 최소 일수인 28일 이내로 정한다(28일까지만 날짜 선정).

3. 매월 1~3일은 스터디를 준비해야 하므로 제외한다.

4. 실행결과는 다음과 같은 형태로 나와야 한다. 단, 날짜는 무작위이므로 책과 결과가 다를 수 있다.

실행결과   − □ ✕
오프라인 스터디 모임 날짜는 매월 18일로 선정됐습니다.

마무리

1. 연산자

연산자는 프로그래밍에서 연산할 때 사용하는 기호입니다.

- **산술 연산자**: 덧셈, 뺄셈, 곱셈, 나눗셈 등 수를 연산하는 데 사용합니다.
- **비교 연산자**: 값의 크기를 비교할 때 사용합니다.
- **논리 연산자**: 수식, 조건 등에서 값이 참인지 거짓인지 판단할 때 사용합니다.

2. 연산자의 우선순위

연산자에는 우선순위가 있어서 수식을 어떻게 작성하느냐에 따라 연산 순서가 달라질 수 있습니다.

우선순위	연산자	설명
높음	[ ], { }, ( )	리스트, 딕셔너리, 세트, 튜플
	**	거듭제곱
	*, /, //, %	곱셈, 나눗셈, 정수 나눗셈, 나머지
	+, -	덧셈, 뺄셈
	not, in, <, <=, >, >=, !=, ==	부정, 비교 연산자
	and, or	논리 연산자
낮음	=	대입 연산자

3. 변수로 연산하기

연산을 쉽게 하기 위해 변수에 연산 결과를 저장한 뒤 새로운 연산에 활용할 수 있습니다. 이때 복합 대입 연산자를 사용하면 더욱 간소한 형태로 연산이 가능합니다.

연산자	의미	예
+=	연산자 왼쪽 값에 오른쪽 값을 더한 후 왼쪽 값에 대입	number = number + 2 → number += 2
-=	연산자 왼쪽 값에서 오른쪽 값을 뺀 후 왼쪽 값에 대입	number = number - 2 → number -= 2
*=	연산자 왼쪽 값에 오른쪽 값을 곱한 후 왼쪽 값에 대입	number = number * 2 → number *= 2
/=	연산자 왼쪽 값을 오른쪽 값으로 나눈 후 왼쪽 값에 대입	number = number / 2 → number /= 2
**=	연산자 왼쪽 값을 오른쪽 값으로 거듭제곱한 후 왼쪽 값에 대입	number = number ** 2 → number **= 2
//=	연산자 왼쪽 값을 오른쪽 값으로 나눈 후 몫을 왼쪽 값에 대입	number = number // 2 → number //= 2
%=	연산자 왼쪽 값을 오른쪽 값으로 나눈 후 나머지를 왼쪽 값에 대입	number = number % 2 → number %= 2

4. 함수로 연산하기

파이썬에서는 다양한 연산을 편리하게 할 수 있도록 여러 함수를 제공합니다.

함수	의미
abs(x)	x의 절대값
pow(x, y)	x를 y만큼 거듭제곱한 값
max()	가장 큰 값
min()	가장 작은 값
round(x, d)	x를 반올림한 값, d는 표시할 소수점 이하 자릿수, d가 없으면 소수점 이하 첫째 자리에서 반올림한 정수

5. math 모듈

① math 모듈에도 숫자 연산을 수행하는 함수들이 들어 있습니다.

함수	의미
floor()	내림
ceil()	올림
sqrt()	제곱근

② 모듈의 기능을 사용하려면 다음과 같이 import를 먼저 해야 합니다.

> **형식**   `from 모듈명 import 기능`

6. random 모듈

random 모듈에는 난수가 필요한 경우에 사용하는 함수들이 있습니다. 함수에 따라 마지막 값을 포함하는지 아닌지가 달라질 수 있으니 주의해야 합니다.

함수	의미
random( )	0 이상 1 미만의 실수인 난수 생성
randrange(시작 숫자, 끝 숫자)	주어진 범위 안에서 정수인 난수 생성(끝 숫자 미포함)
randint(시작 숫자, 끝 숫자)	주어진 범위 안에서 정수인 난수 생성(끝 숫자 포함)

셀프체크

해설 노트 p.402

문제 연산자를 이용해 온도 단위를 변환하는 프로그램을 만들어 보세요.

조건

1. 섭씨 온도를 저장하기 위한 변수를 만든다.

2. 다음 공식을 이용해 섭씨 온도를 화씨 온도로 변환하고 새로운 변수에 저장한다.

   화씨 온도 = (섭씨 온도 * 9 / 5) + 32

3. 섭씨 온도와 화씨 온도를 다음과 같이 출력한다.

```
실행결과                                              ─  □  ×
# 섭씨 온도가 30도일 때
섭씨 온도 : 30
화씨 온도 : 86.0

# 섭씨 온도가 10도일 때
섭씨 온도 : 10
화씨 온도 : 50.0
```

4장

문자열 다루기

세상에는 여러 종류의 데이터가 있고 그에 맞춰 자료형도 다양하게 존재하지만, 실생활에서는 특히 문자열을 많이 사용합니다. 인터넷으로 상품을 구매할 때 배송을 위해 필요한 개인 정보만 해도 이름, 주소 등은 모두 문자열 형태이지요. 파이썬에서는 문자열을 자유자재로 다양한 방법을 제공합니다. 이 장에서 하나씩 살펴보겠습니다.

4.1

문자열이란

문자열은 문자들의 집합을 의미합니다. 파이썬에서는 한글이나 알파벳 등으로 작성한 글자를 작은따옴표 또는 큰따옴표로 감싸서 문자열임을 나타냅니다. 다음 코드에서 작은따옴표로 감싼 '나는 소년입니다.'는 문자열이 됩니다.

```
sentence1 = '나는 소년입니다.'
print(sentence1)
```

실행결과
```
나는 소년입니다.
```

이번에는 큰따옴표로 감싸 보겠습니다.

```
sentence2 = "파이썬은 쉬워요."
print(sentence2)
```

실행결과
```
파이썬은 쉬워요.
```

실행결과만으로는 문자열인지 확인하기 어렵습니다. type()을 사용해 문자열인지 확인해 보겠습니다. type()은 소괄호 안에 확인하고 싶은 데이터를 넣고 출력하면 데이터가 어떤 형태인지 보여 줍니다.

```
sentence1 = '나는 소년입니다.'
print(sentence1, type(sentence1))
sentence2 = "파이썬은 쉬워요."
print(sentence2, type(sentence2))
```

실행결과
```
나는 소년입니다. <class 'str'>
파이썬은 쉬워요. <class 'str'>
```

095

실행해 보면 작은따옴표로 표시했을 때와 큰따옴표로 표시했을 때 모두 문자열이라고 나옵니다.

문자열을 여러 줄에 걸쳐 작성해야 할 수도 있습니다. 이때는 여는 따옴표와 닫는 따옴표를 각각 3개씩(큰따옴표 또는 작은따옴표) 넣어 앞뒤로 감싸 주면 됩니다. 그러면 안에 든 모든 글자를 문자열로 인식합니다.

1분 퀴즈

해설 노트 p.402

1. 다음 코드의 실행결과로 올바른 것은?

```
print("파인" + "애플")
```

2. 다음 중 photo 변수의 자료형을 확인하기 위한 방법으로 올바른 것은?

```
photo = "사진"
```

① check(photo) ② type(photo) ③ class(photo) ④ str(photo)

원하는 만큼 문자열 자르기: 슬라이싱

우리나라의 주민등록번호는 숫자 13자리로 구성하는데, 각 자리가 의미하는 바는 다음과 같습니다.

그림 4-1 주민등록번호 체계

주민등록번호 앞자리를 보면 그 사람이 몇 년도 몇 월 며칠에 태어났는지 알 수 있고, 뒷자리를 보면 성별과 태어난 지역을 유추할 수 있습니다. 또한, 생일이나 성별 정보는 앞자리나 뒷자리 일부만 알아도 충분히 파악할 수 있습니다.

TIP —— 2020년 10월 이후 새로 발급된 주민등록번호에서는 지역번호, 등록순서, 검증번호를 폐지하고 6자리 임의번호로 채우도록 변경됐습니다. 이 책에서는 일부러 없는 날짜(1999년 2월 29일)로 예를 들어 설명합니다.

파이썬에서는 **슬라이싱**(slicing)이라는 방법으로 원하는 만큼 데이터를 자를 수 있습니다. 슬라이싱을 사용하려면 먼저 **인덱스**(index)를 알아야 합니다. 여러 문자로 구성된 문자열의 n번째 문자(또는 데이터)라고 할 때, n번째가 바로 인덱스입니다. 즉, 인덱스는 데이터의 순서 또는 위치를 나타냅니다. 인덱스는 데이터를 저장한 변수명에 대괄호([ ])를 붙이고 그 안에 숫자를 넣어 표시합니다.

TIP —— 인덱스는 **5장 자료구조**에서 배울 리스트에서도 사용합니다.

형식 변수명[인덱스]

예를 들어, 다음과 같이 jumin이라는 변수에 주민등록번호를 저장한다고 합시다. 주민등록번호에서 성별 정보를 확인하고 싶다면 jumin[7]이라고 작성하면 됩니다.

```
jumin = "990229-1234567"
print("성별 식별번호 : " + jumin[7])
```

실행결과	—	□	×
성별 식별번호 : 1			

그런데 뭔가 이상합니다. 성별을 나타내는 1이라는 값은 문자열에서 8번째 자리에 있습니다. 그런데 왜 7이라고 적었을까요? 코드에서 위치를 나타내는 인덱스는 1이 아닌 0부터 시작하기 때문입니다. 그래서 성별을 나타내는 1의 위치는 8이 아닌 7입니다. 이 개념은 아주 중요합니다. 코딩을 처음 배울 때는 혼란스러울 수 있으니 이 점을 꼭 기억하길 바랍니다.

그림 4-2 인덱스

주민등록번호→	9	9	0	2	2	9	–	1	2	3	4	5	6	7
인덱스→	0	1	2	3	4	5	6	7	8	9	10	11	12	13

인덱스의 개념을 알았으니 이를 이용한 슬라이싱으로 배워 보겠습니다. 슬라이싱은 대괄호 안에 인덱스를 넣고 필요한 범위를 콜론(:)으로 구분해 표시합니다.

형식 변수명[시작 인덱스:종료 인덱스] # 시작 인덱스부터 종료 인덱스 직전까지

콜론을 사이에 두고 시작 인덱스와 종료 인덱스를 넣습니다. 예를 들어, [3:7]이라고 작성하면 인덱스 3부터 7 직전, 즉 3부터 6에 있는 데이터를 가져옵니다. 주민등록번호에서 연, 월, 일을 각각 2자리씩 가져오고 싶다면 다음과 같이 작성합니다.

```
jumin = "990229-1234567"
print("연 : " + jumin[0:2]) # 0부터 2 직전까지(0, 1)
print("월 : " + jumin[2:4]) # 2부터 4 직전까지(2, 3)
print("일 : " + jumin[4:6]) # 4부터 6 직전까지(4, 5)
```

실행결과	—	□	×
연 : 99			
월 : 02			
일 : 29			

슬라이싱할 때 범위를 나타내는 시작 인덱스나 종료 인덱스를 비워 두면, 비워 둔 위치에 따라 슬라이싱 범위가 달라집니다.

- 변수명[:종료 인덱스]: 처음부터 종료 인덱스 직전까지 슬라이싱
- 변수명[시작 인덱스:]: 시작 인덱스부터 끝까지 슬라이싱
- 변수명[:]: 처음부터 끝까지 슬라이싱

4장 문자열 다루기

슬라이싱으로 주민등록번호에서 앞자리와 뒷자리를 각각 가져와 보겠습니다.

```python
print("생년월일 : " + jumin[:6]) # 처음부터 6 직전까지 -> jumin[0:6]과 같음
print("주민등록번호 뒷자리 : " + jumin[7:]) # 7부터 끝까지 -> jumin[7:14]와 같음
```

실행결과   — □ ×
```
생년월일 : 990229
주민등록번호 뒷자리 : 1234567
```

앞에서부터가 아니라 뒤에서부터 슬라이싱할 수도 있는데, 이때는 음수 인덱스를 사용합니다. 단, 양수 인덱스일 때는 0부터 시작하지만, 음수 인덱스일 때는 −1부터 시작하니 주의해 주세요.

그림 4-3 음수 인덱스

주민등록번호 →	9	9	0	2	2	9	−	1	2	3	4	5	6	7
인덱스 →	0	1	2	3	4	5	6	7	8	9	10	11	12	13
음수 인덱스 →	−14	−13	−12	−11	−10	−9	−8	−7	−6	−5	−4	−3	−2	−1

주민등록번호 뒷자리를 음수 인덱스로 가져오려면 다음과 같이 작성합니다.

```python
print("주민등록번호 뒷자리(뒤에서부터) : " + jumin[-7:]) # 뒤에서 7번째 위치부터 끝까지
```

실행결과   — □ ×
```
주민등록번호 뒷자리(뒤에서부터) : 1234567
```

3. 다음 코드의 실행결과로 올바른 것은?

```
msg = "나도코딩"
print(msg[1])
```

① 나   ② 도   ③ 코   ④ 딩

4. 실행결과를 얻기 위해 에 들어갈 코드로 올바른 것은?

```
msg = "나도코딩"
print(    가    )
```

실행결과	— □ ×
나도	

① msg[0:1]   ② msg[:2]   ③ msg[1] + msg[2]   ④ msg[-2:]

5. 다음과 같은 실행결과가 나왔을 때 가에 들어갈 코드로 알맞지 <u>않은</u> 것은?

```
fruit = "apple"
print(    가    )
```

실행결과	— □ ×
apple	

① fruit[:]   ② fruit[0:]   ③ fruit[:5]   ④ fruit[:-1]

4.3

함수로 문자열 처리하기

파이썬에서는 문자열을 다루기 쉽도록 굉장히 많은 함수를 제공합니다. 그중에서 유용한 몇 가지 함수를 소개합니다.

표 4-1 주요 문자열 처리 함수

함수	의미
lower()	문자열을 소문자로 변환
upper()	문자열을 대문자로 변환
islower()	문자열이 소문자인지 확인
isupper()	문자열이 대문자인지 확인
replace()	문자열 바꾸기
index()	찾는 문자열의 인덱스(없으면 오류 발생)
find()	찾는 문자열의 인덱스(없으면 -1 반환)
count()	문자열이 나온 횟수

문자열 처리 함수는 다음 형식처럼 문자열(또는 문자열을 담은 변수)과 함수를 점(.)으로 연결해 사용합니다.

> **형식** 문자열(또는 변수).함수()

문자열 처리 함수가 어떻게 작동하는지 예로 살펴봅시다. 소문자와 대문자가 섞인 문자열을 변수에 저장하고 여기에 함수를 적용해서 실행해 보겠습니다.

```
python = "Python is Amazing"

print(python.lower()) # 전체 소문자로 변환
print(python.upper()) # 전체 대문자로 변환
print(python[0].isupper()) # 인덱스 0에 있는 값이 대문자인지 확인
print(python[1:3].islower()) # 인덱스 1부터 2에 있는 값이 소문자인지 확인
print(python.replace("Python", "Java")) # Python을 Java로 바꾸기
```

실행결과   —   □   ×

```
python is amazing
PYTHON IS AMAZING
True
True
Java is Amazing
```

실행결과를 보면 각 함수가 어떤 기능을 하는지 알 수 있습니다. 나머지 함수도 확인해 봅시다.

어떤 문자가 문자열의 어느 위치에 있는지 찾는 함수로 find()와 index()가 있습니다. 두 함수의 형식은 다음과 같습니다. 시작 인덱스와 종료 인덱스 사이에서 지정한 문자를 찾는데, 시작 인덱스와 종료 인덱스는 생략 가능합니다. 시작 인덱스와 종료 인덱스를 모두 생략하면 문자열 전체에서 찾고, 종료 인덱스만 생략하면 시작 인덱스부터 문자열 끝까지 확인합니다.

> **형식**   find(찾는 문자, 시작 인덱스, 종료 인덱스)
>   index(찾는 문자, 시작 인덱스, 종료 인덱스)

find() 함수와 index() 함수는 기능이 비슷하지만, 찾는 문자가 문자열 안에 없는 경우에는 결과가 다르게 나옵니다. 문자열에 찾는 문자가 없을 때 find() 함수는 −1을 반환한 후 다음 문장을 실행합니다. 반면에 index() 함수는 오류(ValueError: substring not found, 문자열을 발견하지 못함)가 발생하면서 이후 문장을 수행하지 않고 프로그램을 종료합니다. 다음 코드를 봅시다.

```
python = "Python is Amazing"

find = python.find("n") # 처음 발견한 n의 인덱스
```

```python
print(find) # 'Python'에서 n(인덱스 5)
find = python.find("n", find + 1) # 인덱스 6 이후부터 찾아 처음 발견한 n의 인덱스
print(find) # ' is Amazing'에서 n(인덱스 15)
find = python.find("Java") # Java가 없으면 -1을 반환(출력)한 후 프로그램 계속 수행
print(find)

index = python.index("n") # 처음 발견한 n의 인덱스
print(index) # 'Python'에서 n
index = python.index("n", index + 1) # 인덱스 6 이후부터 찾아 처음 발견한 n의 인덱스
print(index) # ' is Amazing'에서 n
index = python.index("n", 2, 6) # 인덱스 2부터 6 직전까지 찾아 처음 발견한 n의 인덱스
print(index) # 'thon'에서 n(인덱스 5)
index = python.index("Java") # Java가 없으면 오류가 발생하며 프로그램 종료
print(index)
```

```
실행결과                                                    —  □  ✕
5
15
-1
5
15
5
ValueError: substring not found
```

첫 번째로 python.find("n")을 하면 문자열에서 처음으로 발견하는 n의 위치인 5를 얻어 와 find 변수에 저장합니다. 그런 다음 python.find("n", find + 1)을 하면 find 변수의 값이 5이므로 결국 이 문장은 python.find("n", 6)을 하는 것과 마찬가지입니다. 이 코드는 문자열에서 n을 찾는데, 찾기 시작하는 위치가 처음이 아니고 인덱스 6부터라는 뜻입니다. 그래서 'Python is Amazing'이라는 문자열에서 n을 찾을 때 P부터가 아니라 인덱스 6에 있는 is 바로 앞의 공백부터 찾게 됩니다. 그래서 공백 앞에는 n이 있거나 말거나 그냥 무시하고 지나갑니다. 따라서 결과로 15가 나옵니다. 이는 슬라이싱할 때 a[6:]을 하면 인덱스 6부터 끝까지 문자열을 잘라서 가져오는 것과 비슷합니다.

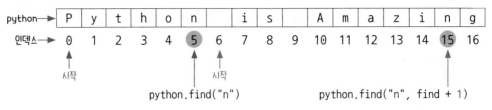

그림 4-4 문자열에서 n의 위치 찾기

index() 함수를 사용해도 결과는 대부분 같습니다. 단, python.find("Java")와 python.index("Java")는 다릅니다. python.find("Java")에서는 문자열에 Java가 없으므로 -1을 출력하고 다음 코드로 넘어갑니다. 하지만 python.index("Java")에서는 문자열에 Java가 없어서 오류를 출력하고 프로그램을 종료합니다. 오류가 발생한 후에 정말 프로그램을 종료하는지 확인하려면 find() 함수와 index() 함수의 순서를 바꿔서 실행해 보세요. 다음처럼 4줄만 출력하고 종료합니다.

```
실행결과                                          —  □  ×
5
15
5
ValueError: substring not found
```

count() 함수는 지정한 문자 또는 문자열이 총 몇 번 나오는지 횟수를 확인할 수 있습니다. 만약 해당 문자나 문자열이 없다면 0으로 표시합니다.

```
python = "Python is Amazing"

print(python.count("n"))
print(python.count("v"))
```

```
실행결과        —  □  ×
2
0
```

마지막으로 문자열만을 위한 함수는 아니지만, 문자열에서도 자주 사용하는 len() 함수를 소개합니다. len() 함수는 문자열의 길이 정보를 알려주는데, 이때 문자열 길이에는 공백까지 모두 포함합니다. 앞에서 다룬 문자열 처리 함수는 문자열(또는 변수).count() 형태로 사용하지만, len() 함수는 다음처럼 len(문자열 또는 변수) 형태로 사용합니다.

```
python = "Python is Amazing"

print(len(python))
```

실행결과	– □ ×
17	

1분 퀴즈

해설 노트 p.403

6. 다음 중 문자열을 대문자로 바꾸는 함수로 알맞는 것은?

① bigger( )   ② larger( )   ③ lower( )   ④ upper( )

7. 다음 코드의 실행결과로 올바른 것은?

```
msg = "I Love Python"
print(msg.lower())
```

①
②
③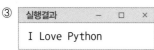
④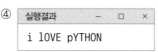

8. ticket 변수에 저장된 문자열의 길이를 확인하기 위한 방법으로 올바른 것은?

```
ticket = "제주도 여행 항공권"
```

① len(ticket)   ② ticket.len( )   ③ sizeof(ticket)   ④ count(ticket)

문자열 포매팅

지금까지 문자열과 문자열을 하나로 연결할 때는 + 연산자나 쉼표를 사용했습니다. + 연산자를 사용하면 문자열 사이를 띄어 쓰지 않고 연결하지만, 쉼표를 사용하면 문자열 사이를 한 칸 띄어 쓴 채 연결합니다.

```
print("ab" + "ab")
print("ab", "ab")
```

실행결과 — □ ×
```
abab
ab ab
```

또한, 문자열과 다른 자료형을 연결하려면 형변환을 해야 합니다. 그런데 형변환 없이 문자열과 다른 자료형을 연결하는 방법이 있습니다. 원하는 위치에 특정한 값(또는 변수)을 넣어서 하나의 문자열로 표현하는 방법으로, **문자열 포매팅**(string formatting)이라고 합니다. 문자열 포매팅 방법은 여러 가지인데, 이 중에서 각자 편한 방법을 사용하면 됩니다. 다만, 다른 방법을 사용해야 하는 경우도 종종 생기므로 여러 사용법을 익혀 두는 편이 좋습니다.

4.4.1 서식 시정자 사용하기

첫 번째는 **서식 지정자**(format specifier)를 사용하는 방법입니다. 서식 지정자는 자료형을 표현하는 방법으로, % 뒤에 자료형을 나타내는 문자가 붙습니다.

표 4-2 서식 지정자

서식 지정자	의미
%d	정수(decimal)
%f	실수(floating-point)
%c	문자(character)
%s	문자열(string)

서식 지정자는 다음과 같이 사용합니다.

형식 print("문자열 서식지정자 문자열" % 값)

문자열과 다른 값을 연결하고 싶은 위치에 값의 자료형에 해당하는 서식 지정자를 넣습니다. 그리고 문자열 다음에 %를 적고 한 칸 띄어서 값을 넣으면 이 값이 문자열 중간에 있는 서식 지정자 위치에 들어가서 출력됩니다. 이때 서식 지정자 중에서 %s를 사용하면 정수, 문자, 문자열 등과 상관없이 모든 값을 넣을 수 있습니다.

```python
print("나는 %d살입니다." % 20)
print("나는 %s을 좋아합니다." % "파이썬")
print("Apple은 %c로 시작해요." % "A")
print("나는 %s살입니다." % 20) # %s로도 정숫값 표현 가능
```

실행결과

```
나는 20살입니다.
나는 파이썬을 좋아합니다.
Apple은 A로 시작해요.
나는 20살입니다.
```

문자열 안에 값을 2개 이상 넣고 싶다면 원하는 위치에 서식 지정자를 원하는 만큼 넣습니다. 그리고 문자열에 넣을 값들을 쉼표로 구분한 후 소괄호로 감싸서 % 뒤에 넣습니다. 그러면 값이 순서대로 문자열의 서식 지정자 위치에 들어갑니다.

```
print("나는 %s색과 %s색을 좋아해요." % ("파란", "빨간")) # 값이 여럿일 때
```

> **실행결과**   — ☐ ✕
>
> 나는 파란색과 빨간색을 좋아해요.

4.4.2 format() 함수 사용하기

두 번째는 format() 함수를 다음과 같은 형식으로 사용하는 방법입니다.

> **형식**   print("문자열{인덱스}문자열{인덱스} ...".format(값1, 값2, ...))

문자열에서 값을 넣을 위치에 중괄호를 표시하고 뒤에 format(값1, 값2, ...) 형태로 값을 입
력합니다. 그리고 점(.)으로 문자열과 format() 함수를 연결하면 값들이 문자열의 중괄호 부분
에 들어갑니다.

```
print("나는 {}살입니다.".format(20))
print("나는 {}색과 {}색을 좋아해요.".format("파란", "빨간"))
print("나는 {0}색과 {1}색을 좋아해요.".format("파란", "빨간"))
print("나는 {1}색과 {0}색을 좋아해요.".format("파란", "빨간"))
```

> **실행결과**   — ☐ ✕
>
> 나는 20살입니다.
> 나는 파란색과 빨간색을 좋아해요.
> 나는 파란색과 빨간색을 좋아해요.
> 나는 빨간색과 파란색을 좋아해요.

문자열에 비어 있는 중괄호만 표시하면 값이 순서대로 들어가고, {0}, {1}처럼 인덱스를 넣으면
인덱스에 맞춰 {0} 위치에는 값1, {1} 위치에는 값2가 들어갑니다. 그래서 {1}, {0}처럼 순서를
뒤집어서 넣으면 값도 순서가 바뀌어서 나오게 됩니다.

TIP ── 실행했을 때 'SyntaxError: invalid syntax'와 같은 오류 메시지가 나온다면 예제 코드 바로 윗 문장에서 닫는 괄호())가
누락됐는지 확인합니다. print(... .format(...)) 문장에서 닫는 괄호를 1개만 작성하는 실수가 잦으니 여는 괄호와 닫는 괄
호의 개수가 같은지 꼭 확인해 주세요.

그림 4-5 인덱스에 따른 값 출력

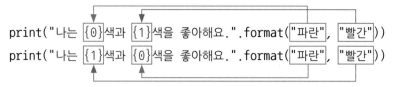

중괄호 안에 이름을 넣을 수도 있습니다.

> **형식**   print("문자열{이름1}문자열{이름2} ...".format(이름1=값1, 이름2=값2, ...))

중괄호에 이름을 넣고 format() 함수에 이름과 값을 정의하면 중괄호 위치에 이름에 해당하는 값이 들어가게 됩니다. 변수를 사용하는 것과 비슷합니다.

```
print("나는 {age}살이며, {color}색을 좋아해요.".format(age=20, color="빨간"))
print("나는 {age}살이며, {color}색을 좋아해요.".format(color="빨간", age=20))
```

실행결과   — □ ×

```
나는 20살이며, 빨간색을 좋아해요.
나는 20살이며, 빨간색을 좋아해요.
```

값을 이름으로 직접 지정하므로 중괄호와 format() 함수에서 이름 순서가 달라도 상관없습니다.

그림 4-6 이름에 따른 값 출력

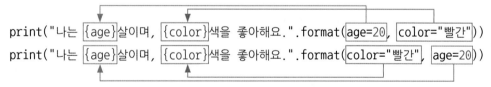

4.4.3 f-문자열 사용하기

마지막은 f-문자열(f-string)을 사용하는 방법입니다. 문자열 앞에 f를 추가하면 문자열이 나오기 전에 정의한 변수의 값을 문자열에서 사용할 수 있습니다. 단, 이 방법은 파이썬 3.6 버전 이상일 때만 사용할 수 있습니다.

print(f"문자열{변수명1}문자열{변수명2}...")

다음 코드를 작성하고 실행해 봅시다.

```
age = 20
color = "빨간"
print(f"나는 {age}살이며, {color}색을 좋아해요.")
```

실행결과	— □ ×
나는 20살이며, 빨간색을 좋아해요.	

코드를 보면 age와 color라는 변수를 정의합니다. 그러고 나서 print() 문에서 변수명을 중괄호로 감싸 문자열 안에 넣으면 앞에 정의한 변수의 값을 중괄호 위치에 넣어 문자열과 함께 출력합니다.

1분 퀴즈

해설 노트 p.403

9. 다음 코드의 실행결과로 올바른 것은?

```
print("카페에서 {1}, {0}를 주문했다.".format("케이크", "커피"))
```

① 카페에서 케이크, 커피를 주문했다.　　② 카페에서 {케이크}, {커피}를 주문했다.

③ 카페에서 커피, 케이크를 주문했다.　　④ 카페에서 {커피}, {케이크}를 주문했다.

10. 다음과 같은 코드가 주어졌을 때 출력 결과가 다른 하나는?

```
apple = "사과"
banana = "바나나"
```

① print("빨가면 {} 맛있으면 {}".format(apple, banana))

② print("빨가면", apple, "맛있으면", banana)

③ print("빨가면 {1} 맛있으면 {0}".format(banana, apple))

④ print(f"빨가면 apple 맛있으면 banana")

4.5

탈출 문자

4.5.1 \n

'백문이 불여일견 백견이 불여일타'라는 말이 있습니다. '백 번 듣는 것보다 한 번 보는 게 낫고, 백 번 보는 것보다 한 번 치는 게 낫다.'는 뜻입니다. 코딩 공부할 때 책이나 영상을 보기만 하는 것보다는 직접 키보드로 따라 치면서 연습하는 게 좋다는 의미죠. 파이썬으로 이 문장을 출력하려면 다음과 같이 작성합니다.

```
print("백문이 불여일견 백견이 불여일타")
```

그런데 이 문장을 다음과 같이 두 줄로 출력하고 싶습니다. 어떻게 해야 할까요?

실행결과	—	□	×
백문이 불여일견 백견이 불여일타			

다음과 같이 작성하면 될까요?

```
print("백문이 불여일견
백견이 불여일타")
```

실행하면 바로 오류가 발생합니다. 이때 필요한 것이 바로 **탈출 문자**(escape character)입니다. 탈출 문자는 \와 특정 문자를 함께 사용해 문장 안에서 원하는 동작을 수행하는 방법입니다.

다음과 같이 작성하고 실행해 볼까요?

```
print("백문이 불여일견\n백견이 불여일타")
```

실행결과		—	□	×
백문이 불여일견				
백견이 불여일타				

이번에는 원하던 대로 문장을 두 줄로 출력합니다. 코드에서 \n은 문자열 안에서 줄 바꿈할 때
사용하는 탈출 문자입니다. 그래서 \n 뒷부분은 다음 줄에 출력됩니다.

4.5.2 \"와 \'

예를 하나 더 들어 봅시다. 다음 실행결과처럼 자기 소개 문장을 그대로 출력하고 싶습니다.

실행결과	—	□	×
저는 "나도코딩"입니다.			

다음과 같이 작성하면 될까요?

```
print("저는 "나도코딩"입니다.")
```

문자열은 큰따옴표 사이에 넣어 표시한다고 했습니다. 그래서 코드처럼 문장을 작성하면 실제
로는 "저는 " 이라는 문자열과 "입니다." 라는 문자열 사이에 무언지 알 수 없는 나도코딩이
들어간 게 돼서 오류가 발생합니다.

이럴 때는 다음과 같이 작성하면 됩니다.

```
print("저는 '나도코딩'입니다.")
# 또는
print('저는 "나도코딩"입니다.')
```

실행결과	—	□	×
저는 '나도코딩'입니다.			
저는 "나도코딩"입니다.			

하지만 첫 번째 방법은 작은따옴표를 썼으니 원했던 문장과 다르고, 두 번째 방법은 평소에 문자

열을 큰따옴표로 감싸던 방식과는 달라서 조금 헷갈릴 수가 있습니다. 이럴 때도 탈출 문자를 사용합니다. 탈출 문자 \"와 \'를 사용하면 문자열 안에서도 따옴표를 마음껏 사용할 수 있습니다.

```python
print("저는 \"나도코딩\"입니다.")
print("저는 \'나도코딩\'입니다.")
```

실행결과 — □ ×

저는 "나도코딩"입니다.
저는 '나도코딩'입니다.

4.5.3 \\

탈출 문자는 다른 경우에도 필요합니다. C:\Users\Nadocoding\Desktop\PythonWorkspace처럼 어떤 폴더나 파일의 전체 경로를 그대로 출력하면 어떻게 될까요?

```python
print("C:\Users\Nadocoding\Desktop\PythonWorkspace")
```

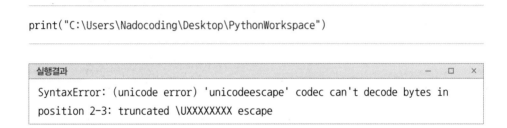

실행결과 — □ ×

SyntaxError: (unicode error) 'unicodeescape' codec can't decode bytes in position 2-3: truncated \UXXXXXXXX escape

역시 오류가 발생합니다. 코드를 가만히 보면 탈출 문자의 형태를 띤 곳이 보입니다. \U, \N, \D, \P와 같은 부분이죠. 이와 같이 유효하지 않은(실제 없는) 탈출 문자를 포함하면 오류가 납니다. 또는 경로 안에 \n과 같이 유효한 형태의 탈출 문자가 있으면 실제로 출력하고자 하는 값과는 다르게 두 줄로 출력되는 등의 상황이 발생할 수도 있습니다. 이때는 역슬래시를 2개 사용하면 제대로 출력합니다.

```python
print("C:\\Users\\Nadocoding\\Desktop\\PythonWorkspace")
```

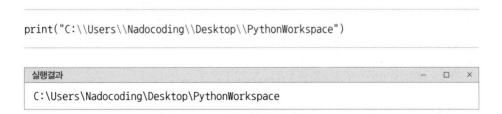

실행결과 — □ ×

C:\Users\Nadocoding\Desktop\PythonWorkspace

문자열 앞에 r을 붙이는 방법도 있습니다. r을 추가하면 문자열 내에 어떤 값이 있든지 무시하고 그대로 출력합니다. 탈출 문자가 포함돼 있어도 말이죠.

```
print(r"C:\Users\Nadocoding\Desktop\PythonWorkspace")
```

실행결과	−	□	×
C:\Users\Nadocoding\Desktop\PythonWorkspace			

4.5.4 \r

잘 쓰이진 않지만, 탈출 문자 중에는 \r, \b, \t도 있습니다. 하나씩 살펴보겠습니다. 먼저 \r은
커서를 맨 앞으로 이동시킵니다. 다음과 같은 문장이 있을 때 Red Apple을 출력한 후 \r을 만나
면 커서를 맨 앞, 즉 Red 앞으로 이동시킵니다. 그리고 해당 위치에서 \r 다음에 오는 Pine을 출
력합니다. 이는 마치 Red를 덮어 쓰는 효과를 냅니다. 그래서 실행결과는 PineApple이 됩니다.

```
print("Red Apple\rPine")
```

실행결과	−	□	×
PineApple			

Note 명령 프롬프트에서 파이썬 실행하기

사용하는 에디터가 VSCode가 아니라면(파이참, 코랩, 주피터 노트북 등) 실행결과가 조금 다를 수 있습니
다. 이는 실행결과를 출력하는 창의 처리 방식이 달라서 그렇습니다. 중요한 부분은 아니니 신경 쓰지 않고 넘
어가도 됩니다.

만약 책과 동일한 결과를 확인하고 싶다면 Windows 화면 하단에 있는 검색창에서 **python**을 입력하고
Enter 를 누릅니다. 그러면 그림처럼 검은색 창(명령 프롬프트)이 나오고 파이썬 자체 에디터가 실행됩니
다. 창을 보면 >>> 표시 옆에 커서가 깜박이며 입력을 기다립니다. 여기에 앞에 나온 print("Red Apple\
rPine")을 입력하고 Enter 를 눌러 보세요. 책과 동일한 결과를 확인할 수 있습니다.

창을 닫고 싶을 때는 창 위에 X 표시를 클릭하거나 >>> 표시 옆에 exit()를 입력하고 Enter 를 누르면 됩니다.

그림 4-7 명령 프롬프트에서 파이썬 실행하고 닫기

4.5.5 \b

\b는 키보드의 백스페이스와 같은 역할을 합니다. 즉, 앞 글자 하나를 삭제합니다. 다음 코드를 실행하면 Redd 중 마지막 d를 없애고 출력합니다.

```
print("Redd\bApple")
```

실행결과	—	□	×
RedApple			

Note 파이썬의 \b와 키보드의 ⌫ Backspace 동작 비교

다음 문장을 실행하면 결과가 어떨까요?

```
print("Banana\b\b\b\b\b\bApple")
```

'Banana'라는 글자 다음에 \b를 여섯 번 입력하니 'Banana'는 모두 삭제되고 'Apple'만 남을 것 같습니다. 하지만 실제로 실행해보면 예상과 달리 'Applea'이 나옵니다. 왜 이런 결과가 나올까요?

실행결과	—	□	×
Applea			

사실 파이썬의 \b와 키보드의 ⌫ Backspace 동작은 조금 다릅니다. 키보드의 ⌫ Backspace 는 한 글자를 삭제합니다. 반면에 파이썬의 \b는 커서를 한 칸 앞으로 이동한 뒤 이후에 오는 글자를 덮어씁니다. 그래서 \b\b\b\b\b\b는 커서를 6번 앞으로 옮겨 커서의 위치가 'B' 앞에 있게 됩니다. 여기에 'Apple'이라는 글자를 입력하면 'Banan'까지는 덮어쓰지만, 마지막 'a'는 그대로 남게 돼서 'Applea'라는 결과가 나오게 됩니다.

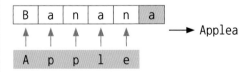

이처럼 \b는 실제로 글자를 삭제하지 않습니다. 이런 동작을 **비파괴 백스페이스**(nondestructive backspace)라고 합니다. 파이썬의 \b와 키보드의 ⌫ Backspace 동작과의 차이를 알아두기 바랍니다.

4.5.6 \t

마지막으로 \t는 키보드의 [Tab]과 같이 여러 칸을 띄어 쓰는 역할을 합니다.

```
print("Red\tApple")
```

실행결과		—	☐	✕
Red Apple				

실행결과가 표시되는 터미널에서는 8칸이 기준입니다. 이때 8칸은 글자와 글자 사이 간격이 아니라 첫 번째 글자로부터 8칸입니다. 따라서 Red의 R부터 8칸 떨어진 곳에 Apple을 출력합니다.

Note **탭 크기**

일반적인 텍스트 에디터에서는 탭 크기는 보통 8칸인데, 프로그래밍용 에디터에서 탭 크기는 2칸, 4칸, 8칸 등 사용자가 원하는 대로 조정할 수 있습니다. VSCode에서는 탭 크기를 확인하려면 메뉴에서 **File → Preferences → Settings**를 선택합니다.

그림 4-8 VSCode에서 탭 크기 확인

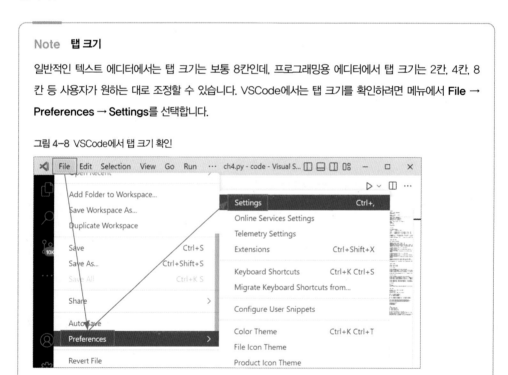

설정 페이지(Settings)가 열리면 탭 크기(Tab Size) 항목에 설정된 값이 보입니다. 여기서 숫자를 바꿔 탭 크기를 조정할 수 있습니다.

○ 계속

그림 4-9 탭 크기 조정

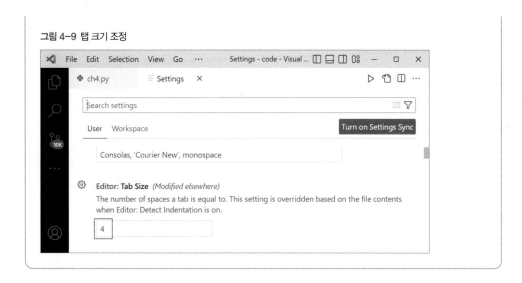

1분 퀴즈

해설 노트 p.403

11. 문자열 안에서 줄 바꿈하려고 할 때 **가**에 들어갈 탈출 문자로 올바른 것은?

```
print("아무래도 가 파이썬이 가 쉬워")
```

---

① \e   ② \i   ③ \l   ④ \n

실습 문제: 비밀번호 만들기

해설 노트 p.403

문제를 풀며 지금까지 배운 내용을 복습해 보겠습니다. 먼저 문제를 직접 풀고 나서 해설을 확인해 주세요.

문제 사이트별로 비밀번호를 생성하는 프로그램을 작성하세요.

http://naver.com

http://daum.net

http://google.com

http://youtube.com

조건

1. http:// 부분은 제외한다.

2. 처음 만나는 점(.) 이후 부분도 제외한다.

3. 남은 글자 중 처음 세 자리 + 글자 개수 + 글자 내 'e'의 개수 + '!'로 구성한다.

4. 프로그램을 실행했을 때 실행결과는 다음 형태로 나와야 한다.

실행결과   − □ ✕
http://naver.com의 비밀번호는 nav51!입니다.

예시

1. http:// 부분 제외 → naver.com

2. 처음 만나는 점 이후 부분 제외 → naver

3. 남은 글자 중 처음 세 자리(nav) + 글자 개수(5) + 글자 내 'e'의 개수(1) + (!)

마무리

1. 문자열

① 문자열은 문자들의 집합을 의미합니다.

② 파이썬에서는 작은따옴표 또는 큰따옴표로 감싸서 문자열임을 나타냅니다.

③ 문자열을 여러 줄에 걸쳐 작성하는 경우 같은 종류의 여는 따옴표와 닫는 따옴표를 각각 3개씩 넣어 앞뒤로 감싸 주면 됩니다.

2. 슬라이싱

① 원하는 만큼 데이터를 자르는 것을 슬라이싱이라고 합니다. 슬라이싱할 때는 데이터의 순서 또는 위치를 나타내는 인덱스를 이용합니다. 인덱스는 0부터 시작하며 변수명 뒤의 대괄호 안에 숫자를 넣어 표시합니다.

> **형식** 변수명[인덱스]

② 슬라이싱은 인덱스로 자르려는 시작 위치와 끝 위치를 정할 수 있습니다. 변수명 뒤 대괄호 안에 콜론(:)으로 구분해 시작 인덱스와 종료 인덱스를 넣으면 시작 인덱스로부터 종료 인덱스 직전 위치까지의 데이터를 잘라오게 됩니다.

> **형식** 변수명[시작 인덱스:종료 인덱스]

③ 슬라이싱할 때 시작 인덱스나 종료 인덱스 또는 둘 다를 생략할 수 있는데, 의미는 각각 다음과 같습니다.

- 변수명[:종료 인덱스]: 처음부터 종료 인덱스 직전까지 슬라이싱
- 변수명[시작 인덱스:]: 시작 인덱스부터 끝까지 슬라이싱
- 변수명[:]: 처음부터 끝까지 슬라이싱

④ 앞에서부터가 아니라 뒤에서부터 슬라이싱하려면 음수 인덱스를 사용하고, 음수 인덱스는 -1부터 시작합니다.

3. 문자열 처리 함수

① 파이썬에서는 문자열을 다루기 쉽도록 많은 함수를 제공합니다.

함수	의미
lower( )	문자열을 소문자로 변환
upper( )	문자열을 대문자로 변환
islower( )	문자열이 소문자인지 확인
isupper( )	문자열이 대문자인지 확인
replace( )	문자열 바꾸기
index( )	찾는 문자열의 인덱스(없으면 오류 발생)
find( )	찾는 문자열의 인덱스(없으면 -1 반환)
count( )	문자열이 나온 횟수

② 문자열 처리 함수는 다음과 같은 형식으로 사용합니다. 함수 종류에 따라 소괄호 사이에 값을 넣어야 하는 경우도 있습니다.

> **형식**　문자열.함수( )

4. 문자열 포매팅

① 문자열 포매팅은 원하는 위치에 특정한 값(또는 변수)을 넣어서 하나의 문자열로 표현하는 방법입니다.

② **서식 지정자**: 자료형을 표현하는 방법으로 정수(%d), 실수(%f), 문자(%c), 문자열(%s)과 같이 % 뒤에 자료형을 나타내는 문자가 붙습니다.

> **형식**　print("문자열 서식지정자 문자열" % 값)

③ **format( ) 함수**: 문자열에서 값을 넣을 위치에 중괄호({})를 표시하고 뒤에 format(값1, 값2, ...) 형태로 값을 입력합니다. 인덱스를 생략하고 {}만 적으면 format( ) 함수 안 값들이 {} 위치에 순서대로 들어갑니다.

> **형식**　print("문자열{인덱스}문자열{인덱스} ...".format(값1, 값2, ...))

④ **f–문자열**: 문자열 앞에 f를 추가하면 앞에 정의한 변수의 값을 사용할 수 있습니다(파이썬 3.6 버전 이상).

> **형식**　print(f"문자열{변수명1}문자열{변수명2}...")

5. 탈출 문자

큰따옴표(")나 작은따옴표(')와 같이 문자열 안에서 직접 사용하기 어려운 문자를 쓰거나 특정 동작을 수행하기 위해 사용하는 것이 탈출 문자입니다. 탈출 문자는 역슬래시(\)와 문자가 결합한 형태입니다.

- \n : 줄 바꿈
- \" : 큰따옴표
- \' : 작은따옴표
- \\ : 역슬래시
- \r : 커서를 맨 앞으로 이동
- \b : 백스페이스
- \t : 탭

셀프체크

문제 영어 문장이 주어졌을 때 첫 번째 글자는 대문자로, 나머지 글자는 모두 소문자로 변환하는 프로그램을 작성하세요.

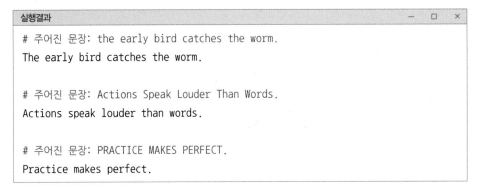

```
실행결과                                                    —  □  ×

# 주어진 문장: the early bird catches the worm.
The early bird catches the worm.

# 주어진 문장: Actions Speak Louder Than Words.
Actions speak louder than words.

# 주어진 문장: PRACTICE MAKES PERFECT.
Practice makes perfect.
```

5장

자료구조

앞에서 변수를 사용해 데이터 하나를 저장하는 방법을 알아봤습니다. 그런데 출석부와 같이 여러 학생의 이름을 관리하려면 어떻게 해야 할까요? 학생의 이름을 각각 name1, name2, name3, … 처럼 서로 다른 변수에 저장하려면 너무 많은 변수가 필요할 텐데요. 다행히 파이썬에서는 여러 데이터를 한 번에 관리하기 위한 방법을 제공합니다. 이 장에서 하나씩 살펴보겠습니다.

5.1

리스트

10명이 각각 차를 몰고 서울역에서 사당역까지 이동한다고 합시다. 1번부터 10번까지 차 10대가 나란히 갈 수 있을까요? 동시에 출발하면 아마 처음에는 가능할지 몰라도 이내 순서가 달라지고 다른 차들과 뒤섞이게 될 겁니다.

지하철을 타고 간다면 어떨까요? 지하철은 여러 칸이 하나로 연결돼 있어서 지하철 각 칸에 1명씩 타면 서울역에서 사당역까지 한꺼번에 이동할 수 있습니다. 출발도, 도착도 똑같겠지요. 다른 칸으로 자리를 옮기지만 않는다면 순서도 그대로 유지될 거고요.

앞에서 변수를 배울 때 나이, 이름, 취미 등 서로 다른 의미의 값들을 각각 변수에 저장해서 사용했습니다. 그렇다면 관련 있는 값을 여러 개 사용할 때는 어떻게 저장하는지 알아보겠습니다.

5.1.1 리스트 생성하기

지하철 칸마다 사람들이 몇 명씩 타고 있는지를 다음과 같이 변수로 나타낸다고 합시다.

```
# 지하철 칸별로 10명, 20명, 30명 승차
subway1 = 10
subway2 = 20
subway3 = 30
```

현재는 3칸밖에 없지만, 지하철이 수십 칸이라면 변수도 수십 개가 돼야 합니다. 이럴 때 **리스트**(list)를 사용하면 변수 하나로 관리할 수 있습니다.

리스트를 사용하는 형식은 다음과 같습니다. 여러 값을 쉼표(,)로 구분해 대괄호에 넣어 주면 됩니다.

> **형식**　리스트명 = [값1, 값2, ...]

변수마다 값을 하나씩 넣었던 것과 달리 리스트는 값을 여러 개 넣을 수 있습니다. 즉, 하나의 변수가 하나의 값을 가질 수 있었다면 하나의 리스트는 여러 값을 가질 수 있습니다. 그리고 각 값의 자료형은 다를 수 있습니다.

앞의 지하철 예를 리스트로 바꿔 봅시다.

```
subway = [10, 20, 30]
print(subway)
```

실행결과	— □ ×
[10, 20, 30]	

이렇게 하면 값 3개를 저장하는 데 subway1, subway2, subway3 변수를 사용할 필요 없이 subway 리스트 하나에 저장할 수 있습니다.

그림 5-1 변수와 리스트

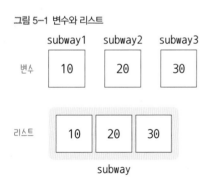

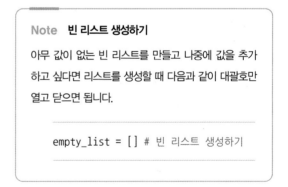

> **Note**　**빈 리스트 생성하기**
>
> 아무 값이 없는 빈 리스트를 만들고 나중에 값을 추가하고 싶다면 리스트를 생성할 때 다음과 같이 대괄호만 열고 닫으면 됩니다.
>
> ```
> empty_list = [] # 빈 리스트 생성하기
> ```

5.1.2 값 추가/삽입/삭제하기

문자열도 같은 방법으로 리스트에 저장할 수 있습니다. 곰돌이 푸와 친구들이 지하철 한 칸에 한 명씩 타고 있다고 해볼까요? 리스트로 다음과 같이 나타낼 수 있습니다.

```
subway = ["푸", "피글렛", "티거"]
print(subway)
```

실행결과

```
['푸', '피글렛', '티거']
```

문자열에서 인덱스는 데이터의 위치를 나타낸다고 했습니다. 리스트에서도 인덱스로 리스트에 저장한 데이터의 위치를 표시합니다.

그림 5-2 리스트의 인덱스

리스트도 인덱스가 있으므로 문자열처럼 리스트명에 대괄호를 붙이고 그 안에 인덱스를 넣으면 그 위치에 해당하는 값에 접근할 수 있습니다.

예를 들어, 피글렛이 몇 번째 칸에 있는지 확인해 보겠습니다. 리스트도 인덱스로 위치를 표시 하므로 문자열 처리 함수에서 배운 index() 함수를 사용할 수 있습니다.

```
# 피글렛이 몇 번째 칸에 탔는가?
print(subway.index("피글렛"))
```

실행결과

```
1
```

1이 나옵니다. 왜 1이 나오는지 알죠? 인덱스는 0부터 시작한다는 점을 잊지 마세요.

다음 역에서 이요르가 티거 다음 칸에 탑니다. 리스트에서 값을 추가할 때는 append() 함수를 사용합니다.

형식   append(추가할 값)

append() 함수는 리스트 끝에 값을 추가합니다. 따라서 다음과 같이 작성하면 subway 리스트에서 티거 뒤에 이요르가 들어갑니다.

```
# 이요르 탑승
subway.append("이요르")
print(subway)
```

실행결과 — □ ×

`['푸', '피글렛', '티거', '이요르']`

그림 5-3 리스트에 값 추가

이번에는 루가 지하철을 탑니다. 그런데 푸와 피글렛이 탄 칸 사이에 새로운 칸이 삽입되고 여기에 탔다고 합시다. 실제로는 일어날 수 없는 일이지만, 리스트에서는 가능합니다. 리스트에서는 insert() 함수로 중간에 값을 삽입할 수 있습니다. 이때 삽입할 위치는 인덱스로 지정합니다.

> **형식** insert(인덱스, 삽입할 값)

푸와 피글렛 사이에 삽입되므로 원래 피글렛 위치인 1에 삽입해야 합니다. 따라서 insert() 함수에 인덱스 1과 삽입할 값인 루를 넣고 실행합니다. 참고로 이때 인덱스를 0으로 하면 리스트의 시작, 즉 푸 앞에 삽입할 수도 있습니다.

```
# 루를 푸와 피글렛 사이(인덱스 1 위치)에 삽입
subway.insert(1, "루")
print(subway)
```

실행결과 — □ ×

`['푸', '루', '피글렛', '티거', '이요르']`

그림 5-4 리스트에 값 삽입

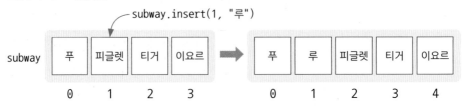

드디어 목적지에 도착해 역마다 한 명씩 지하철에서 내립니다. 이럴 때 리스트에서는 pop( ) 함수를 사용합니다. pop( ) 함수는 리스트 끝에서부터 값을 하나씩 꺼내어 반환한 뒤 삭제합니다. 값을 총 3번 삭제하는 동안 리스트가 어떻게 바뀌는지 확인해 보겠습니다.

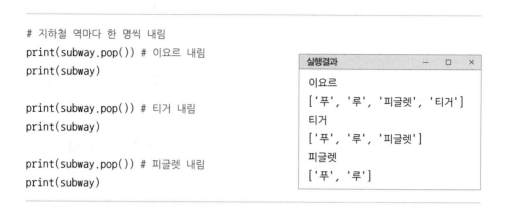

```
# 지하철 역마다 한 명씩 내림
print(subway.pop())  # 이요르 내림
print(subway)

print(subway.pop())  # 티거 내림
print(subway)

print(subway.pop())  # 피글렛 내림
print(subway)
```

```
실행결과                        ─  □  ✕
이요르
['푸', '루', '피글렛', '티거']
티거
['푸', '루', '피글렛']
피글렛
['푸', '루']
```

그림 5-5 리스트에서 값 삭제

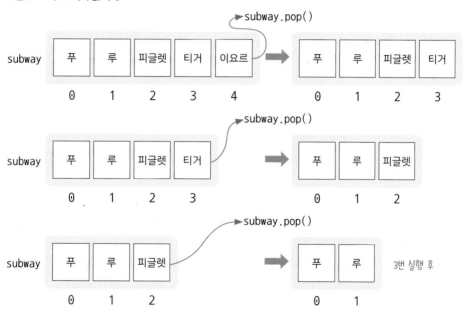

pop( ) 함수를 3번 실행하니 subway 리스트에는 푸와 루만 남았네요.

종착역에서는 남은 승객이 모두 내립니다. 이처럼 리스트에서는 값이 더 이상 필요 없을 때 또는 새 값을 저장하고 싶을 때 clear( ) 함수로 리스트의 모든 값을 지울 수 있습니다.

```
# 지하철에서 모두 내림
subway.clear()
print(subway)
```

이제 subway 리스트에는 아무 값도 없습니다.

5.1.3 중복 값 확인하기

지하철에 같은 이름의 승객이 몇 명 타고 있는지 알아보겠습니다. 문자열과 마찬가지로 count()
함수를 사용하면 리스트 안에 같은 값이 몇 개인지 확인할 수 있습니다. 설명을 위해 처음에 지
하철에 있던 인원에서 푸를 뒤에 한 명 더 태우겠습니다. 그리고 count() 함수로 subway 리스트
에 푸가 몇 명 있는지 확인합니다.

```
# 같은 이름이 몇 명 있는지 확인
subway = ["푸", "피글렛", "티거"]
subway.append("푸") # 푸 추가
print(subway)
print(subway.count("푸"))
```

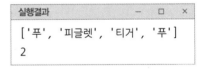

푸가 지하철에 2명 있네요. 이처럼 중복 값을 확인하는 방법은 아주 간단합니다.

5.1.4 리스트 정렬하기

예제를 바꿔서 숫자로 구성된 리스트 하나를 만들어 보겠습니다.

```
num_list = [5, 2, 4, 3, 1]
```

리스트에는 1부터 5 사이 숫자들이 뒤섞여 있습니다. 여기에 sort() 함수를 사용하면 뒤섞인 숫
자를 오름차순으로 정렬할 수 있습니다.

```
num_list.sort() # 오름차순 정렬
print(num_list)
```

실행결과	— □ ×
`[1, 2, 3, 4, 5]`	

이때 sort() 함수 안에 다음과 같이 추가하면 리스트를 내림차순으로 정렬할 수도 있습니다.

```
num_list.sort(reverse=True) # 내림차순 정렬
print(num_list)
```

실행결과	— □ ×
`[5, 4, 3, 2, 1]`	

마지막으로 리스트에 reverse() 함수를 사용하면 값의 순서를 거꾸로 뒤집을 수도 있습니다.

```
num_list.reverse() # 순서 뒤집기
print(num_list)
```

실행결과	— □ ×
`[1, 2, 3, 4, 5]`	

Note   sorted( )로 리스트 정렬하기

리스트를 정렬할 때 sorted() 함수도 사용할 수 있습니다. 단, sort() 함수는 정렬하면서 리스트 자체의 값을 변경하지만, sorted() 함수는 원본 리스트 변경 없이 정렬된 리스트를 새로 생성합니다.

```
my_list = [1, 3, 2]
my_list.sort() # 리스트 정렬
print(my_list) # my_list 리스트 데이터 변경

your_list = [1, 3, 2]
new_list = sorted(your_list) # 정렬할 리스트를 소괄호 안에 넣음
print(your_list) # your_list 리스트 데이터는 변경되지 않음
print(new_list) # 정렬된 새로운 리스트
```

실행결과	— □ ×
`[1, 2, 3]`	
`[1, 3, 2]`	
`[1, 2, 3]`	

5.1.5 리스트 확장하기

리스트에 반드시 같은 자료형의 값만 넣을 필요는 없습니다. 정수형, 실수형, 문자열, 불 형, 심지어 리스트도 집어넣을 수 있습니다.

```
mix_list = ["푸", 20, True, [5, 2, 4, 3, 1]]
print(mix_list)
```

실행결과		− □ ×
['푸', 20, True, [5, 2, 4, 3, 1]]		

서로 다른 리스트를 합칠 수도 있습니다. extend() 함수를 다음과 같이 사용하면 됩니다.

> **형식**   리스트1.extend(리스트2)

num_list와 mix_list를 합쳐 봅시다.

```
mix_list = ["푸", 20, True]
num_list = [5, 2, 4, 3, 1]
num_list.extend(mix_list) # 리스트 합치기
print(mix_list)
print(num_list)
```

실행결과		− □ ×
['푸', 20, True]		
[5, 2, 4, 3, 1, '푸', 20, True]		

실행하면 num_list와 mix_list의 값이 하나로 합쳐져서 num_list에 들어가게 됩니다.

지금까지 파이썬의 가장 기본 자료구조인 리스트를 공부해 봤습니다. 리스트를 사용하면 연관된 데이터를 묶어 한꺼번에 관리할 수 있습니다.

1분 퀴즈

해설 노트 p.405

1. 다음 중 리스트의 특징으로 올바른 것은?

   ① 같은 값의 중복을 허용한다.

   ② 빈 리스트는 생성할 수 없다.

   ③ 숫자면 숫자, 문자면 문자끼리만 넣을 수 있다.

   ④ 리스트는 값들을 점으로 구분해 대괄호 안에 넣어 표시한다.

2. 다음 중 리스트에 해당하는 데이터로 올바른 것은?

   ① [1, 2, 3]   ② {1, 2, 3}   ③ (1, 2, 3)   ④ {0:1, 1:2, 1:3}

3. 실행결과를 얻기 위해 **가**에 들어갈 함수로 알맞은 것은?

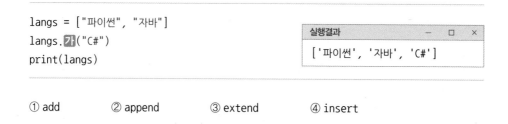

```
langs = ["파이썬", "자바"]
langs.가("C#")
print(langs)
```

실행결과	— ☐ ✕
['파이썬', '자바', 'C#']

   ① add   ② append   ③ extend   ④ insert

5.2

딕셔너리

주차장이 넓을 때 리모컨키의 버튼을 누르면 차를 쉽게 찾을 수 있습니다. 그런데 리모컨키 하나로 서로 다른 차의 문을 열 수 있다면 어떨까요? 어떤 사람이 리모컨키 버튼을 눌렀더니 근처에 있던 차 5대의 문이 모두 열린다면요. 이런 일이 있어서는 안 되겠죠? 다행히 리모컨키는 열쇠, 자물쇠와 같은 원리라서 딱 1대의 차만 열 수 있습니다.

이번에 공부할 자료구조인 **딕셔너리**(dictionary)도 이와 같습니다. 리모컨키와 자동차가 한 쌍을 이루는 것처럼 딕셔너리는 값이 **key**와 **value** 한 쌍으로 이루어져 있습니다. 영어를 공부할 때 영한사전을 보면 영어 단어가 있고 옆에 뜻이 설명돼 있습니다. 이와 마찬가지로 key를 영어 단어, value를 뜻이라고 생각하면 됩니다. 딕셔너리도 사전을 뜻하는 dictionary에서 왔습니다.

5.2.1 딕셔너리 생성하기

리스트가 값을 대괄호로 감싸서 정의한다면 딕셔너리는 중괄호로 감싸서 정의합니다. key와 value는 콜론(:)으로 구분하고, key와 value 한 쌍으로 이루어진 각 값은 리스트와 마찬가지로 쉼표로 구분합니다.

> **형식** 딕셔너리명 = {key1: value1, key2: value2, ...}

이때 key는 중복을 허용하지 않으므로 유일한 값으로 설정해야 합니다. 자동차 리모컨키처럼 말이죠. 또한, key는 변하지 않는 값을 사용해야 합니다. 리스트나 뒤에서 배울 세트와 같이 변하는 값은 사용할 수 없습니다. 딕셔너리는 처음 접하면 개념을 바로 이해하기 어려우니 코드를 보면서 설명하겠습니다.

곰돌이 푸와 친구들이 목욕탕에 가서 각자 사물함 열쇠를 받는다고 합시다. 푸는 3번 사물함 열쇠를, 피글렛은 100번 사물함 열쇠를 받았습니다. 사물함 열쇠와 사용자 할당 관계를 딕셔너리로 표현해 보겠습니다.

먼저 사물함 열쇠를 key로, 사용자 이름을 value로 넣어 cabinet이라는 딕셔너리를 정의합니다.

```
cabinet = {3: "푸", 100: "피글렛"}
```

그림 5-6 cabinet 딕셔너리 구조

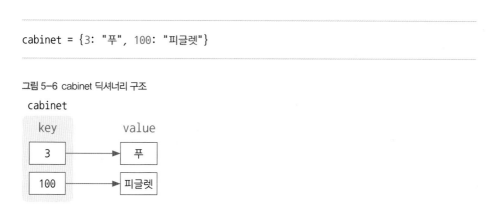

> **Note   빈 딕셔너리 생성하기**
>
> 아무 값이 없는 빈 딕셔너리를 만들고 이후에 값을 추가하려는 경우에는 딕셔너리를 생성할 때 다음과 같이 중괄호만 열고 닫으면 됩니다.
>
> ```
> empty_dict = {} # 빈 딕셔너리 생성하기
> ```

각 사물함이 누구에게 할당됐는지 확인해 볼까요? 변수나 리스트가 인덱스로 값에 접근한다면 딕셔너리는 인덱스 역할을 key가 합니다. 그래서 딕셔너리명에 대괄호를 붙이고 그 안에 key를 넣으면 key에 해당하는 value에 접근할 수 있습니다.

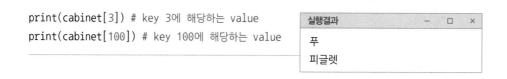

```
print(cabinet[3]) # key 3에 해당하는 value
print(cabinet[100]) # key 100에 해당하는 value
```

실행결과
```
푸
피글렛
```

대괄호 대신 get() 함수를 사용해도 알 수 있습니다. 이때 리스트와 마찬가지로 점(.)으로 딕셔 너리와 함수를 연결합니다.

```
print(cabinet.get(3)) # key 3에 해당하는 value
```

실행결과
```
푸
```

그런데 대괄호를 사용할 때와 get() 함수의 결과가 완전히 같지는 않습니다. 대괄호를 사용할 때 만약에 정의되지 않은 key를 전달하면 오류가 발생하고 프로그램을 바로 종료합니다. 그러 나 get() 함수를 사용하면 정의되지 않은 key를 전달하더라도 오류가 발생하지 않고, None을 출력합니다. 그리고 프로그램은 계속 실행됩니다.

아직 할당하지 않은 5번 사물함 열쇠로 확인해 보겠습니다.

```
print(cabinet.get(5))
print("hi")
print(cabinet[5])
print("hi")
```

실행결과
```
None
hi
KeyError: 5
```

get() 함수일 때는 None을 출력한 후 hi까지 출력하고 종료합니다. 하지만 대괄호를 사용할 때 는 오류 메시지가 나오면서 hi를 출력하지 않고 프로그램을 종료합니다.

get() 함수는 다른 기능도 있습니다. 5번 사물함은 아직 사용자가 없으니 이름 대신 '사용 가능' 이라는 기본값으로 설정하고 싶습니다. 이럴 때 get() 함수를 사용합니다. 다음과 같이 get() 함수로 기본값을 설정하면 5번 열쇠를 누군가 사용하기 전까지, 즉 key 5에 해당하는 value를 정의하기 전까지는 '사용 가능'으로 나옵니다.

```
print(cabinet.get(5, "사용 가능")) # key에 해당하는 값이 없으면 기본값을 사용하게 함
```

실행결과
```
사용 가능
```

사물함이 사용 중인지도 확인할 수 있습니다. key가 딕셔너리에 있는지 확인하면 되는데, 이럴

때는 in 연산자를 사용합니다. 다음과 같이 in 연산자를 사용하면 자료구조에 해당 key가 있을
때 True를, 없을 때 False를 반환합니다.

```
print(3 in cabinet)
print(5 in cabinet)
```

실행결과   — □ ×
```
True
False
```

> **Note** **get()**
>
> get() 함수의 기본 형식은 다음과 같습니다.
>
> **형식**   get(key, default=None)
>
> get() 함수로 key에 접근하면 key에 해당하는 value를 가져옵니다. 이때 key에 해당하는 value가 없으면
> 오류가 발생하는 대신 뒤에 있는 기본값 None을 반환합니다. 그래서 이를 print() 함수로 출력하면 None
> 이 결과로 나옵니다. 여기서 기본값을 "사용 가능"으로 설정한다는 것은 key에 해당하는 value가 없으면
> None 대신 "사용 가능"이라는 값을 반환하라는 의미입니다.

key에는 정수형뿐만 아니라 문자열도 넣을 수 있습니다.

```
cabinet = {"A-3": "푸", "B-100": "피글렛"}
print(cabinet["A-3"])
print(cabinet["B-100"])
```

실행결과   — □ ×
```
푸
피글렛
```

> **Note** **in 연산자**
>
> in 연산자는 문자열에 해당 글자가 포함됐는지 확인할 때도 사용할 수 있습니다.
>
> ```
> print("곰" in "곰돌이")
> print("돌이" in "곰돌이")
> print("푸" in "곰돌이")
> ```
>
> 실행결과   — □ ×
> ```
> True
> True
> False
> ```

137

5.2.2 값 변경/추가/삭제하기

푸가 목욕을 마치고 집에 가려는데 티거가 와서 푸가 쓰던 'A-3' 사물함 열쇠를 받으면 어떻게 될까요? 이제 'A-3' 사물함은 티거가 쓰겠지요. 따라서 사물함 열쇠의 사용자 이름을 바꿔야 합니다. 즉, key에 해당하는 value를 바꿔야 합니다.

또한, 티거와 함께 이요르도 왔다고 해 볼까요? 이요르는 비어 있던 'C-20' 사물함 열쇠를 받습니다. 이번에는 티거 때와 달리 key와 value 모두 추가해야 합니다. 다시 말해, key와 value 한 쌍으로 된 값을 추가해야 합니다. 값을 바꾸거나 값을 새로 추가하는 작업은 모두 대괄호를 사용합니다.

```python
cabinet = {"A-3": "푸", "B-100": "피글렛"}
print(cabinet)
cabinet["A-3"] = "티거" # key에 해당하는 값이 있을 때 -> 값 변경
cabinet["C-20"] = "이요르" # key에 해당하는 값이 없을 때 -> 값 추가
print(cabinet)
```

실행결과   — □ ×
```
{'A-3': '푸', 'B-100': '피글렛'}
{'A-3': '티거', 'B-100': '피글렛', 'C-20': '이요르'}
```

이처럼 대괄호에 key를 넣어 딕셔너리에 접근했을 때 결과는 2가지입니다. key에 해당하는 값이 있으면 key를 유지하면서 기존 value를 새로운 value로 변경합니다. key에 해당하는 값이 없으면 key와 value 한 쌍으로 된 값을 딕셔너리에 새로 추가합니다.

그림 5-7 딕셔너리에 key로 접근했을 때

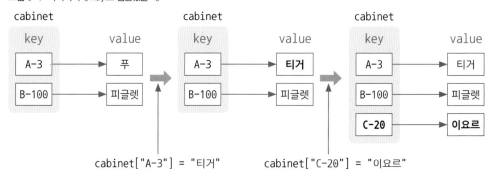

138

이제 티거가 목욕을 마치고 사물함 열쇠를 반납합니다. 사물함 사용이 끝났으니 사물함 열쇠와 사용자 이름을 없애야 합니다. 딕셔너리에서는 del 키워드를 사용해 key에 해당하는 값을 삭제할 수 있습니다.

```
del cabinet["A-3"] # key 'A-3'에 해당하는 값 삭제
print(cabinet)
```

실행결과   — ☐ ✕

```
{'B-100': '피글렛', 'C-20': '이요르'}
```

5.2.3 값 확인하기

벌써 날이 어두워져서 목욕탕 문을 닫을 때가 됐네요. 사장님은 어떤 사물함이 사용 중인지 확인하고 싶습니다. 이때는 사용자 이름을 확인할 필요 없이 사물함 열쇠만 확인하면 됩니다. 이처럼 딕셔너리에 있는 key만 확인하고 싶을 때는 keys() 함수를 사용합니다.

TIP —— 결과가 책과 다르다면 파이썬 버전을 확인해 주세요. 버전이 3.6 이하라면 책과 다르게 나올 수 있습니다. 파이썬 3.7 버전부터 딕셔너리로 저장한 데이터의 순서를 보장합니다.

```
print(cabinet.keys()) # key만 출력
```

실행결과   — ☐ ✕

```
dict_keys(['B-100', 'C-20'])
```

이번에는 남은 손님이 있는지 확인해 볼까요? key를 확인할 때와 마찬가지로 values() 함수로 딕셔너리에 있는 모든 value를 확인할 수 있습니다.

```
print(cabinet.values()) # value만 출력
```

실행결과   — ☐ ✕
```
dict_values(['피글렛', '이요르'])
```

어떤 사물함을 어떤 손님이 쓰는지도 확인하고 싶습니다. 그러려면 key와 value 둘 다 확인해야겠네요. 이럴 때는 items() 함수를 사용합니다.

```
print(cabinet.items()) # key, value 한 쌍으로 출력
```

실행결과   — ☐ ✕
```
dict_items([('B-100', '피글렛'), ('C-20', '이요르')])
```

영업 시간이 끝났습니다. 손님들에게 영업 종료를 안내하고 손님이 모두 떠나면 사물함을 비우고 문을 닫습니다. 딕셔너리에 있는 값을 한꺼번에 비워 봅시다. 딕셔너리에 있는 모든 값을 삭제할 때는 리스트와 마찬가지로 clear() 함수를 사용합니다.

```
cabinet.clear() # 값 전체 삭제
print(cabinet)
```

실행결과   — ☐ ✕
```
{}
```

어떤가요? 목욕탕 사물함을 예제로 설명했는데, 아직은 개념이 완전히 이해되지는 않지요? 딕셔너리를 언제, 어떻게 사용하는지는 **8장 입출력**에서 자세히 배우겠습니다. 여기서는 딕셔너리가 key와 value로 값을 구성한다는 점, 값을 변경, 추가, 삭제하는 방법, 마지막으로 함수로 값을 확인할 수 있다는 점만 알아 두면 충분합니다.

4. 다음 중 my_dict이라는 딕셔너리에 key "n"이 포함됐는지 확인하기 위한 방법으로 알맞은 것은?

① `"n" isin my_dict`   ② `"n" in my_dict`

③ `my_dict.contains("n")`   ④ `my_dict has "n"`

5. 다음 코드와 관련 있는 자료구조로 알맞은 것은?

```
my_data = {1: "one", 2: "two", 3: "three"}
```

① 리스트   ② 딕셔너리   ③ 튜플   ④ 세트

6. 다음 코드를 실행했을 때 dictionary의 value로 알맞은 것은?

```
dictionary = {"k1": "v1", "k2": "v2", "k3": "v3"}
dictionary["k1"] = "v0"
dictionary["k4"] = "v4"
```

① v0, v2, v3   ② v0, v1, v2, v3, v4   ③ v0, v2, v3, v4   ④ v1, v2, v3, v0, v4

5.3

튜플

한 TV 프로그램에서 백주부 님이 돈가스 식당을 컨설팅하는데, 20여 개 다양한 메뉴 대신 가장 인기 있는 대표 메뉴 3가지로 고정하라고 조언했습니다. 선택과 집중이 필요한 상황에서 내린 결단이었는데요. 이렇게 하면 아무래도 다양한 메뉴를 준비할 때보다 시간이 줄어들겠죠?

리스트와 비슷하게 생겼지만, 조금 다른 **튜플**(tuple)이 있습니다. 리스트에서 '읽기'에 선택과 집중을 한, '리스트의 읽기 전용 버전' 정도로 이해하면 좋겠네요. 튜플은 리스트와 달리 처음 정의할 때를 제외하고 값의 변경이나 추가, 삭제 등이 불가능합니다. 그래서 값의 순서도 바뀔 수 없습니다. 그 대신 리스트보다 속도가 빠릅니다.

튜플은 다음과 같이 소괄호로 정의합니다.

> **형식**　튜플명 = (값1, 값2, ...)

돈가스 식당의 대표 메뉴를 예로 들어 볼까요? 다음과 같이 menu라는 변수에 튜플 형태로 값을 넣어 정의합니다. 튜플도 역시 값은 인덱스로 확인합니다. 튜플명에 대괄호를 붙이고 그 안에 인덱스를 넣으면 인덱스에 해당하는 값에 접근할 수 있습니다.

```
menu = ("돈가스", "치즈돈가스")
print(menu[0])
print(menu[1])
```

실행결과 　　　　　　　　　 － □ ×
돈가스
치즈돈가스

튜플은 값을 변경하거나 추가 또는 삭제할 수 없으므로 이와 같이 정의하고 값에 접근해 사용하

는 것이 끝입니다.

너무 간단해서 아쉬우니 한 가지만 더 살펴보겠습니다. 값이 다른 변수를 다음과 같이 정의하고 출력해 봅시다.

```
name = "피글렛"
age = 20
hobby = "코딩"
print(name, age, hobby)
```

변수를 여러 줄에 따로 정의하는 대신 튜플 형태로 한 줄에 여러 변수의 값을 정의할 수도 있습니다.

```
(name, age, hobby) = ("피글렛", 20, "코딩")
print(name, age, hobby)
```

이를 이용하면 변수들의 값을 손쉽게 뒤바꿀 수 있습니다.

```
(departure, arrival) = ("김포", "제주")
print(departure, ">", arrival) # 김포 > 제주
(departure, arrival) = (arrival, departure)
print(departure, ">", arrival) # 제주 > 김포
```

7장에서 함수를 공부할 때도 튜플 형태를 활용하므로 그때 좀 더 살펴보겠습니다.

7. 다음 중 튜플에 대한 설명으로 옳은 것을 모두 고르시오.

> 보기 A. 소괄호 속에 값들을 넣고 쉼표(,)로 구분한다.
>
> B. 값을 추가할 때 사용하는 함수는 append( )다.
>
> C. 튜플에서도 슬라이싱이 가능하다.

① A, B   ② A, C   ③ B, C   ④ A, B, C

8. 다음 중 my_tuple이라는 튜플의 3번째 요소에 접근하기 위한 방법으로 올바른 것은?

① my_tuple[0]   ② my_tuple[1]   ③ my_tuple[2]   ④ my_tuple[3]

5.4

세트

필자가 학생이던 시절, 누구나 한 권씩 가지고 있는 유명한 수학 책이 있었습니다. 그 책의 첫 단원이 '집합'이었는데, 방학 때 예습한다고 책을 샀습니다. 그런데 누가 그랬던가요? 작심삼일 이라고. 두 주먹 불끈 쥐고 으쌰으쌰 도전했는데, 딱 집합 단원까지였습니다. 다음 단원으로 진도를 나가는 게 참 쉽지가 않더라고요. 나중에 개학해 보니 다른 친구들의 책도 모두 집합 부분만 새카맣더군요.

이번에 배워 볼 자료구조는 세트(set)입니다. 우리말로 집합이라고 하지요. 세트는 중복을 허용하지 않고, 데이터 순서도 보장하지 않습니다. 수학에서 집합을 표현할 때처럼 값을 쉼표(,)로 구분하고 중괄호로 정의합니다.

형식　세트명 = {값1, 값2, ...}

중복을 허용하지 않으므로 같은 값은 여러 번 넣어도 실제로는 한 번만 저장합니다.

```
my_set = {1, 2, 3, 3, 3}
print(my_set)
```

실행결과	–	□	×
{1, 2, 3}			

코드에서는 3을 3번 작성했지만, 중복을 허용하지 않으므로 결과를 보면 3은 1번만 들어갑니다.

세트에는 정수, 문자열 등 다양한 형태의 값을 정의할 수 있습니다. 또한, 중괄호 대신 set()로 정의하는 방법도 있습니다. 두 가지 방법을 사용해 어떤 회사의 개발팀에서 자바와 파이썬을 할 줄 아는 사람들을 각각 세트로 저장해 보겠습니다.

```
java = {"푸", "피글렛", "티거"} # 자바 개발자 세트
python = set(["푸", "이요르"]) # 파이썬 개발자 세트
```

> **Note** 빈 세트 생성하기
>
> 아무 값이 없는 빈 세트를 만들고 이후에 값을 추가하려는 경우에는 세트를 다음과 같이 생성하면 됩니다.
>
> ```
> empty_set = set() # 빈 세트 생성하기
> ```

수학에서 집합의 성질 중 두 집합에서 공통 값을 뽑아내는 교집합이 있습니다. 세트에서도 같은 기능을 하는 & 기호와 intersection() 함수가 있습니다. 이 둘을 이용해 자바와 파이썬을 모두 다룰 줄 아는 개발자를 확인해 볼까요?

```
# 교집합(자바와 파이썬을 모두 다룰 수 있는 개발자)
print(java & python)
print(java.intersection(python))
```

실행결과	— □ ×
{'푸'}	
{'푸'}	

사용법은 직관적이므로 코드를 보면 쉽게 파악할 수 있습니다. 다른 기능들도 마찬가지입니다.

두 집합을 합치는 합집합 기능은 |(파이프, pipe) 기호나 union() 함수를 이용하면 됩니다. 자바 또는 파이썬 중 하나라도 다룰 줄 아는 개발자를 출력해 보겠습니다. 세트는 중복을 허용하지 않으므로 두 집합에 공통으로 있는 값(예제에서는 '푸')은 1번만 출력합니다.

TIP — | 기호는 키보드의 백스페이스 아래에 \, ₩와 함께 있습니다. Shift 를 누른 상태로 해당 키를 누르면 | 기호를 입력할 수 있습니다.

```
# 합집합(자바 또는 파이썬을 다룰 수 있는 개발자)
print(java | python)
print(java.union(python))
```

실행결과	— □ ×
{'티거', '푸', '이요르', '피글렛'}	
{'티거', '푸', '이요르', '피글렛'}	

> **Note** 세트의 출력 순서
>
> 세트는 데이터의 순서를 보장하지 않습니다. 그래서 세트에 저장한 값을 출력하면 다음과 같이 실행할 때마다 결과가 달라집니다.
>
> | 실행결과 | — □ × |
> |---|---|
>
> ```
> {'티거', '푸', '이요르', '피글렛'}
> {'푸', '티거', '이요르', '피글렛'}
> ...
> ```

새로운 프로젝트를 대비해 개발팀을 대상으로 파이썬을 교육한다고 합니다. 파이썬을 할 줄 알면 다시 배울 필요가 없으니 자바만 할 줄 아는 개발자를 확인해 보겠습니다. 이때는 차집합이 필요한데, 파이썬에서는 - 기호 또는 difference() 함수를 사용합니다.

```python
# 차집합(자바는 할 수 있지만 파이썬은 할 줄 모르는 개발자)
print(java - python)
print(java.difference(python))
```

실행결과	— □ ×

```
{'피글렛', '티거'}
{'피글렛', '티거'}
```

파이썬 교육을 마친 후 시험을 봤는데 아쉽게도 티거는 탈락하고 피글렛만 합격했다고 가정하겠습니다. 이제 피글렛은 파이썬을 할 수 있고 파이썬 개발 프로젝트에 참여할 수 있습니다. 따라서 파이썬 개발자 집합에 추가합니다. 이때는 add() 함수를 사용합니다.

```python
# 파이썬 개발자 추가(기존 개발자: 푸, 이요르)
python.add("피글렛")
print(python)
```

실행결과	— □ ×

```
{'푸', '피글렛', '이요르'}
```

저런, 피글렛이 파이썬 공부를 너무 열심히 한 탓인지 원래 할 줄 알던 자바를 잊었다고 합니다. 아쉽지만 자바 개발자 집합에서 제외해야겠네요. 이때는 remove() 함수를 사용합니다.

```
# 자바 개발자 삭제(기존 개발자: 푸, 피글렛, 티거)
java.remove("피글렛")
print(java)
```

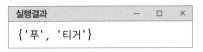

실행결과

```
{'푸', '티거'}
```

집합의 성질만 잘 이해하고 있다면 어렵지 않게 세트 자료구조를 활용할 수 있습니다.

1분 퀴즈

해설 노트 p.405

9. 다음 중 세트에 대한 설명으로 <u>잘못된</u> 것은?

① 데이터의 순서를 보장하지 않는다.

② 데이터의 중복을 허용하지 않는다.

③ 서로 다른 자료형의 데이터를 포함할 수 있다.

④ 데이터를 한 번 정의하면 추가, 수정, 삭제가 불가하다.

10. 다음 코드의 실행결과로 올바른 것은?

```
set1 = {1, 2, 3, 4, 5}
set2 = {3, 4, 4, 5, 6, 7}
print(set1.intersection(set2))
```

① {1, 2}　　　② {3, 4, 5}　　　③ {3, 4, 4, 5}　　　④ {1, 2, 3, 4, 5, 6, 7}

자료구조 변환하기

어릴 때 가지고 놀던 장난감 중에 변신 로봇이 있었습니다. 평소에는 기다란 트럭이었다가 나쁜 악당들이 나타나면 멋진 로봇으로 변신해서 싸우곤 했지요. 생각보다 주변에는 이렇게 변신할 수 있는 것들이 많습니다. 평소에는 지식을 쌓을 수 있는 훌륭한 전공 책이 배고플 땐 라면 냄비 받침대로 변신하는 것처럼 말이죠.

지금까지 배운 자료구조도 변환이 가능합니다. 리스트를 튜플로, 튜플을 세트로, 세트를 리스트로 자유롭게 변환할 수 있습니다. 각 자료구조의 특징을 이용하기 위해 어떤 경우에는 리스트로 사용했다가 어떤 경우에는 세트로 사용하는 등 변환이 필요할 때가 종종 있습니다. 변환 방법은 간단하니 예제로 확인해 봅시다.

다음과 같이 세트 하나를 만듭니다. 생성한 자료구조가 세트인지 확인합니다. 자료구조를 확인할 때도 4장에서 문자열을 배울 때 나온 type()을 사용합니다. 소괄호 안에 확인하고 싶은 데이터를 넣고 print() 문으로 출력하면 데이터가 어떤 형태인지 알 수 있습니다.

```python
menu = {"커피", "우유", "주스"}
print(menu)
print(type(menu))
```

실행결과	—	□	×
{'커피', '주스', '우유'}			
<class 'set'>			

실행결과를 보면 menu의 자료구조를 set(세트)라고 출력합니다. 앞에 나온 class는 클래스를 뜻한다고 했습니다. 여기서는 'set는 클래스구나.' 하고 넘어가도 됩니다.

그럼 세트를 리스트로 바꿔 볼까요?

```
menu = list(menu) # 리스트로 변환
print(menu, type(menu))
```

```
['커피', '우유', '주스'] <class 'list'>
```

변환 방법이 간단하죠? 바꾸고 싶은 자료구조를 나타내는 명령어의 소괄호 안에 바꿀 자료구조 명을 넣으면 됩니다. type()으로 결과를 확인해 보면 자료구조가 list(리스트)라고 출력합니다. menu의 값을 출력한 결과도 [ ]로 감싸여 있으므로 확실하게 리스트임을 알 수 있습니다.

이번에는 튜플로 바꿔 봅시다.

```
menu = tuple(menu) # 튜플로 변환
print(menu, type(menu))
```

```
('주스', '커피', '우유') <class 'tuple'>
```

tuple(튜플)이라고 출력하고, menu의 값들도 ( )로 감싸고 있습니다. 다시 처음 상태인 세트로 돌아가 보겠습니다.

```
menu = set(menu) # 세트로 변환
print(menu, type(menu))
```

```
{'주스', '커피', '우유'} <class 'set'>
```

리스트, 튜플을 거쳐 원래 자료구조인 세트로 돌아왔습니다.

지금까지 파이썬 자료구조의 기본을 모두 배웠습니다.

11. 다음 코드의 실행결과로 올바른 것은?

```
my_list = [1, 2, 3, 3, 3]
my_set = set(my_list)
my_list = list(my_set)
print(my_list)
```

① 실행결과 — □ ×

[1, 2, 3]

② 실행결과 — □ ×

{1, 2, 3}

③ 실행결과 — □ ×

[1, 2, 3, 3, 3]

④ 실행결과 — □ ×

{1, 2, 3, 3 3}

5.6

실습 문제: 당첨자 뽑기

해설 노트 p.405

문제를 풀며 지금까지 배운 내용을 복습해 보겠습니다. 먼저 문제를 직접 풀고 나서 해설을 확인해 주세요.

문제 파이썬 코딩 대회가 열립니다. 참석률을 높이기 위해 댓글 이벤트를 진행했습니다. 댓글 작성자 중에서 추첨을 통해 1명은 치킨 쿠폰, 3명은 커피 쿠폰을 주려고 합니다. 당첨자를 뽑는 추첨 프로그램을 작성하세요.

조건

1. 편의상 댓글은 20명이 작성했고, 아이디는 1~20이라고 가정한다.

2. 무작위로 추첨하되 중복은 허용하지 않는다.

3. random 모듈의 shuffle( )과 sample( ) 함수를 활용한다.

4. 실행결과는 다음과 같이 표시하고 치킨 당첨자 1명, 커피 당첨자 3명을 뽑는다.

실행결과		□	×
-- 당첨자 발표 -- 치킨 당첨자 : 6 커피 당첨자 : [9, 3, 10] -- 축하합니다! --			

힌트

퀴즈를 푸는 데 필요한 random 모듈의 shuffle( ) 함수와 sample( ) 함수의 사용법을 잠시 설명하겠습니다.

컴퓨터나 스마트폰 등으로 음악을 들을 때 어떻게 하나요? 재생목록에 듣고 싶은 음악을 추가하고 처음부터 순서대로 듣나요? 아니면 무작위로 섞어서 듣나요? 저는 주로 셔플 + 전체 반복 옵션을 이용합니다. 그러면 재생목록에 있는 노래가 순서 없이 무작위로 흘러나오고, 재생목록의 노래가 모두 재생되면 또 다시 무작위로 노래가 재생됩니다.

shuffle() 함수는 이와 비슷합니다. shuffle이라는 단어 뜻 그대로 섞는 역할을 하는 함수입니다. shuffle() 함수는 리스트의 데이터를 무작위로 섞어 줍니다. 단, 리스트에서 값만 뽑아 섞는 게 아니라 리스트 자체에서 값을 섞기 때문에 shuffle() 함수를 사용하고 나면 데이터 순서가 달라질 수 있다는 점을 주의해야 합니다.

sample() 함수는 리스트에서 원하는 개수만큼 중복 없이 값을 뽑는 동작을 수행합니다. **3.4.3 random 모듈**에서 로또 번호를 뽑는 예제를 살펴본 적이 있습니다. 번호를 뽑는 각각의 동작은 독립 사건이라서 아쉽게도 중복 번호는 처리하지 않았습니다. 중복 번호를 처리하려면 앞에서 뽑은 번호를 어딘가 저장해 두었다가 번호를 뽑을 때마다 비교해서 새로운 번호가 나올 때까지 뽑는 작업을 반복해야 합니다. 그런데 sample() 함수를 사용하면 이런 번거로움 없이도 중복 없이 한 번에 원하는 개수만큼 번호를 뽑을 수 있습니다.

다음 코드를 실습해 보면서 두 함수의 동작을 익힌 후 문제를 풀어 보세요. sample() 함수를 사용할 때는 2번째 값을 1~5로 바꿔 가면서 여러 번 실습하면 동작을 쉽게 이해할 수 있습니다.

```
from random import *

lst = [1, 2, 3, 4, 5]
print(lst) # 원본 리스트 출력
shuffle(lst) # 리스트 섞기
print(lst) # 섞은 후 리스트 출력
print(sample(lst, 1)) # 리스트에서 값 1개를 무작위로 뽑기
```

실행결과   — □ ×

```
[1, 2, 3, 4, 5]
[4, 2, 1, 3, 5]
[1]
```

실습 문제에서는 아이디를 값으로 저장한 리스트를 shuffle() 함수로 한 번 섞어 주세요. 그리고 리스트에서 sample() 함수를 사용해 아이디를 무작위로 추첨하도록 만들어 보세요.

마무리

1. 리스트

① 리스트는 여러 값을 가질 수 있고 각 값의 자료형은 다를 수 있습니다. 값의 중복을 허용하며 순서를 보장합니다.

> **형식**   리스트명 = [값1, 값2, ...]

② 리스트는 인덱스로 값에 접근할 수 있습니다.

> **형식**   리스트명[인덱스]

③ 리스트에서 제공하는 주요 함수는 다음과 같습니다. 이 중에서 값을 반환하는 함수는 print( ) 문 안에서 바로 실행해 값을 확인할 수 있습니다. 값을 반환하지 않는 함수는 별도 문장으로 실행해야 하고, print( ) 문 안에서 실행해도 None이라고만 출력합니다.

함수	설명	값 반환 여부
index( )	리스트 내 특정 데이터의 위치 반환	○
append( )	리스트 맨 뒤에 데이터 추가	×
insert( )	리스트의 정해진 위치에 데이터 삽입	×
pop( )	리스트 뒤에서부터 데이터를 하나씩 꺼내어 반환한 뒤 삭제	○
clear( )	리스트의 모든 데이터 삭제	×
count( )	리스트에 포함된 데이터 개수 반환	○
sort( )	리스트 내 데이터를 오름차순 또는 내림차순으로 정렬	×
reverse( )	리스트 내 데이터 순서 뒤집기	×
extend( )	서로 다른 리스트 합치기	×

2. 딕셔너리

① 딕셔너리는 key와 value 한 쌍으로 이루어진 값들을 담기 위한 자료구조입니다. key는 중복을 허용하지 않으며 파이썬 3.7 버전부터 순서를 보장합니다.

> **형식** 딕셔너리명 = {key1: value1, key2: value2, ...}

② 딕셔너리의 값에는 key를 통해 접근할 수 있습니다.

> **형식** 딕셔너리명[key]

③ 딕셔너리에서 제공하는 주요 함수는 다음과 같습니다.

함수	설명	값 반환 여부
get()	key에 해당하는 value 반환	○
keys()	모든 key 반환	○
values()	모든 value 반환	○
items()	모든 key, value 반환	○
clear()	딕셔너리의 모든 데이터 삭제	×

3. 튜플

① 튜플은 리스트와 비슷하지만, 한 번 정의한 값은 변경할 수 없습니다. 값의 중복을 허용하며 순서를 보장합니다.

> **형식** 튜플명 = (값1, 값2, ...)

② 튜플의 값에는 인덱스로 접근할 수 있습니다.

> **형식** 튜플명[인덱스]

③ 튜플을 이용하면 변수들의 값을 손쉽게 뒤바꿀 수 있습니다.

4. 세트

① 세트는 집합을 표현하기 위한 자료구조로, 값의 중복을 허용하지 않고 순서도 보장하지 않습니다.

> **형식** 세트명 = { 값1, 값2, ... }

② 세트에서 제공하는 주요 함수는 다음과 같습니다.

함수	설명	값 반환 여부
intersection( )	두 집합에서 공통 값을 뽑아내는 교집합	○
union( )	두 집합을 합치는 합집합	○
difference( )	한 집합에서 다른 집합의 값을 뺀 차집합	○
add( )	세트에 데이터 추가	×
remove( )	세트에서 데이터 삭제	×

5. 자료구조의 변환

자료구조는 필요에 따라 다른 자료구조로 변환할 수 있습니다.

셀프체크

문제 나도대학교에서 수강신청 기간에 시스템 오류로 일부 과목이 중복 신청되는 문제가 발생했습니다.
중복 과목을 없애는 프로그램을 작성하세요.

조건

1. 신청 과목은 리스트로 관리된다.

2. 리스트에 같은 과목이 2번 이상 포함된 경우 1개만 남기고 나머지는 삭제한다.

3. 출력 시 신청 과목의 순서는 변경해도 괜찮다.

힌트

1. 자료구조는 서로 변환할 수 있습니다.

2. 세트는 중복을 허용하지 않습니다.

3. 세트는 데이터의 순서를 보장하지 않으므로 실행할 때마다 실행결과의 순서는 달라질 수 있습니다.

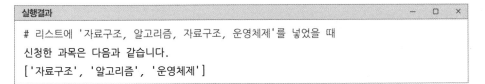

```
실행결과                                                  —  □  ✕
# 리스트에 '자료구조, 알고리즘, 자료구조, 운영체제'를 넣었을 때
신청한 과목은 다음과 같습니다.
['자료구조', '알고리즘', '운영체제']
```

코딩
자율학습

6장

제어문

인터넷 고객센터에 전화하면 대부분 자동 응답 시스템(ARS)으로 연결됩니다. 그러면 전화기 너머로 "신규 가입은 1번, 해지는 2번, 고장 접수는 3번, 상담원 연결은…"이라는 안내 음성이 들리는데요. 전화한 고객이 새로 서비스에 가입하려는 경우라면 1번을, 사용 중인 인터넷이 갑자기 동작하지 않는 경우라면 3번을 누를 겁니다. 그러면 각각 가입 또는 고장 접수 담당부서로 연결되겠지요. 만약 번호를 잘못 누르면 처음부터 다시 안내를 받습니다. 이와 비슷하게 한 프로그램 안에서도 경우에 따라 서로 다른 동작을 하도록 코드를 작성하는데, 이를 **제어문**이라고 합니다. 이장에서는 제어문에 해당하는 조건문과 반복문을 배워 보겠습니다.

6.1

조건에 따라 분기하기: 조건문

6.1.1 조건이 하나일 때: if 문

온라인 쇼핑몰을 구경하다 보면 다양한 할인 혜택을 만날 수 있습니다. 첫 구매 할인, 신용 카드 할인, 학생 할인, 생일 할인, 연간 회원 할인 등이죠. 첫 구매라면 10% 할인 혜택을 받는다고 했을 때 10만 원짜리 물건은 최종 결제 금액이 9만 원입니다. 같은 물건을 한 번 더 사면 어떻게 될까요? 이제는 첫 구매가 아니므로 별도의 할인 혜택 없이 10만 원을 모두 지불해야 합니다. 이렇듯 '첫 구매라면', 'XX카드를 쓰면', '학생이면' 등 조건에 따라 동작이 달라질 때 **분기**한다고 합니다.

그림 6-1 조건에 따른 분기

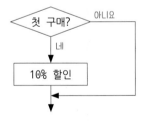

코드에서 분기할 때는 **조건문**으로 작성하는데, 기본으로 if 문을 사용합니다. if 문의 형식은 다음과 같습니다. 조건문을 나타내는 키워드인 if 다음에 분기할 조건을 넣고 끝에 콜론(:)을 붙입니다. 다음 줄에 실행할 명령문을 작성합니다. 이때 if 문에 속한 명령문임을 알 수 있게 들여쓰기(4칸)를 해서 구분합니다.

예를 들어 봅시다. 외출할 때 바깥 날씨에 따라 준비물이 필요하죠. 비가 온다면 우산을 챙기도록 프로그램을 만들어 보겠습니다.

```python
weather = "비"

if weather == "비": # 대입 연산자(=)가 아닌 비교 연산자(==) 사용
    print("우산을 챙기세요.")
```

실행결과 — □ ×

우산을 챙기세요.

weather 변수에는 '비'라는 값을 저장합니다. if 문의 조건에서 weather 변수의 값이 '비'인지를 확인하고 맞다면 '우산을 챙기세요.'라고 출력합니다. 조건에서 값을 비교할 때는 등호가 아니라 등호를 2번 연속으로 쓴 ==를 사용해야 합니다. **3.1.2 비교 연산자**에서 배운 내용이니 기억나지 않는다면 잠시 살펴보고 와도 좋습니다.

if 문의 끝에 콜론을 붙이는 것도 잊지 말고요. 그리고 조건을 만족할 때 실행할 print() 문은 if 위치를 기준으로 4칸 들여쓰기를 합니다. 들여쓰기 여부에 따라 동작이 완전히 달라지니 주의해 주세요. 들여쓰기를 위한 공백 개수가 하나만 달라도 코드는 제대로 작동하지 않습니다.

Note 콜론과 들여쓰기

파이썬에서 콜론(:)과 들여쓰기는 문법적 강제 사항으로, 실행 구간을 정의하는 역할을 합니다. 잘못 사용하는 경우에는 SyntaxError나 IndentationError가 발생하고요. C나 자바 등에서 중괄호로 코드를 둘러싸는 방식으로 실행 구간을 정의한다면 파이썬에서 이 역할을 하는 것이 들여쓰기입니다. 그래서 이 장에서 배우는 if, while, for 문이나 뒤에서 배우는 def, try, except 등의 구문은 뒤에 콜론을 붙이고 하위 명령문들을 들여쓰기 해서 한 묶음임을 표시합니다. 만약 계속 들여쓰기를 하다가 어느 문장에서 다시 들여쓰기를 하지 않으면 해당 문장부터는 앞의 명령문들과 한 묶음이 아닌 별개의 명령문이 됩니다.

예를 들어, 다음과 같이 작성하면(실제 코드가 아니고 형식만 비교하기 위한 예시입니다). 초코과자가 있을 때는 초코과자와 딸기과자를, 없을 때는 딸기과자만 사오게 됩니다.

```
# 파이썬
if 편의점에 초코과자가 있으면:
    초코과자를 사와 # if 문이 참일 때 실행
딸기과자를 사와 # if 문과 상관없이 항상 실행
```

그런데 마지막 문장을 들여쓰기해서 다음과 같이 작성하면 편의점에 초코파이가 있을 때만 초코과자와 딸기과자를 사오고, 없을 때는 아무것도 사오지 않습니다.

```
if 편의점에 초코과자가 있으면:
    초코과자를 사와
    딸기과자를 사와 # if 문이 참일 때 함께 실행
```

비교를 위해 같은 코드를 자바로 작성하면 다음과 같습니다. 자바에서는 주석을 //로 표시해서 여기서도 //로 작성했습니다.

```
// 자바
if (편의점에 초코과자가 있으면) { // 중괄호로 실행 구간 정의
    초코과자를 사와 // if 문이 참일 때 실행
}
    딸기과자를 사와 // if 문과 상관없이 항상 실행
```

마지막 문장은 들여쓰기해도 중괄호 밖이므로 if 문과 상관없이 항상 실행합니다.

6.1.2 조건이 여러 개일 때: elif 문

오늘 날씨가 맑다면 어떨까요? 날씨 예제에서 첫 줄만 바꿔서 실행해 보겠습니다.

```
weather = "맑음"

if weather == "비":
    print("우산을 챙기세요.")
```

실행결과	—	□	×

아무것도 출력하지 않습니다. if 문의 조건과 맞지 않아서 print() 문을 실행하지 않고 프로그램이 끝나 버렸습니다.

그럼 비는 오지 않으나 미세먼지가 많다면 무엇을 챙겨야 할까요? 맞습니다. 마스크를 챙겨야겠지요. 이럴 때는 elif 문을 사용합니다.

```
weather = "미세먼지"

if weather == "비":
    print("우산을 챙기세요.") # 1번
elif weather == "미세먼지":
    print("마스크를 챙기세요.") # 2번
```

실행결과	—	□	×
마스크를 챙기세요.			

이 코드는 weather 변수의 값이 '비'일 때는 1번 문장을, '미세먼지'일 때는 2번 문장을, 둘 다 아닐 때는 아무것도 출력하지 않습니다. 조건이 더 있다면 elif 문을 밑에 추가하면 됩니다.

정리하면 if 문은 처음 딱 1번만 사용할 수 있지만, elif 문은 필요한 만큼 여러 번 사용할 수 있습니다. elif 문도 if 문과 마찬가지로 끝에 콜론을 붙이고, 실행할 문장들은 모두 들여쓰기를 해야 합니다.

```
형식    if 조건1:
            실행할 명령1
        elif 조건2:
            실행할 명령2
        elif 조건3:
            실행할 명령3
        ...
```

6.1.3 모든 조건에 맞지 않을 때: else 문

이번에는 비도 안 오고 미세먼지도 없을 때 그냥 끝내지 않고 뭔가를 출력해 보겠습니다. if 문과 elif 문의 조건에 모두 해당하지 않을 때 어떤 명령을 실행하고 싶다면 else 문을 사용합니다.

```
형식    if 조건1:
            실행할 명령1
        elif 조건2:
            실행할 명령2
        elif 조건3:
            실행할 명령3

        ...
        else:
            실행할 명령n   # 앞의 조건에 모두 해당하지 않을 때 실행
```

그림 6-2 if-elif-else 문의 작동 방식

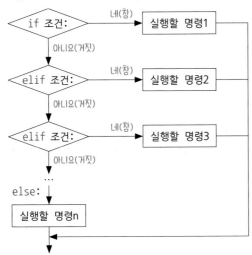

다음과 같이 weather 변수 값을 바꾸고 else 문을 추가해 실행해 봅시다. 모든 조건에 해당하지 않으므로 마지막에 있는 '준비물이 필요 없어요.'를 출력합니다.

```
weather = "맑음"

if weather == "비":
    print("우산을 챙기세요.")
elif weather == "미세먼지":
    print("마스크를 챙기세요.")
else:
    print("준비물이 필요 없어요.")
```

실행결과	— □ ×
준비물이 필요 없어요.	

6.1.4 input()으로 값 입력받아 비교하기

이번에는 프로그램이 조금 더 생동감 있도록 input() 함수를 사용해 보겠습니다. input() 함수는 프로그램을 실행했을 때 사용자로부터 **어떤 값을 입력받는 용도**로 사용합니다. 사용자가 값을 입력하고 Enter를 누르면 이 **값은 항상 문자열 형태로 변수에 저장**됩니다. 즉, 숫자 3을 입력해도 문자열 '3'으로 인식한다는 점을 주의해 주세요.

다음과 같이 코드를 작성하고 실행합니다.

```python
weather = input("오늘 날씨는 어때요? ")
print(weather)
```

그러면 '오늘 날씨는 어때요?'를 출력하고 문장 옆에 커서가 깜박이며 프로그램이 멈춰 있습니다. 이는 프로그램이 사용자 입력을 기다리는 상태라서 그렇습니다. 커서 위치에 '맑음'이라고 입력하고 Enter를 누르면 앞에서 입력한 내용이 그대로 출력됩니다.

실행결과   — □ ×
오늘 날씨는 어때요? **맑음** 맑음

이번에는 앞에서 작성한 코드에서 출력 부분 대신 다음과 같이 작성합니다. 그리고 여러 번 실행해 보세요. 실행할 때마다 맑음, 비, 미세먼지 등으로 바꿔 가면서 값을 입력해 보면 if 문이 어떻게 동작하는지 쉽게 이해할 수 있습니다.

```python
weather = input("오늘 날씨는 어때요? ")

if weather == "비":
    print("우산을 챙기세요.")
elif weather == "미세먼지":
    print("마스크를 챙기세요.")
else:
    print("준비물이 필요 없어요.")
```

실행결과   — □ ×
맑음을 입력했을 때 오늘 날씨는 어때요? **맑음** 준비물이 필요 없어요. # 비를 입력했을 때 오늘 날씨는 어때요? **비** 우산을 챙기세요. # 미세먼지를 입력했을 때 오늘 날씨는 어때요? **미세먼지** 마스크를 챙기세요.

그런데 우산은 꼭 비가 올 때만 챙겨야 하는 준비물은 아니죠. 눈이 많이 오는 날에도 우산이 필요합니다. 이럴 때는 다음처럼 if 문의 조건을 변경하면 됩니다.

```python
weather = input("오늘 날씨는 어때요? ")

if weather == "비" or weather == "눈":  # 조건 변경
    print("우산을 챙기세요.")
elif weather == "미세먼지":
    print("마스크를 챙기세요.")
else:
    print("준비물이 필요 없어요.")
```

실행결과 — □ ×

오늘 날씨는 어때요? **눈**
우산을 챙기세요.

or 연산자는 **3.1.3 논리 연산자**에서 배웠듯이 하나라도 참이면 참입니다. 즉, 조건 중 하나라도 맞으면 print() 문을 실행합니다. 따라서 사용자가 '비' 또는 '눈'을 입력하는 2가지 경우에 모두 '우산을 챙기세요.'를 출력합니다.

이번에는 기온을 입력받아서 온도에 따라 다르게 처리해 보겠습니다. 기온은 정수형으로 입력받아 temp 변수에 저장합니다. 그런데 input() 함수는 입력값을 항상 문자열로 인식한다고 했으니 정수형으로 입력받아도 문자열이 됩니다. 온도를 비교하려면 정수형으로 변환해야 하므로 input() 함수를 다시 int()로 감싸 주겠습니다. 그리고 temp 변수의 값에 따른 동작을 다음과 같이 정의합니다. 프로그램을 반복 실행하며 다양한 기온을 입력해 보세요.

```python
temp = int(input("오늘 기온은 어때요? "))  # 입력값을 정수형으로 형변환

if 30 <= temp:  # 30도 이상이면
    print("너무 더워요. 외출을 자제하세요.")
elif 10 <= temp and temp < 30:  # 10도 이상 30도 미만이면
    print("활동하기 좋은 날씨예요.")
elif 0 <= temp and temp < 10:  # 0도 이상 10도 미만이면
    print("외투를 챙기세요.")
else:  # 그 외의 모든 경우(0도 미만이면)
    print("너무 추워요. 나가지 마세요.")
```

여기서는 or 연산자와 마찬가지로 **3.1.3 논리 연산자**에서 배운 and 연산자를 사용합니다. and 연산자는 조건이 둘 다 참일 때만 참입니다. 그래서 첫 번째 elif 문은 10도 이상이고 30도 미만일 때만, 두 번째 elif 문은 0도 이상이고 10도 미만일 때만 print() 문을 실행합니다.

또한, 두 elif 문을 다음과 같이 작성해도 됩니다.

```python
temp = int(input("오늘 기온은 어때요? "))

if 30 <= temp:
    print("너무 더워요. 외출을 자제하세요.")
elif 10 <= temp < 30:
    print("활동하기 좋은 날씨예요.")
elif 0 <= temp < 10:
    print("외투를 챙기세요.")
else:
    print("너무 추워요. 나가지 마세요.")
```

한 걸음 더 나아가면 다음과 같이 조건을 간소화할 수 있습니다. 만약 temp가 28이라면 if 문의 조건인 temp >= 30은 거짓이므로 elif 문으로 넘어가서 조건을 확인하게 됩니다. 이때 temp는 if 문의 조건에서 이미 30 미만임을 확인했으므로 첫 번째 elif 문의 temp < 30이라는 조건은 생략해도 됩니다. 비슷한 이유로 두 번째 elif 문에서도 temp < 10이라는 조건을 생략할 수 있습니다.

```
temp = int(input("오늘 기온은 어때요? "))

if temp >= 30:
    print("너무 더워요. 외출을 자제하세요.")
elif temp >= 10:
    print("활동하기 좋은 날씨예요.")
elif temp >= 0:
    print("외투를 챙기세요.")
else:
    print("너무 추워요. 나가지 마세요.")
```

조건문은 굉장히 중요하며 무척 많이 사용하므로 사용법과 동작 방식을 반드시 이해하기 바랍니다.

1분 퀴즈

해설 노트 p.409

1. **다음 중 조건문에 대한 설명으로 잘못된 것은?**

   ① 하나의 조건문에서 if는 한 번만 사용할 수 있다.

   ② 하나의 조건문에서 elif는 여러 번 사용할 수 있다.

   ③ else 문은 모든 조건을 만족하지 않을 때 실행된다.

   ④ else 문은 생략할 수 없다.

2. **나도리조트는 객실당 4인까지 무료로 입장할 수 있고, 4인을 초과하는 경우 추가 비용이 발생한다. 자동 체크인 프로그램이 다음과 같을 때 실행결과로 올바른 것은?**

```
total = 2 # 총 인원
if total <= 4:
    print("추가 비용 없음")
else:
    print("1인당 만 원")
print("감사합니다.")
```

① 실행결과   − □ ×

추가 비용 없음
감사합니다.

② 실행결과   − □ ×

1인당 만 원
감사합니다.

③ 실행결과   − □ ×

추가 비용 없음

④ 실행결과   − □ ×

감사합니다.

3. 다음 코드의 실행결과로 알맞은 것은?

```python
temp = 40 # 체온
if temp >= 39:
    print("고열입니다.")
elif temp >= 38:
    print("미열입니다.")
else:
    print("정상입니다.")
```

① 실행결과   − □ ×

고열입니다.

② 실행결과   − □ ×

미열입니다.

③ 실행결과   − □ ×

정상입니다.

④ 정답 없음

6.2

같은 일 반복하기: 반복문

프로그램에서 조건문만큼이나 중요한 것이 **반복문**입니다. 예를 들어 봅시다. 아주 유명한 식당이 있습니다. 홀이 가득 차면 방문한 손님에게 번호표를 나눠 주고 대기하게 합니다. 대기 손님이 생길 때마다 번호표를 한 장씩 print( ) 문으로 출력한다고 합시다. 첫 번째 대기 손님에게 1번 표를 출력해서 줍니다.

```
print("대기번호 : 1")
```

손님이 3팀 더 왔네요. 번호표를 3번 더 출력합니다. 아직까지는 괜찮습니다.

```
print("대기번호 : 2")
print("대기번호 : 3")
print("대기번호 : 4")
```

그런데 식당 앞에 있던 콘서트장에서 콘서트가 끝나고 손님이 몰려옵니다. 수십 팀이 줄을 섭니다. 번호표를 하나씩 출력해서 손님께 나눠 주고 다시 출력해서 나눠 주려니 너무 바쁘네요. 이럴 때 필요한 것이 바로 **반복문**입니다. 몇 팀이 왔는지 알면 한꺼번에 수십 장을 반복 출력하면됩니다.

6.2.1 범위 안에서 반복하기: for 문

파이썬에는 2가지 반복문이 있는데 기본인 for 문부터 배워 보겠습니다. 형식은 다음과 같습니다.

> **형식**
> ```
> for 변수 in 반복 대상:
>     실행할 명령1
>     실행할 명령2
>     ...
> ```

먼저 반복문을 나타내는 키워드인 for와 in 연산자 사이에 변수를 넣고 in 뒤에 반복 대상을 지정합니다. 반복 대상에는 리스트나 딕셔너리, 튜플 또는 문자열이 들어갑니다. if 문과 마찬가지로 for 문 끝에 콜론(:)을 붙이고 다음 줄에 반복 실행할 명령문을 작성합니다. 이때도 for 문에 속한 문장임을 알 수 있게 들여쓰기(4칸)를 해서 구분합니다.

반복문의 작동 원리를 살펴봅시다. 반복 대상(리스트, 딕셔너리 등)을 순회하면서 값을 하나씩 변수로 가져와서 for 문 안에서 사용합니다. 가져온 값으로 for 문에 속한 명령을 실행하고 실행이 끝나면 반복 대상으로 돌아갑니다. 반복 대상에서 다음 값을 변수로 가져오고 for 문에 속한 명령을 다시 수행합니다. 이 과정을 반복 대상에서 가져올 값이 없을 때까지 반복하다가 더 이상 가져올 값이 없으면 반복문을 벗어납니다.

그림 6-3 반복문의 작동 원리

대기번호를 출력하는 print() 문을 반복문으로 바꿔 봅시다. 예제에서는 반복 대상으로 리스트를 사용하고, 총 5팀이 대기 중이라고 가정하겠습니다. 코드를 다음과 같이 작성하고 실행합니다.

```
for waiting_no in [1, 2, 3, 4, 5]:
    print("대기번호 : {0}".format(waiting_no)) # {0} 위치에 waiting_no의 값이 들어감
```

```
실행결과                                              —  □  ×
대기번호 : 1
대기번호 : 2
대기번호 : 3
대기번호 : 4
대기번호 : 5
```

대기 손님이 5팀일 경우 반복문을 사용하지 않으면 코드를 5줄 작성해야 합니다. 반면에 반복문을 사용하면 단 2줄만 작성하면 되고 실행결과는 동일하게 나옵니다.

여기서 또 한 가지 살펴볼 부분이 있습니다. 지금은 대기 손님이 5팀이지만, 100팀일 때는 어떨까요? 반복 대상을 리스트로 작성하면 대기번호 100번까지 일일이 적어야 하죠.

이럴 때 range( ) 함수를 사용하면 편합니다. range( ) 함수는 지정한 범위 안에서 연속한 정수를 반환하는 함수입니다. 이 함수는 다음과 같이 3가지 형식으로 사용할 수 있습니다.

형식
```
range(숫자)
range(시작 숫자, 끝 숫자)
range(시작 숫자, 끝 숫자, 간격)
```

첫 번째 형식으로 사용하면 0부터 지정한 숫자 직전(숫자 − 1)까지 연속한 정수를 반환합니다. 대기번호를 출력하는 반복문에 적용해 봅시다.

```
for waiting_no in range(5):  ◀─── 0부터 5 직전까지(0~4)
    print("대기번호 : {0}".format(waiting_no))
```

```
실행결과                                              —  □  ×
대기번호 : 0
대기번호 : 1
대기번호 : 2
대기번호 : 3
대기번호 : 4
```

대기번호를 0부터 4까지(5 − 1) 출력합니다. 그런데 대기번호는 보통 0번부터가 아니라 1번부터 시작합니다. 이럴 때는 range( ) 함수를 두 번째 형식으로 사용하면 됩니다. 이번에는 숫자 하나가 아니라 숫자 2개를 넣어 줍니다. 그러면 시작 숫자부터 끝 숫자 직전(끝 숫자 − 1)까지 연속한 정수를 반환합니다. 대기번호 예제에 적용해 봅시다.

```
for waiting_no in range(1, 6):    ◀── 1부터 6 직전까지(1~5)
    print("대기번호 : {0}".format(waiting_no))
```

실행결과	— □ ×
대기번호 : 1	
대기번호 : 2	
대기번호 : 3	
대기번호 : 4	
대기번호 : 5	

이제 원하는 결과를 제대로 출력합니다. 마지막으로 세 번째 형식은 실행결과를 보며 확인하겠습니다.

```
for waiting_no in range(1, 6, 2):    ◀── 1부터 6 직전까지(1~5)에서 2씩 간격 주기
    print("대기번호 : {0}".format(waiting_no))
```

실행결과	— □ ×
대기번호 : 1	
대기번호 : 3	
대기번호 : 5	

결과를 보면 1, 3, 5를 출력합니다. 즉, 간격으로 준 숫자 2만큼씩 띄어서 값을 출력합니다.

예를 하나 더 들어 볼까요? 카페에서 손님들이 차례대로 주문하고, 직원은 주문받은 순서대로 음료를 준비합니다. 음료 제조가 끝나면 손님을 닉네임으로 부릅니다. 이때 손님의 닉네임은 주문받은 순서대로 리스트에 저장합니다.

```
orders = ["아이언맨", "토르", "스파이더맨"] # 손님 닉네임 리스트
for customer in orders:
    print("{0} 님, 커피가 준비됐습니다. 픽업대로 와 주세요.".format(customer))
```

```
실행결과                                    ─  □  ×

아이언맨 님, 커피가 준비됐습니다. 픽업대로 와 주세요.
토르 님, 커피가 준비됐습니다. 픽업대로 와 주세요.
스파이더맨 님, 커피가 준비됐습니다. 픽업대로 와 주세요.
```

실행해 보면 닉네임만 다르고 같은 형태로 안내하는 것을 확인할 수 있습니다. 이처럼 반복 대상에는 리스트, 딕셔너리, 튜플, 문자열 같은 데이터를 직접 넣어도 되고, 데이터를 담은 변수명을 넣어도 같은 원리로 작동합니다.

6.2.2 조건을 만족할 동안 반복하기: while 문

두 번째 반복문은 while 문입니다. for 문과 while 문은 비슷하면서도 다릅니다. for 문은 리스트와 같은 반복 대상에서 값을 하나씩 가져와 반복 작업을 수행하지만, while 문은 조건을 만족하는 동안 끝없이 반복합니다.

while 문의 형식은 다음과 같습니다. while 키워드 다음에, 변수와 반복 대상 대신 조건만 있습니다. 이후 콜론을 붙이고 실행할 명령문을 들여쓰기하는 것은 똑같습니다.

```
형식    while 조건:
            실행할 명령1
            실행할 명령2
            . . .
```

for 문에서 예로 든 카페에서 새로운 정책을 만들었습니다. 직원이 손님을 5번이나 불렀는데 픽업대로 음료를 가지러 오지 않으면 이를 바로 폐기 처분한다고 합니다(설명을 위한 가정일 뿐입니다). 이 동작을 while 문으로 작성해 보겠습니다.

while 문에서 수행할 동작을 생각해 봅시다. 손님의 닉네임을 5번 부를 동안 반복하므로 조건은 부르는 횟수입니다. 부르는 횟수가 5번이 넘으면 음료를 폐기 처분합니다. 그렇다면 부르는 횟수를 세야 하는데 횟수를 셀 때는 최댓값에서 빼는 방법과 최댓값이 될 때까지 더하는 방법이 있습니다. 여기서는 최댓값에서 빼는 방법을 선택하겠습니다. 그러면 최댓값은 5가 되고 1번 부를 때마다 최댓값에서 1씩 빼야겠죠. 그리고 횟수가 0이 되면 손님을 부를 필요가 없으니 횟수가 1일 때까지 반복하면 됩니다.

그럼 먼저 while 문의 조건을 비교할 시작점인 초깃값을 설정하겠습니다. 초깃값은 while 문 위에 작성합니다. 카페 예제에서는 5번 부르는 것이 조건이므로 index라는 변수에 5를 저장해 초깃값을 정의합니다(index = 5). 조건이 참일 동안 while 문 안 명령을 반복 수행하므로 조건 에는 index 변수의 값이 1보다 크거나 같다(index >= 1)를 넣습니다.

또한, 닉네임을 1번 부를 때마다 횟수를 차감해야 하므로 반복할 때마다 index -= 1(index = index - 1)을 합니다. 그리고 횟수가 0이 되면(index == 0) 음료를 폐기 처분한다고 출력합니다.

부르는 횟수는 최대 5번입니다. 부르는 횟수가 0이면 5번을 다 부른 상태입니다. 이때 다시 while 문의 조건으로 돌아가면 index >= 1 조건을 더 이상 만족하지 않으므로, 즉 거짓(False) 이므로 while 문을 벗어나게 됩니다. **TIP ——** 일반적으로 반복문을 벗어날 때 탈출한다고 표현합니다.

설명을 바탕으로 코드를 작성하면 다음과 같습니다.

```python
customer = "토르" # 손님 닉네임
index = 5 # 초깃값, 부르는 횟수 최대 5번

while index >= 1: # 부르는 횟수가 1 이상일 때만 실행
    print("{} 님, 커피가 준비됐습니다.".format(customer))
    index -= 1 # 횟수 1회 차감
    print("{}번 남았어요.".format(index))
    if index == 0: # 5번 모두 불렀다면
        print("커피를 폐기 처분합니다.")
```

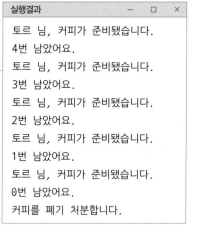

```
실행결과                    —  □  ×
토르 님, 커피가 준비됐습니다.
4번  남았어요.
토르 님, 커피가 준비됐습니다.
3번  남았어요.
토르 님, 커피가 준비됐습니다.
2번  남았어요.
토르 님, 커피가 준비됐습니다.
1번  남았어요.
토르 님, 커피가 준비됐습니다.
0번  남았어요.
커피를  폐기  처분합니다.
```

실행결과를 보면 남은 호출 횟수도 닉네임과 함께 출력합니다. 이 부분은 format() 함수에 index 변수를 넣어 처리합니다.

이 카페와 인접한 다른 카페는 아직 폐기 정책이 없다고 합니다. 즉, 손님이 나타날 때까지 계속

부르면서 기다려야 하겠지요. 이를 코드로 작성하면 다음과 같습니다. 잠깐! 코드를 실행하기 전에 Ctrl + C 를 먼저 기억해 주세요.

```python
customer = "아이언맨"
index = 1

while True:
    print("{0} 님, 커피가 준비됐습니다. 호출 {1}회".format(customer, index))
    index += 1
```

실행결과   — □ ✕

```
아이언맨 님, 커피가 준비됐습니다. 호출 1회
아이언맨 님, 커피가 준비됐습니다. 호출 2회
아이언맨 님, 커피가 준비됐습니다. 호출 3회
아이언맨 님, 커피가 준비됐습니다. 호출 4회
...
아이언맨 님, 커피가 준비됐습니다. 호출 18880회
아이언맨 님, 커피가 준비됐습니다. 호출 18881회
아이언맨 님, 커피가 준비됐습니다. 호출 18882회
아이언맨 님, 커피가 준비됐습니다. 호출 18883회


KeyboardInterrupt  ◀── Ctrl + C 입력 시 강제 종료
```

실행하면 빠른 속도로 결과가 출력되고 멈추지 않습니다. 이때 커서를 터미널 창에 놓고 Ctrl + C 를 누르세요. 무슨 일이 일어난 건지 코드를 살펴봅시다. 이번에는 조건에 참을 의미하는 True가 들어갔습니다. 그리고 while 문 안에는 print() 문과 횟수에 1을 더하는 문장밖에 없습니다. 코드에 while 문을 탈출하게 하는 구문이 없어서 while 문을 끝없이 반복 수행합니다. 이런 경우를 **무한 루프**(infinite loop)**에 빠졌다**고 표현합니다. 무한 루프에 빠진 프로그램은 강제 종료해야 하며, 강제 종료할 때는 Ctrl + C 를 누릅니다.

또 다른 카페에서는 손님의 닉네임을 부른 후 input() 함수로 닉네임을 입력받아서 커피를 주문한 손님과 일치하는지 확인합니다. 입력받은 닉네임은 person 변수에 저장하는데, 이 변수는 처음에 값이 비어 있는 상태로 두기 위해 아무것도 없다는 의미의 None으로 초기화하겠습니다. 이 과정을 다음과 같이 코드로 작성하고 실행합니다. 이름을 일부러 몇 번 틀리게 입력하다가 마지막에 바르게 입력하고 결과를 비교해 보세요.

```
customer = "토르"
person = None

while person != customer:
    print("{0} 님, 커피가 준비됐습니다.".format(customer))
    person = input("이름이 어떻게 되세요? ")
```

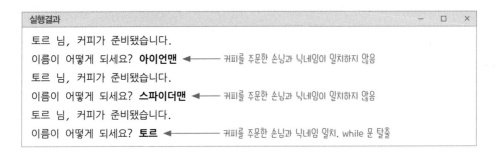

실행해 보면 '토르'라고 입력할 때까지 입력받기를 반복합니다.

6.2.3 흐름 제어하기: continue와 break

이번에는 반복문의 흐름을 제어하는 continue와 break입니다. 개념부터 소개하면 continue는 continue 이후 명령들을 실행하지 않고 다음 반복 대상으로 넘어갈 때 사용합니다. break는 반복문을 즉시 탈출할 때 사용합니다. 설명만으로는 바로 이해하기 어려우니 예제를 보면서 어떻게 사용하는지 알아봅시다.

나도고등학교에서 수업시간에 선생님이 학생들에게 책을 읽게 합니다. 출석번호 1번부터 10번까지 총 10명의 학생이 있고 순서대로 한 문단씩 책을 읽습니다. 그런데 2번과 5번 학생이 결석했습니다. 결석한 학생은 책을 읽지 못하겠죠? 1번 학생이 책을 읽은 다음에는 2번을 건너뛰고 3번 학생이 책을 읽어야 하고, 4번 학생이 책을 읽은 다음에는 5번을 건너뛰고 6번 학생이 책을 읽어야 합니다.

그림 6-4 출석번호순으로 책 읽기

이 상황을 코드로 작성해 보겠습니다.

```python
absent = [2, 5] # 결석한 학생 출석번호

for student in range(1, 11): # 출석번호 1~10번
    if student in absent: # 결석한 학생이면
        continue # 다음 학생으로 넘어가기
    print("{0}번 학생, 책을 읽어 보세요.".format(student))
```

실행결과	— □ ×
1번 학생, 책을 읽어 보세요.	
3번 학생, 책을 읽어 보세요.	
4번 학생, 책을 읽어 보세요.	
6번 학생, 책을 읽어 보세요.	
7번 학생, 책을 읽어 보세요.	
8번 학생, 책을 읽어 보세요.	
9번 학생, 책을 읽어 보세요.	
10번 학생, 책을 읽어 보세요.	

실행해 보면 2번과 5번 학생은 책을 읽으라고 하지 않고 건너뜁니다. 이와 같이 반복문 안에서 continue를 만나면 그 뒤에 있는 명령은 실행하지 않고 바로 다음 반복 대상으로 넘어갑니다.

이번에는 결석한 2명을 제외한 나머지 학생들이 순서대로 열심히 책을 읽습니다. 그런데 7번 학생이 깜박하고 책을 가져오지 않았다고 하네요. 하필이면 선생님이 다른 것은 모두 용서해도 학생이 책을 가져오지 않으면 무섭게 혼내신다고 합니다. 그래서 수업시간이 끝나지 않아도 수업을 중단하고 학생을 바로 교무실로 데려간다는군요.

그럼 코드로 작성해 볼까요? 앞에서 작성한 코드를 조금 수정하면 됩니다.

```python
absent = [2, 5] # 결석한 학생 출석번호
no_book = [7] # 책을 가져오지 않은 학생 출석번호

for student in range(1, 11): # 출석번호 1~10번
    if student in absent: # 결석한 학생이면
        continue # 다음 학생으로 넘어가기
    elif student in no_book: # 책을 가져오지 않으면 바로 수업 종료
```

179

```
        print("오늘 수업은 여기까지. {0}번 학생은 교무실로 따라와요.".format(student))
        break # 반복문 탈출
    print("{0}번 학생, 책을 읽어 보세요.".format(student))
```

실행결과   — □ ×

1번 학생, 책을 읽어 보세요.
3번 학생, 책을 읽어 보세요.
4번 학생, 책을 읽어 보세요.
6번 학생, 책을 읽어 보세요.
오늘 수업은 여기까지. 7번 학생은 교무실로 따라와요.

결석한 2번과 5번은 건너뛰고 1, 3, 4, 6번 학생까지 책 읽기를 반복합니다. 그러다가 책을 가져오지 않은 7번 학생 차례가 되자마자 바로 수업을 끝내고 학생을 교무실로 호출하며 반복문을 탈출합니다. 이처럼 반복문에서 break를 만나면 아직 반복 대상이 남아 있든 말든 상관없이 그 즉시 반복문을 탈출합니다. 8번 학생은 책을 읽지 못했는데 말이죠.

예제가 다소 험악하지만 반복문을 자칫 잘못 사용하면 결석한 학생에게도 책을 읽으라는 불필요한 명령을 수행하거나 심지어 무한 루프에 빠질 수도 있는 상황이 옵니다. 그런 경우를 방지하기 위해 continue와 break를 적절히 사용해 프로그램의 흐름을 제어해야 합니다.

추가로, continue와 break는 자신이 속한 가장 가까운 반복문에 대해 동작합니다. 반복문 안에 또 다른 반복문이 있는 이중 반복문일 때 내부 반복문에서 continue나 break를 사용하면 모든 반복문이 아닌 내부 반복문만 탈출하고 외부 반복문은 계속해서 수행합니다.

그나저나 7번 학생은 괜찮을까요?

6.2.4 for 문 한 줄로 작성하기

파이썬에서는 아주 간결하게 한 줄로 for 문을 작성할 수도 있습니다. 형식은 다음과 같습니다.

형식 [동작 for 변수 in 반복 대상]

형식만으로 이해하기 어려우니 예제로 살펴봅시다. 나도고등학교는 출석번호가 1, 2, 3, 4, 5, … 순이었는데 새 학기부터는 각 번호에 100을 더한 형태, 즉 101, 102, 103, 104, 105, … 식으로 바뀐다고 합니다. 이를 코드로 작성해 보겠습니다.

먼저 리스트에 기존 출석번호 5개를 저장합니다. 그런 다음 한 줄 for 문을 다음과 같이 작성해 값을 변경합니다.

TIP —— 한 줄 for 문은 정확한 용어로 **리스트 컴프리헨션**(list comprehension)이라고 합니다. for뿐만 아니라 if 문의 조건도 함께 사용할 수 있지만, 이 책에서는 다루지 않습니다.

```python
students = [1, 2, 3, 4, 5]
print(students)

# 한 줄 for 문으로 각 항목에 100 더하기
students = [i + 100 for i in students]
print(students)
```

실행결과   — □ ×

```
[1, 2, 3, 4, 5]
[101, 102, 103, 104, 105]
```

출석번호에 100이 잘 더해집니다. 한 줄 for 문을 자세히 살펴볼까요?

```python
students = [i + 100 for i in students]
```

이 문장은 반복 대상인 students 리스트에서 i라는 변수로 값을 하나씩 가져와서 i 변수의 값에 100을 더한 후 이 값을 다시 students에 저장해 새로운 리스트를 만들라는 의미입니다. 이 문장은 결국 다음 문장과 같은 의미입니다.

```python
students = [students[0] + 100, students[1] + 100, students[2] + 100, students[3] + 100, students[4] + 100]
```

students의 각 인덱스에 해당하는 실제 값을 넣어 작성하면 다음과 같습니다.

```python
students = [1 + 100, 2 + 100, 3 + 100, 4 + 100, 5 + 100]
```

정리하면, 한 줄 for 문은 반복 대상의 값들에 각각 어떤 동작을 수행하고, 수행한 결과들을 모아 새로운 리스트로 만드는 것입니다.

다른 예제를 살펴봅시다. 한 줄 for 문으로 이름을 저장한 리스트를 각 이름의 길이 정보를 담은 리스트로 변형해 보겠습니다.

```python
students = ["Iron man", "Thor", "Spider Man"]
print(students)

# 한 줄 for 문으로 각 이름을 이름의 길이 정보로 변환
students = [len(i) for i in students]
print(students)
```

실행결과   — □ ×
```
['Iron man', 'Thor', 'Spider Man']
[8, 4, 10]
```

이 코드는 띄어쓰기를 포함한 각 이름의 길이 8, 4, 10을 새로운 리스트로 만들어서 students에 저장합니다. 한 줄 for 문 부분을 풀어서 적어 보면 다음과 같습니다.

```python
students = [len(students[0]), len(students[1]), len(students[2])]
```

students 리스트의 각 인덱스에 해당하는 실제 값으로 풀어 적으면 다음과 같습니다.

```python
students = [len("Iron man"), len("Thor"), len("Spider Man")]
```

예제를 하나만 더 살펴보겠습니다. 이름 정보를 저장한 동일한 리스트를 사용하되, 각 이름을 모두 대문자로 바꿔 보겠습니다.

```python
students = ["Iron man", "Thor", "Spider Man"]
print(students)

# 한 줄 for 문으로 각 이름을 모두 대문자로 변경
students = [i.upper() for i in students]
print(students)
```

실행결과   — □ ✕
```
['Iron man', 'Thor', 'Spider Man']
['IRON MAN', 'THOR', 'SPIDER MAN']
```

한 줄 for 문이 어떻게 동작하는지 이제는 감이 오죠? 여기서 살펴본 대로 코드가 어떻게 동작하는지 직접 풀어서 해석하면 이해하는 데 많은 도움이 될 겁니다.

1분 퀴즈 ▨▨▨▨▨▨▨▨▨▨▨▨   해설 노트 p.410

4. 다음 코드의 출력 의도로 알맞은 것은?

```python
my_list = [1, 2, 3, 4, 5]
for i in my_list:
    if i % 2 == 0:
        print(i)
```

① 홀수만 출력   ② 짝수만 출력   ③ 2보다 작은 수만 출력   ④ 2보다 큰 수만 출력

5. 다음 코드의 실행결과로 올바른 것은?

```python
i = 3
while i <= 5:
    print(i)
    i += 1
```

①

②

③
실행결과	—	□	×
3			
4			
5			

④
실행결과	—	□	×
3			
4			
5			
6			

6. 다음 중 보기에서 설명하는 역할을 하는 키워드로 알맞은 것은?

> **보기** 반복문 안에서 반복 수행 중인 동작을 즉시 멈추고 반복문을 탈출

① continue   ② break   ③ return   ④ exit

6.3

실습 문제: 택시 승객 수 구하기

—— 해설 노트 p.410

문제를 풀며 지금까지 배운 내용을 복습해 보겠습니다. 먼저 문제를 직접 풀고 나서 해설을 확인해 주세요.

문제 당신은 Cocoa 서비스를 이용하는 택시기사입니다. 손님이 총 50명일 때, 조건을 만족하는 총 탑승객 수를 구하는 프로그램을 작성하세요.

조건

1. 손님별 운행 소요시간은 5~50분에서 난수로 정한다.

2. 운행 소요시간 5~15분인 손님만 매칭한다.

3. 실행결과는 다음 형태로 출력하되, 매칭되면 [0], 매칭되지 않으면 [ ]로 표시한다.

```
실행결과                                           —  □  ×

 [0] 1번째 손님 (소요시간 : 15분)
 [ ] 2번째 손님 (소요시간 : 50분)
 [0] 3번째 손님 (소요시간 : 5분)
 . . .
 [ ] 50번째 손님 (소요시간 : 16분)
 총 탑승객 : 2명
```

마무리

1. if 문

코드에서 조건에 따른 분기가 필요할 때 사용합니다. if 조건이 참일 때 실행할 명령들은 들여쓰기를 해서 구분합니다.

> **형식**
> ```
> if 조건:
>     실행할 명령
> ```

2. elif 문

코드에서 분기 조건이 여러 개일 때 사용합니다. if 문에 이어서 elif 문은 여러 번 사용할 수 있습니다.

> **형식**
> ```
> if 조건1:
>     실행할 명령1
> elif 조건2:
>     실행할 명령2
> elif 조건3:
>     실행할 명령3
> ...
> ```

3. else 문

if 문과 elif 문의 조건에 모두 해당하지 않을 때 실행할 명령을 정의합니다. else 문은 생략할 수 있습니다.

> **형식**
> ```
> if 조건1:
>     실행할 명령1
> elif 조건2:
> ```

```
        실행할 명령2
    elif 조건3:
        실행할 명령3
    ...
    else:
        실행할 명령n   # 앞의 조건에 모두 해당하지 않을 때 실행
```

4. for 문

같은 동작을 여러 번 반복해서 수행하기 위해 사용합니다. 보통 반복 대상에 정해진 횟수만큼
반복합니다.

> **형식**
> ```
> for 변수 in 반복대상:
>     실행할 명령1
>     실행할 명령2
>     ...
> ```

5. while 문

같은 동작을 여러 번 반복해서 수행하기 위해 사용합니다. 보통 주어진 조건을 만족하는 동안
끝없이 반복합니다.

> **형식**
> ```
> while 조건:
>     실행할 명령1
>     실행할 명령2
>     ...
> ```

6. continue

반복문에서 해당 반복을 건너뛰고 다음 반복으로 넘어가기 위해 사용합니다. continue를 만나
면 이후 문장들은 실행하지 않고 다음 반복으로 넘어갑니다.

7. break

반복문을 탈출할 때 사용합니다. break를 만나면 이후 문장들은 실행하지 않고 즉시 반복문을
빠져나옵니다.

셀프체크

문제 편의점에서 동일한 상품 2개를 구매하면 상품 1개를 무료로 제공하는 2+1 이벤트를 진행하고 있습니다. 구매 상품 수에 따라 가격을 계산하는 프로그램을 작성하세요.

조건

1. 상품 1개의 가격은 1,000원이다.

2. 고객은 3, 6, 9, ... 처럼 항상 3의 배수에 해당하는 상품을 구매한다고 가정한다.

3. 상품은 각각 스캔하며, 한 상품을 스캔할 때마다 '2+1 상품입니다.'를 출력한다.

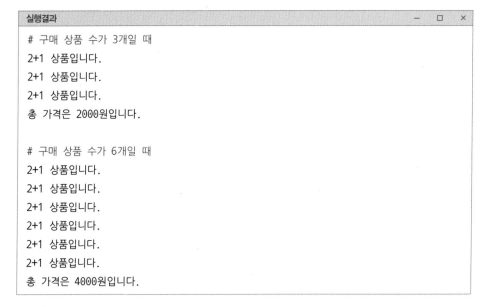

```
실행결과                                                      —   □   ×

# 구매 상품 수가 3개일 때
2+1 상품입니다.
2+1 상품입니다.
2+1 상품입니다.
총 가격은 2000원입니다.

# 구매 상품 수가 6개일 때
2+1 상품입니다.
2+1 상품입니다.
2+1 상품입니다.
2+1 상품입니다.
2+1 상품입니다.
2+1 상품입니다.
총 가격은 4000원입니다.
```

7장

함수

해외 여행을 가게 되면 방문하는 국가에서 사용하는 화폐로 음식이나 물건 등을 구매할 수 있습니다. 그런데 화폐 단위가 달라서 금액이 비싼지 싼지 체감하기 어렵습니다. 그래서 여행 경비 안에서 계획적으로 소비하기 위해 사용한 금액에 환율을 곱해 계산하곤 하죠.

예를 들어, 말레이시아의 경우 링깃(MYR)이라는 화폐 단위를 쓰는데, 1링깃은 우리 돈으로 약 300원 정도(2024년 1월 기준)입니다. 식당에 가서 25링깃짜리 메뉴를 주문할 때, 카페에서 15링깃짜리 커피를 마실 때, 백화점에 가서 30링깃짜리 물건을 살 때마다 300원을 곱해 원화로 얼마인지를 계산합니다. 구매 금액은 다르지만 300을 곱하는 것은 항상 같습니다. 이때 입력한 숫자에 항상 300을 곱해 주는 전용 계산기가 있으면 얼마나 편리할까요? 이 장에서 배울 함수가 바로 이런 역할을 합니다. 그럼 다양한 형태의 함수를 만들며 사용하는 방법을 배워 보겠습니다.

7.1

함수 정의하기

다음 그림에 보이는 덧셈 상자에서 물음표에는 어떤 값이 나올까요?

그림 7-1 덧셈 상자

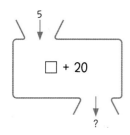

정답은 25입니다. 그림을 보자마자 덧셈 상자에 5라는 숫자가 들어가고 □ + 20이라는 수식에 대입해 5 + 20을 한 25가 결과로 나옴을 알았을 것입니다. 이런 형태는 수학 시간에 함수를 배울 때 본 적이 있죠? 함수는 y = f(x)로 표시하고, x의 값이 변함에 따라 y의 값이 정해집니다.

파이썬의 **함수**(function)도 비슷합니다. 들어온 값, 즉 입력값(x)에 따라 결과, 즉 출력값(y)이 달라지는 어떤 동작(f(x))을 수행합니다. 파이썬에서는 함수의 입력값을 **전달값**이라고 하고, 출력값을 **반환값**이라고 합니다. 파이썬 함수는 전달값, 반환값에 동작까지 포함해 3가지 요소로 이뤄집니다.

앞의 그림을 파이썬 함수와 비교하면 전달값은 5, 동작은 □ + 20, ?는 반환값입니다. 반환값은 결국 25겠죠. 만약 전달값이 10으로 바뀐다면 반환값은 10 + 20을 해서 30이 됩니다.

사실 함수는 앞에서 이미 많이 다뤄 봤습니다. print(), len(), input() 등이 모두 함수입니다. 이들은 파이썬에서 특정 기능을 하도록 미리 만들어 둔 함수로, 파이썬에 포함돼 있다는 의미로 **내장 함수**라고 합니다. 그러나 파이썬에 모든 기능이 미리 만들어져 있지는 않습니다. 그래서 개발자가 파이썬으로 직접 코드를 작성해 함수를 만들 수 있습니다. 이를 **사용자 정의 함수**라고 하며, 만드는 형식은 다음과 같습니다.

```
형식    def 함수명():
            실행할 문장1
            실행할 문장2
            ...
```

가장 먼저 함수를 나타내는 def라는 키워드가 오고 한 칸 띄운 후 함수명을 적습니다. 함수명은 소문자로 작성하는데, 언더바(_)도 사용할 수 있습니다. 그리고 함수명 뒤에는 소괄호(())와 콜론(:)을 붙입니다. 다음 줄에는 함수가 어떤 동작을 하는지 작성합니다. 이 부분은 **함수 본문**이라고 합니다. 함수 본문은 함수에 속한다는 표시로 들여쓰기합니다. 들여쓰기는 4칸을 권장합니다. 이와 같은 형식으로 함수를 만드는 것을 **함수 정의**라고 합니다.

7.1.1 실습: 은행 계좌 개설하기

은행 업무를 예로 함수를 만들어 보겠습니다. 은행과 거래하려면 계좌가 필요하죠? 먼저 다음과 같이 함수를 정의합니다.

```
def open_account():
    print("새로운 계좌를 개설합니다.")
```

매우 간단하죠? 이렇게 작성하고 코드를 실행하면 어떻게 될까요? 아무것도 출력하지 않습니다. 이 코드는 함수를 만들기만 합니다. 실제로 함수가 동작하게 하려면 함수를 사용해야 합니다. 함수를 사용할 때는 함수명에 소괄호만 붙이면 됩니다. 바로 밑에 함수를 사용하는 명령문을 추가하고 실행해 보겠습니다.

```
def open_account():
    print("새로운 계좌를 개설합니다.")

open_account() # 앞에 정의한 open_account() 함수 호출
```

실행결과	— □ ×
새로운 계좌를 개설합니다.	

이번에는 함수 안에 있는 print() 함수가 실행돼 문장이 출력되는 것을 볼 수 있습니다. 이처럼 함수명으로 함수를 사용할 때 **함수를 호출한다**고 표현합니다. 그리고 함수를 호출할 때는 호출할 함수가 앞에 정의돼 있어야 합니다.

Note 함수명 짓기

함수명은 함수의 동작을 드러낼 수 있게 짓는 것이 좋습니다. 이름만 보고도 어떤 동작을 하는지 유추할 수 있도록 말이죠. 예제에서는 계좌를 개설하므로 open_account라고 지었습니다. 또한, 함수명을 지을 때는 정해진 규칙에 따라야 하는데, 기본 규칙은 **2.4.1 변수 정의하기**에 나온 **변수명 규칙**과 동일합니다.

1. 문자로 시작한다.
2. 단어가 여럿일 때는(open, account) 언더바(_)로 구분한다.
3. 일반적으로 변수는 명사, 함수는 동사를 사용한다.
   (예) 변수명: account_number → 계좌번호(명사)
        함수명: open_account() → 계좌를 개설하다(동사)

1분 퀴즈 ▨▨▨▨▨▨▨▨▨▨▨▨▨▨▨▨▨▨▨▨▨▨▨▨▨▨▨▨▨▨ 해설 노트 p.412

1. **다음 중 my_func라는 함수를 정의하는 방법으로 올바른 것은?**

① def my_func():   ② func my_func():   ③ void my_func():   ④ new my_func():

전달값과 반환값

앞에서 봤던 덧셈 상자 그림을 다시 살펴보겠습니다.

그림 7-2 덧셈 상자

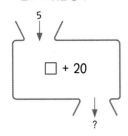

함수에는 전달값, 동작, 반환값이라는 3가지 요소가 있다고 했습니다. 그런데 형식에서도 그렇고 예로 든 open_account( ) 함수도 전달값과 반환값이 없고 동작만 정의돼 있습니다. 사실 전달값과 반환값은 함수의 구성 요소이지만, 필수 요소는 아닙니다. 그래서 전달값과 반환값이 있는 함수도 있고 없는 함수도 있습니다. 하지만 구성 요소로 넣은 이유가 있겠지요?

이번에는 전달값과 반환값을 포함하는 함수를 만들어 보겠습니다. 전달값과 반환값이 있는 함수를 만드는 형식은 다음과 같습니다.

```
형식   def 함수명(전달값1, 전달값2, ...):
           실행할 문장1
           실행할 문장2
           ...
           return 반환값
```

함수명 옆에 있는 소괄호 안에 필요한 개수만큼 **전달값**을 넣습니다. 전달값은 함수를 사용하려고 호출할 때 함수에 전달하는 값입니다. 함수 본문에서는 전달값들을 활용해 어떤 동작을 수행합니다. 동작 수행이 끝나면 끝에 있는 return 문으로 함수를 호출한 위치에 값을 반환합니다. 이때 반환하는 값이라서 **반환값**이라고 합니다. 반환값은 보통 1개지만, 여러 값을 반환해야 하는 경우에는 쉼표로 구분해 튜플 형태로 반환할 수도 있습니다. 이에 대해서는 **7.2.2 실습: 출금하기**에서 배워 보겠습니다.

7.2.1 실습: 입금하기

전달값과 반환값을 사용해 봅시다. 앞에서 은행에 계좌를 개설했으니 돈을 입금해 보겠습니다. 먼저 입금을 처리하는 함수를 만듭니다. 예금을 뜻하는 deposit이라는 이름으로 만들고 전달값을 2개 받습니다. 첫 번째 전달값은 현재 잔액을 의미하는 balance, 두 번째 전달값은 입금하려는 금액을 의미하는 money라고 하겠습니다. 함수 본문에는 동작으로 입금 완료를 안내하는 문구와 입금 후 잔액을 출력하는 내용을 작성합니다. 입금 후 잔액은 현재 잔액에 입금액을 더해 구합니다. 그리고 마지막에 입금 후 잔액 정보를 반환하는 return 문을 작성합니다.

```python
def open_account():
    print("새로운 계좌를 개설합니다.")

open_account() # open_account() 함수 호출

def deposit(balance, money): # 입금 처리 함수
    print("{0}원을 입금했습니다. 잔액은 {1}원입니다.".format(money, balance + money))
    return balance + money # 입금 후 잔액 정보 반환
```

함수를 정의했으니 함수를 호출해서 입금하는 부분을 작성하겠습니다. 현재 잔액을 담는 변수 balance를 정의하는데, 입금 내역이 없으니 초깃값은 0으로 저장합니다. 그리고 앞에 정의한 deposit() 함수를 호출합니다. 이때 현재 잔액이 담긴 balance 변수와 입금할 금액인 1000을 넣어 전달합니다. 현재 잔액은 0이므로 0과 1000, 2개의 값을 전달하는 셈이죠. deposit() 함수는 전달값을 받아 동작을 수행하고 값을 반환합니다. 이 값을 받아 다시 balance 변수에 저장합니다.

```
def open_account():
    print("새로운 계좌를 개설합니다.")

open_account() # open_account() 함수 호출

def deposit(balance, money): # 입금 처리 함수
    print("{0}원을 입금했습니다. 잔액은 {1}원입니다.".format(money, balance + money))
    return balance + money # 입금 후 잔액 반환

balance = 0 # 초기 잔액
balance = deposit(balance, 1000) # 1,000원 입금
```

그런데 함수 정의에도 balance 변수가 있고, 함수를 호출하는 부분에도 balance 변수가 있습니다. 두 변수는 이름은 같지만, 같은 변수가 아닙니다. 함수 정의에 있는 balance는 전달값(여기서는 0)을 저장하는 새로운 변수입니다. money 또한 1000이라는 값을 저장하는 새로운 변수이며, 이 둘은 함수 안에서만 사용할 수 있습니다. 이처럼 함수를 정의할 때 전달값을 받는 balance, money와 같은 변수를 **매개변수**(parameter)라고 합니다.

함수의 동작 수행이 끝나면 마지막에 return 문으로 값을 반환합니다. 이때 반환하는 값은 함수 밖에 정의한 balance 변수에 저장합니다. balance는 현재 잔액을 나타내는 변수인데, 1,000원을 입금해 잔액이 변경됐으므로 deposit() 함수의 반환값을 받아 저장하는 것입니다. 변수에 어떤 값을 저장할 때처럼 함수를 호출하고 나서 반환하는 값을 변수에 다시 저장하는 것이죠.

TIP —— 함수에서 return 문을 실행하고 나면 값을 반환함과 동시에 함수를 빠져나갑니다. 그러므로 return 문 밑에 어떤 코드가 있다면 이 부분은 실행되지 않는다는 점을 유의해 주세요. 이러한 작동 방식은 반복문을 탈출하는 break 문의 작동 방식과도 비슷합니다.

```
balance = 0 # balance 변수에 초깃값으로 0 저장
balance = deposit(balance, 1000) # balance 변수에 deposit() 함수의 반환값을 다시 저장
```

만약 함수를 호출하고 반환값을 저장하지 않으면 어떻게 될까요?

```
deposit(balance, 1000)
```

함수가 어떤 값을 반환하기는 하지만, 이 값을 받아서 저장한 곳이 없으므로 반환값을 사용할수 없습니다. 그래서 함수가 반환하는 값을 사용하려면 반드시 반환값을 저장할 변수를 명시해야 합니다.

7.2.2 실습: 출금하기

이번에는 출금을 처리하는 함수를 만들어 보겠습니다. 함수명은 출금을 뜻하는 withdraw로 짓습니다. withdraw() 함수도 입금 처리 함수처럼 전달값을 2개 받는데, 첫 번째 전달값은 현재 잔액을 의미하고, 두 번째 전달값은 출금하려는 금액을 의미합니다.

출금하려면 계좌의 잔액이 출금액과 같거나 많아야만 합니다. 따라서 함수 본문에서 현재 잔액과 출금액을 비교합니다. 잔액이 출금액과 같거나 많은 경우와 그렇지 않은 경우로 나뉘므로 두 방향으로 분기합니다. 따라서 if-else 문을 사용합니다.

if 문의 조건으로 계좌 잔액과 출금액을 비교해서 잔액이 많으면 출금 완료를 안내하는 문구와 출금 후 잔액을 출력하는 내용을 작성합니다. 출금 후 잔액은 현재 잔액에 출금액을 빼서 구합니다. 그리고 마지막에 출금 후 잔액 정보를 반환하는 return 문을 작성합니다.

조건을 만족하지 않으면, 즉 잔액이 출금액보다 적으면 else 문으로 가서 출금 실패를 안내하고 기존 잔액을 반환합니다.

```python
def open_account(): # 계좌 개설 함수
    print("새로운 계좌를 개설합니다.")


open_account() # open_account() 함수 호출


def deposit(balance, money): # 입금 처리 함수
    print("{0}원을 입금했습니다. 잔액은 {1}원입니다.".format(money, balance + money))
    return balance + money # 입금 후 잔액 반환


def withdraw(balance, money): # 출금 처리 함수
    if balance >= money: # 잔액이 출금액보다 많으면
        print("{0}원을 출금했습니다. 잔액은 {1}원입니다.".format(money, balance - money))
        return balance - money # 출금 후 잔액 반환
    else:
        print("잔액이 부족합니다. 잔액은 {0}원입니다.".format(balance))
```

```
        return balance # 기존 잔액 반환

balance = 0 # 초기 잔액
balance = deposit(balance, 1000) # 1,000원 입금

# 출금
balance = withdraw(balance, 2000) # 2,000원 출금 시도
balance = withdraw(balance, 500) # 500원 출금 시도
```

실행결과　　　　　　　　　　　　　　　　　　　　　　　　　　　　　　　─　□　✕

```
새로운 계좌를 개설합니다.
1000원을 입금했습니다. 잔액은 1000원입니다.
잔액이 부족합니다. 잔액은 1000원입니다.
500원을 출금했습니다. 잔액은 500원입니다.
```

예제에서는 출금을 2번 시도합니다. 처음 출금을 시도할 때는 2,000원을 전달값으로 넘깁니다. deposit() 함수를 호출한 후이므로 현재 잔액이 1,000원입니다. 잔액이 출금하려는 금액보다 적으므로 출금하는 데 실패합니다. 두 번째 출금 시도에서는 출금액을 500원으로 전달합니다. 이때는 잔액이 더 많아서 정상적으로 출금되고 출금 후 잔액도 반환됩니다.

7.2.3 실습: 수수료 부과하기

이번에는 은행의 업무 시간이 아닐 때 출금해 보겠습니다. 보통 업무 시간 외에 출금하면 수수료를 지불하니 수수료를 100원이라고 정합니다. 코드를 간단하게 짜기 위해 함수 안에서 금액을 비교하는 부분을 제외하고, 항상 잔액보다는 적은 금액을 출금한다고 하겠습니다. 그리고 출금 후 잔액뿐 아니라 수수료도 얼마인지 확인할 수 있게 잔액과 수수료를 함께 반환합니다.

```
def open_account(): # 계좌 개설 함수
    print("새로운 계좌를 개설합니다.")

open_account() # open_account() 함수 호출

def deposit(balance, money): # 입금 처리 함수
    print("{0}원을 입금했습니다. 잔액은 {1}원입니다.".format(money, balance + money))
    return balance + money # 입금 후 잔액 반환
```

```
def withdraw_night(balance, money): # 업무 시간 외 출금
    commission = 100 # 출금 수수료 100원
    print("업무 시간 외에 {}원을 출금했습니다.".format(money))
    return commission, balance - money - commission

balance = 0 # 초기 잔액
balance = deposit(balance, 1000) # 1,000원 입금

# 업무 시간 외 출금 시도
commission, balance = withdraw_night(balance, 500)
print("수수료 {0}원이며, 잔액은 {1}원입니다.".format(commission, balance))
```

실행결과   — □ ×

새로운 계좌를 개설합니다.
1000원을 입금했습니다. 잔액은 1000원입니다.
업무 시간 외에 500원을 출금했습니다.
수수료 100원이며, 잔액은 400원입니다.

1,000원을 입금한 상태에서 500원을 출금하니 업무 시간 외 수수료 100원을 제외한 400원이 잔액으로 표시됩니다. 이때 return 문을 보면 수수료(commission)와 기존 잔액에서 출금액과 수수료를 뺀 금액(balance - money - commission)을 쉼표로 구분해 함께 반환합니다.

이런 형태가 바로 5장에서 배운 튜플입니다. 쉼표로 구분해 값을 여러 개 적으면 함수를 호출하는 쪽에서도 한 번에 여러 값을 변수에 저장할 수 있습니다. 코드를 보면 commission과 balance 변수에 각각 수수료와 출금 후 잔액 정보를 저장합니다.

```
# 튜플 형태로 반환한 값 2개를 각각 변수에 저장
commission, balance = withdraw_night(balance, 500)
```

5.3 튜플에서 다뤘던 예제는 다음과 같습니다. 소괄호를 제외하면 비슷하게 생겼죠?

```
(name, age, hobby) = ("피글렛", 20, "코딩") # 변수명에 소괄호가 없어도 실행결과는 동일
print(name, age, hobby)
```

수수료 예제처럼 이 예제에서도 변수명에 소괄호가 있거나 없거나 실행결과는 동일합니다.

```python
name, age, hobby = ("피글렛", 20, "코딩") # 변수명에 소괄호가 없어도 실행결과는 동일
print(name, age, hobby)
```

또한, 값에도 소괄호가 없어도 됩니다.

```python
name, age, hobby = "피글렛", 20, "코딩" # 값에 소괄호가 없어도 실행결과는 동일
print(name, age, hobby)
```

Note 들여쓰기와 띄어쓰기

코딩할 때 중요한 것 중 하나가 바로 **가독성**입니다. 말 그대로 읽기 쉽도록 코드를 작성하는 것이죠. 탭, 스페이스 등으로 들여쓰기나 띄어쓰기를 불규칙적으로 뒤죽박죽 쓰면 코드를 볼 때 굉장히 읽기 어렵고 피곤합니다. 그래서 다른 사람과 함께 작업할 때 또는 지금 작성하는 코드를 미래의 자신이 알아보기 쉽게 들여쓰기, 띄어쓰기 등 코드를 작성하는 방식을 통일하도록 파이썬을 사용하는 사람들끼리 일종의 약속으로 정했습니다. 이를 **파이썬 코드 스타일 가이드**(style guide)라고 합니다.

print() 함수 안에서 문자열과 변수를 +로 묶어서 출력할 때 +와 변수 사이를 붙이거나 한 칸씩 띄어 쓰거나 결과는 동일합니다. 또한, 함수를 호출하며 쉼표로 값을 구분할 때도 쉼표와 값 사이를 띄우거나 붙이거나 동작은 같습니다. 하지만 예제 코드에서 작성한 대로 띄어 쓰기를 추천합니다. 코드 스타일 가이드에 관해서는 자세히 다루지 않지만, 더 공부하고 싶으면 **PEP 8**(https://peps.python.org/pep−0008)에서 관련 자료를 살펴볼 수 있습니다.

해설 노트 p.412

2. 다음 중 올바르게 설명한 사람을 <u>모두</u> 고른 것은?

> **보기** 수연: 함수에는 전달값을 넣지 않아도 돼.
>
> 승민: 함수에는 전달값을 마음껏 넣을 수 있어.
>
> 지안: 전달값은 함수 밖에서도 얼마든지 사용할 수 있어.

① 수연, 승민   ② 승민, 지안   ③ 수연, 지안   ④ 수연, 승민, 지안

3. 다음 조건에 해당하는 함수를 구현한 코드로 알맞은 것은?

> **조건** A. 함수명은 add로 한다.
>
> B. 수 2개를 num1, num2라는 이름으로 전달받는다.
>
> C. num1과 num2를 서로 더한 값을 반환한다.

①
```
def add():
    return num1 + num2
```

②
```
def add():
    throw num1 + num2
```

③
```
def add(num1, num2):
    return num1 + num2
```

④
```
def add(num1, num2):
    throw num1 + num2
```

7.3

함수 호출하기

7.3.1 기본값 사용하기

경주에는 아주 유명한 순두부찌개 식당이 있습니다. 사람들이 번호표를 받고 줄을 서서 먹는 곳인데, 차례가 돼서 자리를 배정받은 후 "2개요."라고만 하면 순두부찌개 2인분이 나옵니다. '순두부찌개 2개'도 아니고 그냥 '2개'라고만 했는데 순두부찌개 2인분이 나오죠. 그렇다고 이 식당에 메뉴가 순두부찌개만 있는 것도 아닙니다. 하지만 대부분 가장 유명한 메뉴인 순두부찌개를 주문하다 보니 따로 메뉴를 얘기하지 않으면 주문받는 사람은 당연히 순두부찌개를 주문한다고 생각하는 것이죠.

함수에도 비슷한 개념이 있습니다. '굳이 무엇이다'라고 말하지 않아도 '당연히 그 값이겠거니' 하는 개념입니다.

새로운 함수를 하나 만들어 보겠습니다. 어떤 사람에 대한 기본 프로필 정보를 간략하게 출력하는 함수입니다. 함수명은 profile로 하고 이름, 나이, 잘 사용하는 프로그래밍 언어를 전달값으로 받습니다. 함수 안에서는 전달받은 값을 정해진 형태로 출력하는데, 전달값 사이를 탈출 문자인 \t로 구분해 간격을 주겠습니다.

```python
def profile(name, age, main_lang):
    print("이름 : {0}\t나이 : {1}\t주 사용 언어 : {2}".format(name, age, main_lang))

profile("찰리", 20, "파이썬")
profile("루시", 25, "자바")
```

```
실행결과                                              —  □  ×
이름 : 찰리    나이 : 20      주 사용 언어 : 파이썬
이름 : 루시    나이 : 25      주 사용 언어 : 자바
```

찰리와 루시는 서로 나이도 다르고 주 사용 언어도 다릅니다. 그런데 둘의 나이가 같고 현재 같은 대학교를 다니며 같은 수업을 듣고 있다면 어떨까요? 모두 20세이며 프로그래밍 언어는 함께 수업을 듣는 파이썬 하나만 다룰 줄 안다면요? 그러면 전달값 3개 중에서 나이와 주 사용 언어는 생략할 수 있지 않을까요?

profile( ) 함수를 다시 정의해 보겠습니다. 이번에는 전달값 부분이 어떻게 바뀌는지 잘 봐주세요.

```python
def profile(name, age=20, main_lang="파이썬"):
    print("이름 : {0}\t나이 : {1}\t주 사용 언어 : {2}".format(name, age, main_lang))

profile("찰리")
profile("루시")
```

```
실행결과                                              —  □  ×
이름 : 찰리    나이 : 20      주 사용 언어 : 파이썬
이름 : 루시    나이 : 20      주 사용 언어 : 파이썬
```

profile( ) 함수를 호출할 때 이름 정보만 넘기는데, '나이 : 20'과 '주 사용 언어 : 파이썬'까지 출력합니다. 이는 함수 전달값 부분에 있는 age=20, main_lang="파이썬" 때문입니다. 이런 방식으로 함수를 호출할 때 사용할 값을 직접 정의할 수 있습니다. 이를 **기본값**이라고 하며, 함수에서 매개변수에 미리 지정해 둔 값입니다. 기본값이 있으면 전달값을 일일이 적지 않아도 기본값을 그대로 사용하므로 더 간편하게 함수를 호출할 수 있습니다. 물론 기본값이 있다고 해도 다음과 같이 호출할 때 전달값을 포함하면 기존 profile( ) 함수처럼 전달값을 대입해 사용할 수 있습니다.

```python
def profile(name, age=20, main_lang="파이썬"):
    print("이름 : {0}\t나이 : {1}\t주 사용 언어 : {2}".format(name, age, main_lang))
```

```
profile("찰리") # age, main_lang은 기본값 사용
profile("찰리", 22) # main_lang은 기본값 사용
profile("찰리", 24, "자바") # 기본값을 사용하지 않음
```

이름 : 찰리	나이 : 20	주 사용 언어 : 파이썬
이름 : 찰리	나이 : 22	주 사용 언어 : 파이썬
이름 : 찰리	나이 : 24	주 사용 언어 : 자바

Note **전달값 작성 순서**

함수를 정의할 때 일반 전달값과 기본값이 있는 전달값을 함께 사용하는 경우에는 반드시 일반 전달값을 먼저 적어야 합니다.

```
# 마트에서 2가지 상품을 구매하는 경우
def buy(item1, item2="음료수"): # 올바른 함수 정의: 일반 전달값을 먼저 작성
    print(item1, item2)

buy("빵") # item1=빵, item2=음료수
```

```
빵 음료수
```

그러지 않고 기본값이 있는 전달값을 먼저 적고 나서 일반 전달값을 적으면 다음과 같이 오류가 발생합니다.

```
# 마트에서 2가지 상품을 구매하는 경우
def buy(item1="음료수", item2): # 잘못된 함수 정의: 기본값이 있는 전달값을 먼저 작성
    print(item1, item2)

buy("빵") # item1=빵? item2=빵?
```

```
SyntaxError: non-default argument follows default argument
```

7.3.2 키워드 인자 사용하기

앞에서 만든 profile() 함수를 다음과 같이 변경해 봅시다. 편의상 출력문은 간단하게 바꿨습니다.

```
def profile(name, age, main_lang): # 키워드 인자 : name, age, main_lang
    print(name, age, main_lang)

profile(name="찰리", main_lang="파이썬", age=20)
profile(main_lang="자바", age=25, name="루시")
```

실행결과	−	□	×
찰리 20 파이썬			
루시 25 자바			

profile() 함수를 호출하는 부분을 보면 달라진 것이 보이죠? 함수에는 이름, 나이, 주 사용 언어를 의미하는 전달값 3개가 순서대로 정의돼 있는데, 호출하는 곳에서는 순서가 뒤죽박죽입니다.

또한, 함수를 호출할 때 name="찰리", main_lang="파이썬", age=20처럼 어디에 어떤 값을 전달할지 정해 줬습니다. 이처럼 함수를 호출할 때 전달값뿐만 아니라 어디에 전달할지 명시적으로 지정하는 것을 **키워드 인자**(keyword argument)라고 합니다. 키워드 인자는 보통 어떤 함수에 전달값이 많고 기본값이 잘 정의돼 있을 때 대부분 기본값을 그대로 사용하면서 필요한 부분만 콕 집어서 값을 전달하려는 경우에 유용합니다. 무엇보다 순서에 구애받지 않으므로 함수에서 사용 가능한 키워드 인자만 알고 있으면 사용할 수 있다는 장점이 있습니다.

일반 전달값과 키워드 인자를 함께 사용해 함수를 호출할 때는 반드시 일반 전달값을 순서대로 먼저 적고 나서 키워드 인자를 적어야 합니다. 또한, 키워드 인자에 오타가 있으면 오류가 발생할 수 있으니 주의해 주세요.

```
def profile(name, age, main_lang): # 키워드 인자 : name, age, main_lang
    print(name, age, main_lang)

profile("찰리", age=20, main_lang="파이썬") # 올바른 함수 호출: 일반 전달값을 먼저 작성
profile(name="루시", 25, "파이썬") # 잘못된 함수 호출: 키워드 인자를 먼저 작성
```

> **Note** **위치 인자**
>
> 함수를 호출할 때 함수에서 정의된 순서대로 입력하는 전달값을 **위치 인자**(positional argument)라고 합니
> 다. 이 책에서는 키워드 인자와 구분하기 위해 쉬운 표현인 **일반 전달값**으로 표기했습니다.
>
> ```python
> def profile(name, age, main_lang):
>     print(name, age, main_lang)
>
> profile("찰리", 20, "파이썬") # 위치 인자: "찰리", 20, "파이썬"
> ```

7.3.3 가변 인자 사용하기

찰리와 루시가 2학년이 되면서 더 많은 프로그래밍 언어를 공부했다고 합시다. 다음처럼 찰리
는 프로그래밍 언어를 무려 5개나, 루시는 2개를 공부했습니다.

- 찰리 : 파이썬, 자바, C, C++, C#
- 루시 : 코틀린, 스위프트

출력할 내용이 많아졌으니 profile() 함수를 바꿔야 합니다. 프로그래밍 언어를 최대 5개까지
전달받을 수 있다고 가정하고 매개변수 lang1~lang5로 전달값을 받도록 정의합니다. 그리고
print() 문으로 전달값을 출력합니다. 전달값이 많으니 print() 문을 2개로 나눠서 처음에는
이름과 나이만 출력하고 다음에는 프로그래밍 언어를 출력합니다.

```python
def profile(name, age, lang1, lang2, lang3, lang4, lang5):
    print("이름 : {0}\t나이 : {1}\t".format(name, age))
    print(lang1, lang2, lang3, lang4, lang5)
```

이제 함수를 호출해 봅시다. 언어를 최대 5개까지 표시할 수 있으니 찰리는 언어 5개를 명시하면

됩니다. 그런데 루시는 언어가 2개뿐입니다. 그래서 나머지 부분은 다음처럼 빈 값으로 채웁니다.

```
profile("찰리", 20, "파이썬", "자바", "C", "C++", "C#")
profile("루시", 25, "코틀린", "스위프트", "", "", "")
```

```
이름 : 찰리     나이 : 20
파이썬 자바 C C++ C#
이름 : 루시     나이 : 25
코틀린 스위프트
```

결과를 2줄로 나눠서 출력하니 내용을 파악하기가 불편합니다. 실행결과를 한 줄로 출력하고 싶은데, 이럴 때 사용할 수 있는 end라는 매개변수가 있습니다. 함수를 호출할 때 기본값을 가지는 매개변수가 있었죠. end가 그렇습니다. print() 함수 정의를 보면 end 매개변수의 기본값이 "\n"으로 설정되어 있습니다. 그래서 print() 함수는 문장을 수행한 후에 기본으로 줄 바꿈을 합니다.

TIP — print() 함수에서 사용할 수 있는 다양한 기능은 **8.2 표준 출력시 유용한 기능**에서 자세하게 다룹니다.

> **형식** print(출력할 내용, sep=" ", end="\n", file=None, flush=False)

그래서 print() 함수를 호출할 때 키워드 인자 방식으로 end에 다른 값을 넣으면 이를 줄 바꿈 대신 사용하게 됩니다.

예를 들어, print() 함수에 end=" "를 넣어 주면 줄 바꿈 대신 한 칸 띄어 쓴 후 이어서 다음 print() 함수의 실행결과를 출력합니다. end의 값을 빈칸이 아닌 !나 ,로 변경하면 변경한 값을 문장의 마지막에 사용하고 다음 문장을 이어서 출력합니다.

```
def profile(name, age, lang1, lang2, lang3, lang4, lang5):
    # 줄 바꿈 대신 띄어쓰기
    print("이름 : {0}\t나이 : {1}\t".format(name, age), end=" ")
    print(lang1, lang2, lang3, lang4, lang5)

profile("찰리", 20, "파이썬", "자바", "C", "C++", "C#")
profile("루시", 25, "코틀린", "스위프트", "", "", "")
```

이제 사람마다 정보를 한 줄로 출력합니다. 그런데 출력할 사람이 훨씬 더 많아지면 어떻게 될까요? 함수에는 최대 5개 언어를 전달값으로 받도록 정의되어 있습니다. 사람마다 다룰 줄 아는 언어 수가 다르므로 만약 5개 미만 언어를 다룬다면 나머지는 모두 빈 값으로 채워야 하는 번거로운 작업이 필요합니다. 하지만 더 큰 문제가 있습니다. 찰리가 너무 재미있다고 프로그래밍 언어를 하나 더 공부하면 어떻게 될까요? 이미 lang1부터 lang5까지 전달값 5개를 채웠는데 하나를 더 추가하려면 lang6을 넣어 함수 자체를 변경해야 합니다. 또한, 함수를 호출하는 모든 곳에서 lang6을 빈 값으로 채워야겠죠.

가변 인자(variable argument)를 사용하면 둘 다 간단하게 해결할 수 있습니다. 가변 인자는 개수가 변할 수 있는 인자를 의미합니다. 함수에서 전달값 앞에 *를 추가하면 가변 인자가 됩니다. 가변 인자는 전달값이 몇 개가 들어오든 묶어서 튜플로 인식합니다.

> **형식**
> ```
> def 함수명(전달값1, 전달값2, ..., *가변 인자):
>     실행할 문장1
>     실행할 문장2
>     ...
>     return 반환값
> ```

가변 인자를 적용해 profile() 함수를 다시 작성해 봅시다. 프로그래밍 언어를 language로 받고 앞에 *를 넣어 가변 인자로 정의합니다. 그리고 전달값을 출력할 때 가변 인자로 받은 전달값을 정말 튜플로 인식하는지 확인할 수 있게 type()을 사용해 보겠습니다.

```python
def profile(name, age, *language):
    print("이름 : {0}\t나이 : {1}\t".format(name, age), end=" ")
    print(language, type(language))

# 자바스크립트 추가
profile("찰리", 20, "파이썬", "자바", "C", "C++", "C#", "자바스크립트")
profile("루시", 25, "코틀린", "스위프트")
```

이름 : 찰리 나이 : 20	('파이썬', '자바', 'C', 'C++', 'C#', '자바스크립트') <class 'tuple'>	
이름 : 루시 나이 : 25	('코틀린', '스위프트') <class 'tuple'>	

실행결과를 보면 전달한 값을 제대로 출력합니다. 또한, language의 값도 튜플임을 확인할 수 있습니다. 이처럼 가변 인자를 사용하면, 함수는 매개변수로 전달값을 순서대로 받고 남은 전달값이 몇 개든지 상관없이 묶어서 튜플로 처리합니다. 그래서 호출할 때마다 전달값의 개수가 달라져도 문제없습니다.

여기서 한 가지 코드를 수정하겠습니다. 다룰 수 있는 프로그래밍 언어를 튜플 형태가 아닌 기존처럼 하나씩 출력하게 합시다. 값이 튜플이므로 for 문을 사용하면 가변 인자로 전달받은 값들을 하나씩 사용할 수 있습니다. 그리고 언어를 줄 바꿈 없이 한 줄에 표시하기 위해 이번에도 end=" "를 추가합니다. 모든 언어 정보를 출력하고 나면 다음 호출 결과를 출력할 때 줄 바꿈하도록 아무 내용이 없는 print()도 작성합니다.

```python
def profile(name, age, *language):
    print("이름 : {0}\t나이 : {1}\t".format(name, age), end=" ")
    # print(language, type(language))
    for lang in language:
        print(lang, end=" ") # 언어를 모두 한 줄에 표시
    print() # 줄 바꿈 목적

profile("찰리", 20, "파이썬", "자바", "C", "C++", "C#", "자바스크립트")
profile("루시", 25, "코틀린", "스위프트")
```

이름 : 찰리	나이 : 20	파이썬 자바 C C++ C# 자바스크립트
이름 : 루시	나이 : 25	코틀린 스위프트

이제 가변 인자 덕분에 추가한 자바스크립트를 포함해 찰리가 다룰 수 있는 총 6개 프로그래밍 언어 정보를 전달할 수 있습니다. 또한, 루시가 다룰 수 있는 2개 언어를 전달하면서 뒤에 불필요한 빈 값을 적지 않아도 됩니다. 이처럼 서로 다른 개수의 값을 함수에 전달해야 할 때 가변 인자를 활용하면 편리합니다.

함수 안에서 다른 함수를 호출할 수도 있습니다. 다음 코드에서는 아메리카노를 만들기 위해 americano()
함수 안에서 또 다른 함수인 add()를 호출합니다.

```python
def add(item):
    print(item, "붓기")


def americano():
    add("뜨거운 물")
    add("에스프레소")


print("아메리카노 만드는 법")
americano()
```

실행결과	−	□	×
아메리카노 만드는 법 뜨거운 물 붓기 에스프레소 붓기			

1분 퀴즈 해설 노트 p.412

4. my_func라는 함수를 호출하는 방법으로 올바른 것은?

① my_func　　　② my_func()　　　③ call my_func()　　　④ run my_func()

5. 다음 함수에 대한 설명으로 잘못된 것은?

```python
def order(shipping="선불"):
    print(f"주문이 완료됐습니다. 배송료는 {shipping}입니다")
```

① 전달값은 1개다.

② 함수를 호출할 때 전달값은 따로 명시하지 않아도 된다.

③ 함수 호출을 order( )로 할 경우 shipping은 "선불"이 된다.

④ 기본값은 참고용이므로 함수 호출 시 전달값을 생략할 수 없다.

6. 보기에서 설명하는 기호로 알맞은 것은?

> **보기** 함수의 전달값이 몇 개인지 모를 때 가변 인자로 사용하기 위해 전달값 앞에 붙인다.

① \$ ② &   ③ ?   ④ ★

7.4

변수의 범위: 지역변수와 전역변수

영화관에서는 실감나게 3D 영화를 볼 수 있도록 관객들에게 3D 안경을 대여해 줍니다. 영화가 끝나면 출구 앞에서 직원이 대기하고 있다가 3D 안경을 회수한 후 수량을 파악하고 이를 소독하는데요. 만약 이 과정에서 분실된 3D 안경이 있다면 다음 영화를 볼 관객 중 일부는 3D 안경을 사용하지 못하는 불편을 겪을 수도 있겠죠.

어느 작은 영화관의 3D 안경 보관함에 3D 안경이 10개 있고 관객 2명에게 대여했을 때 남은 안경이 몇 개인지 구하는 프로그램을 만들어 보겠습니다. 다음 코드를 실행했을 때 남은 안경은 몇 개가 될까요?

```python
glasses = 10 # 전체 3D 안경 개수: 10개

def rent(people): # 3D 안경을 대여한 관객 수
    glasses = glasses - people # 잔여 3D 안경 개수 = 전체 개수 - 대여한 개수
    print("[함수 내부] 남은 3D 안경 개수: {0}".format(glasses))

print("전체 3D 안경 개수: {0}".format(glasses))
rent(2) # 3D 안경을 대여한 관객이 2명일 때
print("남은 3D 안경 개수: {0}".format(glasses))
```

정답은 '오류가 발생한다'입니다. 결과창에 'UnboundLocalError: local variable 'glasses' referenced before assignment'라는 오류 메시지가 뜹니다. 이는 'glasses라는 변수가 아직 할당되지 않았는데 사용됐다'는 뜻입니다. 분명 코드 앞부분에 10이라는 값으로 glasses 변수를 정의했는데 왜 이런 메시지가 나왔을까요?

그 이유는 함수를 사용할 때 꼭 알아야 하는 개념인 지역변수와 전역변수 때문입니다. **지역변수**(local variable)는 함수 안(지역)에서만 사용할 수 있는 변수로, 매개변수를 포함해 함수 안에서 새롭게 정의하는 변수는 모두 해당합니다. 이와 반대로 **전역변수**(global variable)는 모든 곳(전역)에서 사용할 수 있는 변수입니다. 개념에서 보듯이 두 변수는 사용할 수 있는 범위가 다릅니다.

7.2.1 실습: 입금하기에서 함수를 정의하고 호출할 때 이름이 같은 balance 변수를 사용했습니다. 하지만 두 변수는 같은 변수가 아니라고 했습니다. 함수에 정의한 balance 변수는 전달값을 받는 매개변수이고, 함수 안에서만 사용할 수 있습니다. 따라서 지역변수입니다.

매개변수 balance와 마찬가지로 rent() 함수 안에서 사용하는 glasses 변수도 함수 외부에 정의한 glasses와는 아무 상관없는, rent() 함수 안에서 새로 만들어진 지역변수입니다. 그런데 값을 넣어 정의하기 전에 glasses - people이라는 연산을 하려 해서 오류가 발생한 것입니다.

지역변수임을 확인하기 위해 rent() 함수 안에 값 20을 넣어 glasses 변수를 정의하고 다시 실행해 보겠습니다.

```python
glasses = 10

def rent(people):
    glasses = 20 # 변수 정의 추가
    glasses = glasses - people
    print("[함수 내부] 남은 3D 안경 개수: {0}".format(glasses))

print("전체 3D 안경 개수: {0}".format(glasses))
rent(2)
print("남은 3D 안경 개수: {0}".format(glasses))
```

실행결과   — □ ×

```
전체 3D 안경 개수: 10
[함수 내부] 남은 3D 안경 개수: 18
남은 3D 안경 개수: 10
```

이번에는 오류가 나지 않습니다. 함수 안에서는 glasses 변수에 20을 넣은 뒤 안경 대여 관객 수인 2를 빼서 18로 줄어들었습니다. 다만, 전체 안경 개수와 남은 안경 개수는 10으로 변함이 없네요. 이는 함수 안에서 정의한 glasses 변수가 지역변수라서 그렇습니다. 전역 공간에 만

들어진 glasses 변수와 이름은 같지만, 서로 다른 변수인 셈이죠. 그래서 전역변수인 glasses
의 값에는 아무런 영향을 미치지 않았습니다.

이 문제의 해결책은 global이라는 키워드입니다. global을 변수 앞에 붙이면 전역변수를 함수
안에서 사용하겠다는 의미입니다. 그래서 함수 안에 global glasses라고 작성하면 전역 공간
에 정의한 변수를 함수 안에서 그대로 사용할 수 있고 값도 변경할 수 있습니다.

```python
glasses = 10

def rent(people):
    global glasses # 전역 공간에 있는 glasses 변수를 함수 안에서 사용하겠다는 표시
    glasses = glasses - people
    print("[함수 내부] 남은 3D 안경 개수: {0}".format(glasses))

print("전체 3D 안경 개수: {0}".format(glasses))
rent(2)
print("남은 3D 안경 개수: {0}".format(glasses))
```

실행결과   — □ ×

```
전체 3D 안경 개수: 10
[함수 내부] 남은 3D 안경 개수: 8
남은 3D 안경 개수: 8
```

드디어 보관함에 남은 안경 개수를 제대로 출력합니다. 그런데 함수 안에 전역변수를 자주 사용
하면 코드 관리가 복잡해집니다. 꼭 필요한 경우가 아니라면 되도록 사용하지 않기를 권합니다.

앞의 코드를 전달값과 반환값을 활용해 전역변수가 없는 버전으로 만들어 보겠습니다. 반환 의
미를 담아 rent_return()이라는 새로운 함수로 정의합니다.

```python
glasses = 10

def rent_return(glasses, people): # 전체 3D 안경 수와 대여 관객 수를 전달받음
    glasses = glasses - people # 전달값을 담은 glasses 사용
    print("[함수 내부] 남은 3D 안경 개수: {0}".format(glasses))
    return glasses
```

```
print("전체 3D 안경 개수: {0}".format(glasses))
glasses = rent_return(glasses, 2) # 함수 안에서 수정된 glasses 값을 반환받음
print("남은 3D 안경 개수: {0}".format(glasses))
```

실행결과   − □ ×

전체 3D 안경 개수: 10
[함수 내부] 남은 3D 안경 개수: 8
남은 3D 안경 개수: 8

함수를 정의할 때 전달값을 잘 이용하면 함수 외부 상황은 몰라도 함수 기능에 충실하면서도 간결하게 작성할 수 있습니다. 그리고 잘 만든 함수는 언젠가 다른 프로그램에서 같은 기능이 필요할 때 그대로 활용할 수 있습니다. 이것이 함수를 사용하는 이유이기도 합니다.

1분 퀴즈

해설 노트 p.412

7. 다음 중 지역변수에 대한 설명으로 잘못된 것은?

① 함수 내에 정의된 변수는 지역변수다.

② 지역변수는 외부에서 접근할 수 없다.

③ 함수가 호출된 후에는 호출된 함수 안에 정의한 지역변수도 외부에서 접근할 수 있다.

④ 서로 다른 함수에서 같은 이름의 지역변수를 정의할 수 있으며, 이때 두 변수는 서로 관련이 없다.

8. 다음 코드의 실행결과로 올바른 것은?

```
x = 3
def add():
    x = 6
    x += 3
add()
print(x)
```

① 3   ② 6   ③ 9   ④ 오류 발생

7.5

실습 문제: 표준 체중 구하기

— 해설 노트 p.412

문제를 풀며 지금까지 배운 내용을 복습해 보겠습니다. 먼저 문제를 직접 풀고 나서 해설을 확인해 주세요.

문제 표준 체중을 구하는 프로그램을 작성하세요.

- **표준 체중**: 키에 따른 평균 체중

- **성별에 따른 표준 체중 공식**

  남자: 키(m) × 키(m) × 22

  여자: 키(m) × 키(m) × 21

조건

1. 표준 체중은 별도 함수로 계산한다. 단, 키는 미터(m) 단위로 받는다.

   함수명: std_weight

   전달값: 키(height), 성별(gender)

2. 실행결과에서 표준 체중은 소수점 이하 둘째 자리까지 표시한다.

실행결과	– ロ ×
키 175cm 남자의 표준 체중은 67.38kg입니다.	

실습 문제를 완성하고 나면 함수는 대부분 이해했다고 할 수 있습니다. 함수는 매우 중요한 개념이니 혼자서 완성하지 못했다면 해설을 본 후 내용을 이해하고, 이해한 내용을 바탕으로 처음부터 다시 코드를 작성해 보세요. 완성할 때까지 연습하다 보면 실력이 크게 향상될 겁니다.

단, 코드를 절대 외우려고 하면 안 됩니다. 해설 코드와 일부 다르게 작성한다고 해도 결과가 제대로 나온다면 아무 상관없습니다. 스스로 이해한 내용을 코드로 표현한다는 것이 무엇보다 중요하니까요.

마무리

1. 함수

① 입력값에 따라 출력값이 달라지는 어떤 동작을 수행하는 것을 함수라고 합니다.

② 파이썬에는 다양한 기능의 함수가 제공됩니다. 하지만 모든 기능이 만들어져 있지는 않아서 개발자가 직접 코드를 작성해 필요한 함수를 만들 수 있는데, 이를 사용자 정의 함수라고 합니다.

> **형식**
> ```
> def 함수명():
>     실행할 문장1
>     실행할 문장2
>     ...
> ```

2. 전달값과 반환값

① 함수에는 전달값, 동작, 반환값이라는 3가지 요소가 있습니다.

② 전달값은 함수를 호출할 때 전달하는 값이며 함수명 뒤의 소괄호 속에 정의합니다. 함수 본문에서는 전달값들을 활용해 동작을 수행합니다. 반환값은 함수의 동작이 끝난 뒤 반환하는 값으로, return과 함께 정의합니다.

> **형식**
> ```
> def 함수명(전달값1, 전달값2, ...):
>     실행할 문장1
>     실행할 문장2
>     ...
>     return 반환값
> ```

3. 기본값

함수에서 매개변수에 미리 지정해 둔 값을 기본값이라 하며 기본값이 있으면 전달값을 일일이 적지 않아도 됩니다.

4. 키워드 인자

① 함수를 호출할 때 어떤 매개변수에 값을 전달할지 명시적으로 지정하는 것을 키워드 인자라고 합니다.

② 어떤 함수가 다양한 매개변수를 제공하는데 모두 기본값을 가지는 경우, 대부분 기본값을 쓰고 일부 매개변수만 값을 지정하고자 할 때 유용합니다.

5. 가변 인자

① 함수에서 전달값을 받을 때 개수가 달라지는 경우에 전달값 앞에 *를 추가한 가변 인자를 사용할 수 있습니다.

② 가변 인자는 전달값이 몇 개가 들어오든 묶어서 튜플로 인식합니다.

6. 지역변수와 전역변수

지역변수는 함수 안에서만 사용할 수 있는 변수이고, 전역변수는 모든 곳에서 사용할 수 있는 변수입니다.

셀프체크

문제 미세먼지 수치를 입력받아 대기질 상태를 출력하는 함수를 만들어 보세요.

조건

1. get_air_quality라는 이름으로 함수를 만든다.

2. 이 함수는 전달값으로 미세먼지 수치를 입력받는다.

3. 이 함수는 대기질 상태를 반환한다.

4. 미세먼지 수치에 따른 대기질 상태는 다음과 같다.

   - 좋음: 0~30

   - 보통: 31~80

   - 나쁨: 81~150

   - 매우 나쁨: 151 이상

5. 함수에 전달되는 전달값은 항상 0 이상의 값이라고 가정한다.

```python
# 테스트 코드
print(get_air_quality(15)) # 좋음
print(get_air_quality(85)) # 나쁨
```

실행결과

```
# 미세먼지 수치가 15일 때
좋음

# 미세먼지 수치가 85일 때
나쁨
```

8장

입출력

앞에서 사용자가 키보드로 입력하는 값을 받기 위한 input( ) 함수와 화면에 내용을 출력하기 위한 print( ) 함수를 사용해 봤습니다. 이를 **표준 입출력**(standard input/output)이라고 하는데, 파이썬에서는 표준 입출력 외에도 파일로부터 내용을 읽어 와서 프로그램에서 사용하거나 프로그램 안에서 어떤 내용을 직접 파일에 쓰는 **파일 입출력**(file input/output)도 가능합니다. 이 장에서는 이런 입출력 방식을 자세히 살펴보겠습니다.

8.1

표준 입력받기: input()

입력은 프로그램에 값을 넣는 것을 의미합니다. 프로그램은 값을 입력받아 연산하는 데 사용하죠. 그중에서 표준 입력은 표준 입력 장치인 **키보드로 값을 입력받는 것**을 뜻합니다. 파이썬에서는 input() 함수로 표준 입력을 받을 수 있는데, input() 함수는 **6.1.4 input()으로 값 입력받아 비교하기**에서 이미 배운 적이 있습니다.

앞에서 여러 번 사용했으니 바로 예제를 살펴보죠. 다음과 같이 코드를 작성하고 실행합니다.

```
answer = input("아무 값이나 입력하세요 : ")
print("입력한 값은 " + answer + "입니다.")
```

실행결과	— □ ×
아무 값이나 입력하세요 :	

한 줄만 출력하고 콜론 옆에서 커서가 깜빡입니다. 이는 사용자의 입력을 기다린다는 표시입니다. 터미널에서 키보드로 어떤 값을 입력하고 Enter를 누르면 answer 변수에 입력한 값이 저장되고 print() 문이 실행됩니다.

2번 실행해서 각각 다른 형태로 값을 입력해 보세요.

실행결과	— □ ×
# 10을 입력했을 때 아무 값이나 입력하세요 : **10** 입력한 값은 10입니다. #나도코딩을 입력했을 때 아무 값이나 입력하세요 : **나도코딩** 입력한 값은 나도코딩입니다.	

두 경우 모두 입력한 대로 잘 출력합니다. 여기서 중요한 점이 있습니다. print( ) 문을 보면 분명 + 연산자로 문자열과 입력값을 연결해 출력합니다. 지금까지 문자열과 문자열이 아닌 숫자를 출력하려면 str( )로 감싸야 했는데 말이죠. str( )로 감싸지 않았는데 숫자 10을 입력해도 제대로 출력합니다. 왜 그럴까요?

코드를 추가해 입력값의 형태를 확인해 보겠습니다. 이번에도 2번 실행합니다.

```python
answer = input("아무 값이나 입력하세요 : ")
print("입력한 값은 " + answer + "입니다.")
print(type(answer))
```

실행결과 — □ ✕

```
# 10을 입력했을 때
아무 값이나 입력하세요 : 10
입력한 값은 10입니다.
<class 'str'>

# 나도코딩을 입력했을 때
아무 값이나 입력하세요 : 나도코딩
입력한 값은 나도코딩입니다.
<class 'str'>
```

두 경우 모두 str, 즉 문자열로 나오네요. 그렇습니다. 6장에서 언급했듯이 input( ) 함수로 입력받은 값은 항상 **문자열**로 인식합니다. 그래서 문자열과 + 연산자로 연결해 출력해도 아무 문제가 없습니다. 단, 10을 입력받아 이 값을 숫자 연산 목적으로 사용하려면 반드시 int(answer)로 자료형을 바꿔야 합니다.

참고로 다음과 같이 작성하고 실행해 보면 두 번째 answer 변수의 값은 int(정수형)임을 확인할 수 있습니다.

```python
answer = input("아무 값이나 입력하세요 : ")
print("입력한 값은 " + answer + "입니다.")
print(type(answer)) # <class 'str'>
print(type(int(answer))) # <class 'int'>
answer = 10
print(type(answer)) # <class 'int'>
```

```
실행결과                                            —  □  ×
아무 값이나 입력하세요 : 10
입력한 값은 10입니다.
<class 'str'>
<class 'int'>
<class 'int'>
```

변수에 숫자를 넣었을 때와 input() 함수로 숫자를 입력받았을 때의 차이점을 잊지 마세요!

1분 퀴즈

해설 노트 p.414

1. 다음 코드에서 사용자로부터 값을 입력받으려 할 때 **가**에 들어갈 함수명으로 올바른 것은?

```
dream = 가("당신의 꿈은 무엇인가요?")
print(f"제 꿈은 {dream}입니다.")
```

① ask   ② in   ③ input   ④ enter

8.2

표준 출력 시 유용한 기능

표준 입력이 있듯이 표준 출력도 있습니다. 표준 출력은 기본 출력 장치를 통해 프로그램을 수행한 결과를 사용자에게 보여 주는 것입니다. 이 책에서는 VSCode의 터미널로 보여 줍니다.

표준 입력에 input() 함수가 있듯이 표준 출력에는 print() 함수가 있습니다. 지금까지 가장 많이 사용한 함수죠? 우리는 앞에서 print() 함수를 사용할 때 쉼표를 사용해 값을 구분하거나 + 연산자를 통해 서로 다른 자료형의 데이터를 형변환해서 출력해 봤습니다. 그리고 **7.3.3 가변 인자 사용하기**에서 print() 함수 안에 포함된 내용을 출력하고 나서 자동으로 줄 바꿈을 하지 않기 위해 end를 사용하는 방법도 배워 봤고요. 이외에도 표준 출력을 다양하게 활용할 수 있는 유용한 기능이 몇 가지 있는데 하나씩 알아보겠습니다.

8.2.1 구분자 넣기: sep

다음 두 문장을 출력해 봅시다.

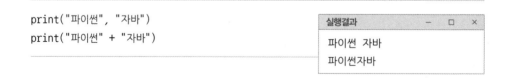

```
print("파이썬", "자바")
print("파이썬" + "자바")
```

실행결과	— □ ×
파이썬 자바	
파이썬자바	

첫 번째 문장은 쉼표로 구분해 문자열을 나열했고, 두 번째 문장은 + 연산자로 문자열들을 합쳤습니다. 실행결과에서는 띄어쓰기를 하느냐 마느냐의 차이로 나타납니다. 이때 쉼표와 + 연산자 외에도 문자열을 구분하는 기호를 사용자가 직접 지정해 출력할 수 있습니다. print() 함수로

출력할 때 sep 매개변수를 사용하면 됩니다. **7.3.3 가변 인자 사용하기**에서 본 print() 함수 정의에서 sep 매개변수의 기본값은 공백(" ")이었습니다. 그런데 기본값 대신 다른 값을 넣어 print() 함수를 실행하면 해당 값을 구분 기호로 사용합니다.   **TIP** — 여기서 sep은 separator의 줄임말입니다.

다음과 같이 작성하면 쉼표를 구분 기호로 사용합니다.

```
print("파이썬", "자바")
print("파이썬", "자바", sep=",") # 값을 쉼표로 구분
```

실행결과	– □ ×
파이썬 자바	
파이썬,자바	

실행결과를 보면 두 코드의 차이점을 바로 알 수 있죠? 첫 번째 코드는 문자열을 공백으로 구분하고 두 번째 코드는 공백 대신 쉼표가 들어갑니다.

예제를 하나 더 봅시다. 이번에는 sep에 ' vs '를 넣어 보겠습니다. 확실하게 비교하기 위해 문자열도 하나 추가합시다.

```
print("파이썬", "자바", "자바스크립트")
print("파이썬", "자바", "자바스크립트", sep=" vs ") # 값을 ' vs '로 구분
```

실행결과	– □ ×
파이썬 자바 자바스크립트	
파이썬 vs 자바 vs 자바스크립트	

어떤 기능인지 확실히 알 수 있지요? 실행결과를 보면 vs 앞뒤로 넣은 공백까지 구분 기호에 포함합니다.

8.2.2 문장 끝 지정하기: end

두 번째 기능은 **7.3.3 가변 인자 사용하기**에서 다룬 적이 있는 end 매개변수입니다. end의 기본값은 줄 바꿈(\n)입니다. 그래서 print() 함수는 문장을 출력한 후에 기본으로 줄 바꿈하고 print() 함수를 2개 이상 연속해서 사용하면 각각 다른 줄에 실행결과를 출력합니다. 이때 end에 다른 값을 넣어 주면 문장 끝을 줄 바꿈 대신 지정한 값으로 바꿀 수 있습니다.

다음 코드를 작성하고 실행하면 결과는 어떻게 될까요?

```
print("파이썬", "자바", sep=", ", end="? ")
print("무엇이 더 재미있을까요?")
```

실행결과	— □ ×
파이썬, 자바? 무엇이 더 재미있을까요?	

파이썬과 자바라는 각각의 문자열을 쉼표로 구분하고 print() 문 끝을 줄 바꿈에서 물음표로 변경해 두 문장을 한 줄에 이어서 출력합니다.

end 값을 따로 설정하지 않았다면 기본값인 줄 바꿈이 적용되어 다음과 같이 두 줄로 출력됐겠죠.

실행결과	— □ ×
파이썬, 자바	
무엇이 더 재미있을까요?	

8.2.3 출력 위치 지정하기: file

이번에 배울 기능은 코드를 보면서 설명하겠습니다.

```
import sys

print("파이썬", "자바", file=sys.stdout)
print("파이썬", "자바", file=sys.stderr)
```

실행결과	— □ ×
파이썬 자바	
파이썬 자바	

첫 번째 문장은 sys 모듈을 가져와서 사용하겠다는 의미임을 알죠? 나머지 두 문장에 사용한 file은 print() 문의 실행결과를 어디에 출력할지 지정하는 기능입니다. 첫 번째 값 sys.stdout은 표준 출력(Standard Output)을 나타내며, 현재 표준 출력인 VSCode의 터미널에 결과를 출력하라는 뜻입니다. 두 번째 값 sys.stderr은 표준 오류(Standard Error)를 나타내며, 오류가 발생했을 때 터미널에 오류 메시지를 띄우라는 뜻입니다.

설정한 두 값은 결과가 같아 보이지만, 실제 용도는 다릅니다. 보통 프로그램 실행 과정에서 몇 시에 어떤 작업을 어떤 방식으로 수행하고 있으며 실행결과가 어떠한지 등의 정보를 기록하는데, 이를 **로그**(log)**를 남긴다**고 합니다. 로그를 남길 때 sys.stdout은 일반적인 내용을, sys.stderr는 오류가 발생했을 때 관련 내용을 출력합니다. 둘을 구분해 사용하면 프로그램이 의도치 않게 작동했을 때 오류 로그를 확인해서 빠르게 상황을 파악하고 그에 맞는 조치를 취할 수 있습니다. 다만, 두 값은 어느 정도 규모가 있는 프로젝트를 진행할 때 필요한 기능이고, 이는 심화 내용이므로 입문 단계에서는 '이런 기능이 있구나' 정도만 알고 넘어가도 좋습니다.

터미널 대신 파일에 출력하는 방법도 있습니다. 이때는 print() 문으로 출력하려는 내용이 지정한 파일에 표시되고, 터미널에서는 출력 내용을 확인할 수 없습니다. 자세한 내용은 **8.4.1 파일 열고 닫기: open(), close()**에서 배우겠습니다.

8.2.4 공간 확보해 정렬하기: ljust( )와 rjust( )

이번 내용은 딕셔너리를 사용한 예제를 보며 진행하겠습니다. 다음은 3과목에 대한 성적 정보를 출력하는 코드입니다. 과목명(key)과 점수(value)를 한 쌍으로 해서 수학, 영어, 코딩 성적 정보를 가지는 scores 딕셔너리를 만들고 값들을 for 문으로 출력합니다. for 문에 각각 subject와 score라는 이름으로 key와 value를 대입할 두 변수를 지정하고 반복 대상을 scores.items()로 작성하면 scores 딕셔너리의 key와 value가 차례로 subject와 score 변수에 대입됩니다.

```python
scores = {"수학": 0, "영어": 50, "코딩": 100}

for subject, score in scores.items(): # (key, value)
    print(subject, score)
```

실행결과	— □ ×
수학 0	
영어 50	
코딩 100	

그림 8-1 코드의 작동 방식

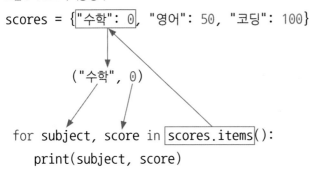

```
scores = {"수학": 0, "영어": 50, "코딩": 100}

        ("수학", 0)

for subject, score in scores.items():
    print(subject, score)
```

실행하면 한 줄씩 과목명과 점수를 출력합니다. 그런데 출력 형태가 조금 마음에 안 듭니다. 과목명과 점수 사이 간격을 조금 더 벌리고 점수는 오른쪽 정렬하고 싶습니다. 이럴 때 ljust() 함수와 rjust() 함수를 사용합니다. 함수명의 첫 글자 l과 r은 각각 왼쪽(left)과 오른쪽(right)을 의미합니다. 두 함수에 숫자를 넣어 전달하면 숫자 값만큼 미리 공간을 확보하고 해당 공간에서 왼쪽 정렬 또는 오른쪽 정렬을 수행합니다. 이때 정렬하는 값은 문자열이어야 합니다.

앞의 코드를 다음과 같이 바꾸고 실행해 봅시다.

```
scores = {"수학": 0, "영어": 50, "코딩": 100}

for subject, score in scores.items():
    print(subject.ljust(8), str(score).rjust(4), sep=":")
```

실행결과

```
수학      :    0
영어      :   50
코딩      :  100
```

print() 문에서 바뀐 부분을 살펴보겠습니다. 먼저 과목명이 담긴 subject 변수에 ljust(8)로 접근해 출력합니다. 전달값 8에 의해 공간을 총 8칸 확보합니다. ljust() 함수는 문자열을 왼쪽 정렬하므로 과목명을 왼쪽 정렬로 출력합니다. 과목명을 제외한 나머지 공간은 빈칸으로 출력합니다. 이해하기 쉽게 그림으로 나타내면 다음과 같습니다.

그림 8-2 코딩 과목 성적을 정렬한 경우

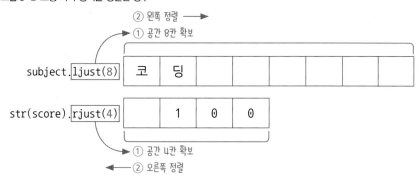

점수는 숫자이므로 score 변수에 담긴 값은 정수형입니다. 두 함수는 문자열만 정렬하므로 문자열로 바꾸기 위해 str()로 감쌉니다. 그리고 str()로 감싼 score 변수에 rjust(4)로 접근해 출력합니다. rjust() 함수는 오른쪽 정렬하므로 전달값 4에 의해 공간을 4칸 확보하고 값을 오른쪽 정렬합니다. 점수를 제외한 나머지 공간은 과목명과 마찬가지로 빈칸으로 출력하고요.

마지막으로 sep 값에 콜론을 지정해 과목명과 점수를 구분합니다.

8.2.5 빈칸 0으로 채우기: zfill()

은행에 가면 대기번호표를 뽑습니다. 보통 대기번호는 3자리인데, 자릿값이 없을 때는 0을 넣어 001, 002, 003 등으로 표시합니다. 먼저 자릿값 0을 고려하지 않고 20번까지 대기번호를 출력해 보겠습니다.

```python
for num in range(1, 21): # 1~20의 숫자
    print("대기번호 : " + str(num))
```

실행결과	—	□	×
대기번호 : 1			
대기번호 : 2			
대기번호 : 3			
...			
대기번호 : 18			
대기번호 : 19			
대기번호 : 20			

예제에서 num 변수를 str()로 감싸 형변환한 이유는 알지요? 문자열과 문자열을 합쳐 출력하기 위해서입니다. 실행결과를 보면 오른쪽에 표시되는 번호가 중간에 자릿수가 바뀌면서 윗줄보다 튀어나옵니다.

이번에는 은행 대기번호처럼 3자리로 표시하고 자릿값이 비어 있을 때는 0을 넣어 채우겠습니

다. 이 작업에는 zfill() 함수를 사용합니다. zfill() 함수는 전달하는 숫자만큼 공간을 확보하고 문자열 앞의 빈칸을 zero, 즉 0으로 채웁니다(fill).

```
for num in range(1, 21): # 1~20의 숫자
    print("대기번호 : " + str(num).zfill(3))
```

```
실행결과                                        —  □  ×
대기번호 : 001
대기번호 : 002
대기번호 : 003
...
대기번호 : 018
대기번호 : 019
대기번호 : 020
```

이제 원하던 형태로 대기번호를 출력합니다.

그림 8-3 zfill() 함수의 작동 방식

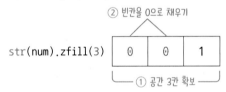

1분 퀴즈

해설 노트 p.414

2. 다음 중 표준 출력 시 이용할 수 있는 기능이 <u>아닌</u> 것은?

① div   ② end   ③ file   ④ sep

3. 다음 코드의 실행결과를 작성하시오.

```
print("v", "c", "tion", sep="a")
```

```
실행결과          —  □  ×


```

8.3

다양한 형식으로 출력하기: format()

4.4.2 format() 함수 사용하기에서 다음과 같이 format() 함수를 사용하는 방법을 배웠습니다.

```
print("{0}".format(500)) # {0} 위치에 값 500 출력
```

실행결과

```
500
```

format() 함수의 소괄호 안에 넣은 값이 중괄호 위치에 들어가 출력됩니다. 여기서 중괄호 부분을 수정하면 다양한 형태로 문자열을 출력할 수 있습니다.

앞의 코드에서 {0} 부분을 {0: >10}으로 바꿔 봅시다. 이렇게 작성하면 공간 10칸을 확보한 상태에서 오른쪽 정렬하고 나머지 공간은 빈칸으로 둡니다. 즉, 콜론 뒤에 오는 공백, >, 10은 각각 **빈칸으로 두기, 오른쪽으로 정렬하기, 지정한 만큼(10) 공간 확보하기**를 의미합니다. 공백 대신 {0:_>10} 또는 {0:a>10}과 같이 밑줄이나 다른 문자를 입력해 해당 값으로 나머지 공간을 채울 수도 있습니다. 단, 나머지 공간을 빈칸으로 두려는 경우에는 {0:>10}과 같이 콜론과 부등호 사이에 공백을 생략해도 됩니다.

```
print("{0}".format(500))
# 빈칸으로 두기, 오른쪽 정렬, 공간 10칸 확보
print("{0: >10}".format(500))
```

실행결과

```
500
       500
```

그림 8-4 작동 방식

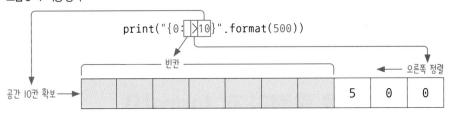

일반적으로 양수는 + 기호 없이 표시하고 음수만 − 기호를 붙여 표시하지만, 주식 시장에서 주가를 표시할 때는 양수도 + 기호를 붙여 표시하곤 합니다. 파이썬에서도 + 기호를 붙이는 방법이 있습니다. 앞의 예제에서 공간 크기를 표시하는 숫자 앞에 +를 추가해 주면 됩니다. 그러면 format()에 넣은 숫자가 양수일 때도 + 기호를 표시합니다.

```
# 빈칸으로 두기, 오른쪽 정렬, + 기호 붙이기, 공간 10칸 확보
print("{0: >+10}".format(500))
print("{0: >+10}".format(-500)) # 음수일 때
```

확보한 공간 중 빈칸을 다른 값으로 채우고 싶다면 다음과 같이 작성합니다.

```
print("{0:_<10}".format(500)) # 빈칸을 _로 채우기, 왼쪽 정렬, 공간 10칸 확보
```

앞의 코드가 의미하는 바를 그림으로 표현하면 다음과 같습니다.

그림 8-5 작동 방식

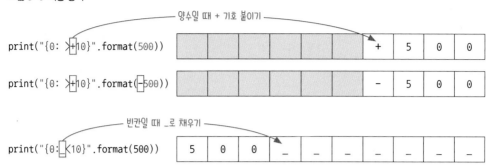

이번에는 큰 수를 확인하기 쉽도록 3자리마다 쉼표를 표시해 보겠습니다. 주로 금액을 나타낼 때 1,000 단위마다 쉼표를 찍죠. 파이썬에서도 다음과 같이 작성하면 쉼표를 찍어 자릿수를 표시할 수 있습니다.

```python
print("{0:,}".format(100000000000)) # 3자리마다 쉼표 찍기
print("{0:+,}".format(100000000000)) # + 기호 붙이기, 3자리마다 쉼표 찍기
print("{0:+,}".format(-100000000000)) # 음수일 때, 3자리마다 쉼표 찍기
```

실행결과   — ☐ ✕
```
100,000,000,000
+100,000,000,000
-100,000,000,000
```

조금 더 복잡한 예제를 봅시다. 공간 30칸을 확보하고 왼쪽 정렬로 + 기호를 포함한 큰 수를 출력하는데, 빈칸은 ^로 채워 보겠습니다.

```python
# 빈칸을 ^로 채우기, 왼쪽 정렬, + 기호 붙이기, 공간 30칸 확보, 3자리마다 쉼표 찍기
print("{0:^<+30,}".format(100000000000))
```

실행결과   — ☐ ✕
```
+100,000,000,000^^^^^^^^^^^^^^^
```

사실 실행결과처럼 복잡하게 표시할 일은 많지 않을 것 같군요.

마지막으로 소수점을 포함하는 실수를 출력해 보겠습니다. 실수 값을 출력할 때 round( ) 함수로 반올림할 수 있었는데, format( ) 함수로도 가능합니다.

```
print("{0}".format(5 / 3))
```

5를 3으로 나눈 값을 format( ) 함수를 사용해 출력하니 1.6666666666666667이 나옵니다. 이때 콜론 뒤에 f를 추가하면 연산 결과가 소수점 이하 여섯 자리까지 나옵니다. f는 **4.4.1 서식 지정자 사용하기**에서 배웠듯이 실수 자료형을 나타냅니다.

```
print("{0:f}".format(5 / 3))
```

그런데 소수점 이하 숫자를 원하는 자리까지만 출력하고 싶습니다. 이럴 때는 f 앞에 점(.)과 숫자(n)를 붙입니다. 그러면 소수점 이하 n + 1번째 자리에서 반올림해서 소수점 이하 n번째 자리까지 출력합니다. 만약 소수점 이하 둘째 자리까지 출력하고 싶다면 콜론 뒤에 .2f라고 적으면 됩니다.

```
print("{0:.2f}".format(5 / 3)) # 소수점 이하 둘째 자리까지 출력
```

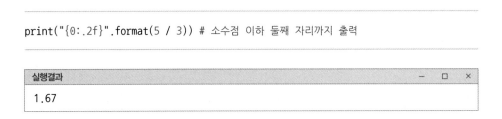

지금까지 배운 출력 형식을 정리하면 다음과 같습니다. 위치를 표시하는 중괄호 안에서 인덱스 뒤에 콜론을 붙이고 정해진 순서에 맞춰 필요한 항목을 선택해 명시하면 됩니다. 그리고 빈칸 채우기는 정렬할 때 추가하는 사항입니다. 정렬만 넣거나 빈칸 채우기와 정렬을 함께 넣는 것은 가능하지만, 빈칸 채우기만 넣는 것은 안 됩니다.

> **형식** {인덱스:[[빈칸 채우기]정렬][기호][공간 확보][쉼표][.자릿수][자료형]}

1분 퀴즈

해설 노트 p.414

4. 다음 코드의 실행결과로 올바른 것은?

```
print("{0:_>+5}".format(100))
```

① __100   ② 100__   ③ _+100   ④ +100_

8.4

파일 입출력

컴퓨터에는 수많은 파일이 있습니다. 컴퓨터를 구동하는 데 필요한 파일, 어떤 프로그램의 설정 정보를 담고 있는 파일, 업무용 엑셀 파일 등 종류도 굉장히 많습니다. 파이썬으로 이러한 파일을 직접 만들 수도 있고 파일 내용을 불러올 수도 있습니다.

일반적으로 프로그래밍에서 파일을 다룰 때는 파일을 열고, 파일에 어떤 내용을 쓰거나 읽고, 파일을 닫는 과정으로 진행합니다.

8.4.1 파일 열고 닫기: open( ), close( )

먼저 파일을 열 때는 open( )이라는 함수를 다음과 같은 형식으로 사용합니다.

> **형식** open("파일명", "모드", encoding="인코딩 형식")

첫 번째로 넣는 파일명은 열어 볼 파일의 이름이고, 두 번째로 넣는 모드는 파일을 어떤 방식으로 여는지를 의미합니다. 모드는 다음과 같이 3가지가 있습니다.

표 8-1 파일 열기 모드

모드	의미	설명
r	읽기(read)	파일 내용을 읽어 오기 위한 모드
w	쓰기(write)	파일에 내용을 쓰기 위한 모드. 같은 이름의 파일이 있으면 해당 파일을 덮어 써서 기존 내용은 삭제됨
a	이어쓰기(append)	파일에 내용을 쓰기 위한 모드. 같은 이름의 파일이 있으면 기존 내용 끝에 이어서 씀

세 번째 encoding은 파일 내용에 담긴 문자 표시와 관련한 것으로, 값을 utf8로 설정하면 한글을 포함한 파일을 사용할 때도 문제없습니다.

학교 성적 정보를 담은 텍스트 파일을 예제로 만들어 보겠습니다. 파일을 처음 생성하니 쓰기 모드(w)로 파일을 엽니다.

```python
# score.txt 파일을 쓰기 모드로 열기
score_file = open("score.txt", "w", encoding="utf8")
print("수학 : 0", file=score_file) # score.txt 파일에 내용 쓰기
print("영어 : 50", file=score_file) # score.txt 파일에 내용 쓰기
score_file.close() # score.txt 파일 닫기
```

실행하면 아무것도 출력하지 않습니다. print() 문에서 file의 값을 score_file로 설정해서 그렇습니다. 이렇게 설정하면 실행결과를 표준 출력(터미널)이 아닌 파일에 출력합니다.

VSCode의 탐색기를 보면 소스 코드 파일과 동일한 위치(PythonWorkspace 폴더)에 score.txt 파일이 새로 생긴 것을 볼 수 있습니다.

TIP —— open() 함수 호출 결과를 저장하는 score_file을 파일 객체라고 합니다. 객체에 관해서는 **9.2 클래스와 객체 생성하기**에서 자세히 살펴보니 여기서는 파일 데이터를 담은 상자(변수) 정도로 생각하면 됩니다.

그림 8-6 생성한 score.txt 파일

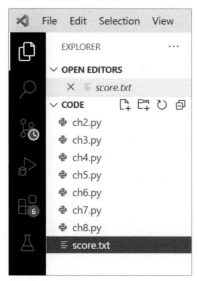

파일을 열어 보면 다음 내용을 포함하고 있습니다.

```
수학 : 0
영어 : 50
```

코드 마지막 줄에서는 파일 쓰기를 완료하고 close( ) 함수를 호출합니다. close( ) 함수는 지정한 파일을 닫는 함수입니다. 모든 파일은 열고 나면 반드시 닫아야 합니다. 파일을 닫지 않으면 내용이 제대로 저장되지 않거나 소스 코드의 다른 위치에서 같은 파일에 접근하려고 할 때 파일에 따라 문제가 발생할 수도 있습니다.

8.4.2 파일 쓰기: write( )

앞에서 만든 파일에 내용을 추가해 보겠습니다. 쓰기 모드로 열면 파일을 덮어 쓰므로 이어 쓰기 모드(a)로 엽니다. 이번에는 print( ) 함수가 아닌 다른 방법으로 성적 정보를 추가합니다.

```python
# score.txt 파일에 이어 쓰기 모드로 열기
score_file = open("score.txt", "a", encoding="utf8")
# write( ) 함수는 줄 바꿈이 없으므로 \n 추가
score_file.write("과학 : 80\n")
score_file.write("코딩 : 100\n")
score_file.close()
```

실행결과   — □ ×
```
수학 : 0
영어 : 50
과학 : 80
코딩 : 100
```

실행한 후 score.txt 파일을 열어 보면 성적 정보가 기존 내용 아래에 추가돼 있습니다. 코드를 보면 write( ) 함수를 호출해 내용을 추가합니다. write( ) 함수는 print( ) 함수와 다르게 자동으로 줄 바꿈하지 않습니다. 그래서 각 성적을 추가할 때는 문장 끝에 탈출 문자인 \n을 넣어 직접 줄 바꿈합니다.

8.4.3 파일 읽기: read( ), readline( ), readlines( )

파일을 생성하고 내용을 썼으니 이번에는 파일에 작성한 내용을 읽어 와서 터미널에 출력해 보겠습니다.

```
# score.txt 파일을 읽기 모드로 열기
score_file = open("score.txt", "r", encoding="utf8")
print(score_file.read()) # 파일 전체 읽어 오기
score_file.close()
```

실행결과

```
수학 : 0
영어 : 50
과학 : 80
코딩 : 100
```

실행해 보면 score.txt 파일을 그대로 읽어 와서 터미널에 출력합니다. 여기서 사용한 read( ) 함수는 파일 내용 전체를 한 번에 읽어 오는 함수입니다. 파일은 한 번에 모두 읽어 올 수도 있지만, 한 줄씩 끊어서 읽어 올 수도 있습니다. 이때는 readline( ) 함수를 사용합니다.

score.txt 파일에는 현재 내용이 4줄 들어 있으니 readline( ) 함수를 4번 사용하면 되고, 문장마다 끝에 end=""를 넣어 줍니다. 이는 현재 파일에 담긴 각 문장마다 끝에 줄 바꿈을 포함하고 있어서 print( ) 함수 자체의 줄 바꿈과 중복으로 실행되는 현상을 막기 위해서입니다.

```
# score.txt 파일을 읽기 모드로 열기
score_file = open("score.txt", "r", encoding="utf8")
print(score_file.readline(), end="") # 한 줄씩 읽어 오고 커서는 다음 줄로 이동
print(score_file.readline(), end="") # end 값을 설정해 줄 바꿈 중복 수행 방지
print(score_file.readline(), end="")
print(score_file.readline(), end="")
score_file.close()
```

수학 : 0

영어 : 50

과학 : 80

코딩 : 100

예제에서는 직접 파일을 만들고 바로 읽어 왔기 때문에 4줄임을 알 수 있었습니다. 그러나 대부분은 파일을 열어 보기 전까지 총 몇 줄인지 알 수 없습니다. 그래서 readline() 함수를 몇 번 실행해야 하는지 모호합니다. 이럴 때 while 문을 사용하면 파일에 내용이 남아 있는 동안 반복해서 읽어 올 수 있습니다. 더 이상 읽어 올 내용이 없을 때 반복문을 탈출하면 됩니다.

```python
score_file = open("score.txt", "r", encoding="utf8")

while True:
    line = score_file.readline()
    if not line: # 더 이상 읽어 올 내용이 없을 때
        break # 반복문 탈출
    print(line, end="") # 읽어 온 내용 출력

score_file.close()
```

수학 : 0

영어 : 50

과학 : 80

코딩 : 100

while 문의 조건을 True로 설정해서 탈출 조건을 만나기 전까지 반복 수행하게 합니다. 반복할 때마다 파일에서 한 줄씩 읽어 와서 line이라는 변수에 저장합니다. if 문으로 line 변수에 내용이 있는지 확인하고 있으면 출력, 없으면 반복문을 탈출하는 원리입니다.

비슷한 방법으로 파일 내용을 한꺼번에 불러와서 리스트에 저장해 두고 리스트를 반복하면서 내용을 출력할 수도 있습니다. 이때는 앞에서 사용한 readline() 함수 대신에 끝에 s가 붙은 readlines() 함수를 사용합니다. 이 함수로 파일 내 모든 줄을 읽어 와서 lines라는 리스트에

TIP — 반복 대상이 리스트이므로 while 문보다는 for 문을 사용해야 데이터를 읽어 오기가 수월합니다.

저장합니다. 그리고 while 문 대신에 for 문을 사용해 리스트 데이터를 순서대로 읽어 옵니다.

```
score_file = open("score.txt", "r", encoding="utf8")

lines = score_file.readlines() # 파일에서 모든 줄을 읽어 와 리스트 형태로 저장
for line in lines: # lines에 내용이 있을 때까지
    print(line, end="") # 읽어 온 내용 출력

score_file.close()
```

실행결과는 while 문일 때와 같습니다.

정리하면 다음과 같습니다.

표 8-2 파일 읽기 함수

함수	설명
read()	파일 내용을 한꺼번에 읽어 오기
readline()	파일 내용을 한 줄씩 읽어 오기
readlines()	파일 내용을 줄 단위로 나뉜 리스트 형태로 한꺼번에 읽어 오기

1분 퀴즈

해설 노트 p.414

5. 파일 내용을 읽어 오기 위한 파일 열기 모드로 알맞은 것은?

① r ② w ③ a ④ b

6. 보기에서 설명하는 함수로 알맞은 것은?

> 보기 open( ) 함수로 파일을 열고 필요한 작업을 한 뒤에 파일을 닫기 위해 호출해야 하는 함수

① dispose( ) ② clear( ) ③ close( ) ④ exit( )

8.5

데이터를 파일로 저장하기: pickle 모듈

파이썬으로 작성한 프로그램을 실행하면 많은 변수가 생겼다가 사라지고, 변수의 값도 자주 변하기 마련입니다. 새로운 리스트를 하나 만들어서 연속한 데이터를 집어넣기도 하고, 그 중 몇 개는 삭제하기도 하고, 새로운 데이터를 추가하기도 하는 것처럼 말이죠. print() 함수로 데이터가 어떻게 바뀌는지 확인할 수 있지만, 프로그램을 종료하고 나면 이런 데이터는 모두 흔적도 없이 사라지게 됩니다.

그런데 만약 리스트 데이터를 다시 사용해야 하거나 다른 프로그램에서 같은 데이터가 필요하다면 어떡할까요? 또는 다른 누군가가 만든 리스트 데이터를 가져와서 사용해야 한다면요?

프로그램은 실행이 끝나면 모든 데이터가 사라지므로 끝나기 전에 어딘가 저장해야겠지요. 이때 사용할 수 있는 것이 바로 pickle입니다. pickle은 프로그램에서 사용하는 데이터를 파일 형태로 저장하거나 불러올 수 있게 하는 모듈입니다.

pickle 모듈로 데이터를 파일에 저장할 때 dump()라는 함수를 사용합니다. 첫 번째 전달값으로는 저장할 데이터를, 두 번째 전달값으로는 데이터를 저장할 파일을 넣어 줍니다.

> **형식** dump(저장할 데이터, 저장할 파일명)

어떤 사람의 프로필 데이터를 만들고 저장해 보겠습니다. pickle 모듈을 가져다 써야 하니 import합니다.

```
import pickle # pickle 모듈 가져다 쓰기
```

파일 하나를 여는데, 파일명은 **profile.pickle**로 하고, 모드는 쓰기 모드인 w로 합니다. 그런데 pickle 모듈로 저장하는 파일은 텍스트(text)가 아닌 바이너리(binary) 형태입니다.

- 텍스트 파일: 사람이 읽을 수 있는 글자(한글, 영어, 숫자 등)로 이루어진 파일로, 보통 txt 형식으로 저장합니다. 글꼴, 글자 크기, 색상 등 서식 정보 없이 단순한 글자만 저장할 수 있습니다.
- 바이너리 파일: 컴퓨터가 인식할 수 있는 이진수(0과 1)로 이루어진 파일로, JPG, PNG 같은 이미지 파일, MP3와 같은 음악 파일, EXE와 같은 실행 파일 등이 해당합니다.

파일의 형태에 따라 파일 열기 모드를 다음과 같이 구분해 사용합니다.

표 8-3 파일 형태에 따른 파일 열기 모드

모드	의미	설명
t	텍스트(text)	파일을 텍스트 모드로 열기. 읽기 모드일 때는 rt, 쓰기 모드일 때는 wt와 같이 사용함. 텍스트 모드는 기본값이므로 t는 생략 가능함.
b	바이너리(binary)	파일을 바이너리 모드로 열기. 읽기 모드일 때는 rb, 쓰기 모드일 때는 wb와 같이 사용함.

따라서 profile.pickle 파일을 열기 위해 open( ) 함수를 사용할 때 w 모드 뒤에 b를 붙여서 wb 라고 해야 올바르게 저장됩니다. 또한, 파일에 한글이 포함됐다 하더라도 별도의 encoding은 지정할 필요가 없습니다.

```
import pickle # pickle 모듈 가져다 쓰기

profile_file = open("profile.pickle", "wb") # 바이너리 형태로 저장
```

profile 변수를 하나 만들고 이름, 나이, 취미를 딕셔너리 형태로 정의합니다. 이때 취미는 여러 개를 담을 수 있게 리스트 형태로 넣습니다. 여기까지 작성하고 출력해 보면 입력한 데이터가 그대로 보입니다.

```
import pickle # pickle 모듈 가져다 쓰기

profile_file = open("profile.pickle", "wb") # 바이너리 형태로 저장
```

```python
profile = {"이름": "스누피", "나이": 30, "취미": ["축구", "골프", "코딩"]}
print(profile)
```

```
{'이름': '스누피', '나이': 30, '취미': ['축구', '골프', '코딩']}
```

작성한 데이터를 dump() 함수를 사용해 파일로 저장합니다. 마지막에 close() 함수로 파일 닫는 것을 잊지 마세요.

```python
import pickle # pickle 모듈 가져다 쓰기

profile_file = open("profile.pickle", "wb") # 바이너리 형태로 저장
profile = {"이름": "스누피", "나이": 30, "취미": ["축구", "골프", "코딩"]}
print(profile)

pickle.dump(profile, profile_file) # profile 데이터를 파일에 저장
profile_file.close() # 파일 닫기
```

실행하면 profile에 들어 있는 데이터를 터미널에 출력합니다. 그리고 탐색기를 보면 소스 코드 파일과 동일한 위치(PythonWorkspace 폴더)에 **profile.pickle**이라는 파일이 생긴 것을 볼 수 있습니다. 이 파일은 바이너리 형태라서 VSCode나 다른 에디터에서 열어도 내용을 확인할 수 없습니다. 아름다운 피아노 선율을 글자로 볼 수는 없듯이 말이죠.

> **Note   pickle 모듈 사용 시 오류가 발생한다면?**
>
> pickle 모듈을 사용하다 보면 다음과 같은 오류가 발생하는 경우가 있습니다.
>
> ```
> AttributeError: partially initialized module 'pickle' has no attribute
> 'dump or load' (most likely due to a circular import)
> ```
>
> 이는 소스 코드를 작성 중인 파일명이 pickle.py여서 그렇습니다. 이때는 my_pickle.py 등 다른 이름으로 파일명을 변경해야 합니다. import할 때 같은 경로(폴더)에 있는 파일을 먼저 인식하므로 사용하려는 모듈과 같은 이름으로 파일을 생성하면 안 됩니다.

데이터가 잘 저장됐는지 확인해 보겠습니다. 앞에서 만든 파일을 다시 불러올 때는 load( ) 함수를 사용하고 전달값으로는 파일명을 넣습니다.

> **형식**   load(불러올 파일명)

먼저 파일을 여는데, 바이너리 파일이므로 저장할 때와 마찬가지로 읽기 모드 r에 b를 붙여서 rb라고 작성합니다. 그리고 나서 load( ) 함수에 파일명을 전달하면 파일에서 데이터를 불러와 profile 변수에 그대로 저장합니다. 잘 불러왔는지 출력해 보고 이번에도 close( ) 함수로 파일을 닫아 줍니다.

```
import pickle # pickle 모듈 가져다 쓰기

profile_file = open("profile.pickle", "wb") # 바이너리 형태로 저장
profile = {"이름": "스누피", "나이": 30, "취미": ["축구", "골프", "코딩"]}
print(profile)

pickle.dump(profile, profile_file) # profile 데이터를 파일에 저장
profile_file.close()

profile_file = open("profile.pickle", "rb") # 읽어 올 때도 바이너리 형태 명시
profile = pickle.load(profile_file) # 파일에 있는 정보를 불러와서 profile에 저장

print(profile)
profile_file.close()
```

실행결과   — □ ×
{'이름': '스누피', '나이': 30, '취미': ['축구', '골프', '코딩']}
{'이름': '스누피', '나이': 30, '취미': ['축구', '골프', '코딩']}

실행해 보면 저장할 때와 동일한 데이터를 출력합니다.

1분 퀴즈

해설 노트 p.414

7. pickle 모듈로 데이터를 파일에 저장할 때 사용하는 함수는?

　① dump( )　　　　② load( )　　　　③ push( )　　　　④ save( )

8.6

파일 한 번에 열고 닫기: with 문

파일로 어떤 작업을 할 때 open( ) 함수로 파일을 열고 나면 반드시 close( ) 함수로 닫아야 한다고 했습니다. 여기서는 close( ) 함수를 항상 잊지 말아야 하는 부담을 해소해 보겠습니다.

with 문은 파일을 열고 나서 close( ) 함수를 호출하지 않아도 자동으로 닫아 주는 역할을 합니다. 형식은 다음과 같습니다.

> **형식** with 작업 as 변수명:
>   실행할 명령1
>   실행할 명령2
>   ...

with 뒤에 오는 작업 위치에 파일을 여는 open( ) 함수가 들어갑니다. open( ) 함수로 열린 파일은 as 뒤에 있는 변수명으로 접근할 수 있습니다. 제어문이나 def로 함수를 정의할 때처럼 문장 끝에 콜론(:)을 붙입니다. with 문에서 실행할 명령문들은 이에 속해 있음을 표시하도록 반드시 들여쓰기해야 합니다.

pickle 모듈로 파일 내용을 불러오는 작업을 with로 다시 구현해 보겠습니다. 모듈을 사용하기 위해 import 문을 작성한 다음 with 문을 작성합니다. profile.pickle 파일을 바이너리 읽기 모드인 rb로 열어서 profile_file이라는 변수에 저장합니다. 그러면 with 문 안에서는 profile_file 변수로 파일에 접근할 수 있습니다. 이제 pickle 모듈의 load( ) 함수로 이 파일 내용을 가져와 출력합니다.

```
import pickle

with open("profile.pickle", "rb") as profile_file:
    print(pickle.load(profile_file))
```

```
{'이름': '스누피', '나이': 30, '취미': ['축구', '골프', '코딩']}
```

실행하면 익숙한 데이터를 확인할 수 있습니다.

이번에는 새로운 파일을 만들어 볼게요. study.txt라는 텍스트 파일을 쓰기 모드 w로 열고
encoding은 utf8로 지정합니다. 이렇게 만든 파일을 study_file이라는 이름의 변수에 담습니
다. 다음 줄에서 write() 함수로 파일에 쓸 내용을 작성합니다.

```
import pickle

with open("study.txt", "w", encoding="utf8") as study_file: # 새로운 파일 생성
    study_file.write("파이썬을 열심히 공부하고 있어요.")
```

실행하면 터미널에는 아무것도 출력되지 않고 study.txt 파일만 생성됩니다. 이제 생성한 파일
을 with 문으로 읽어 보겠습니다. 이번에는 읽기 모드인 r로 열고 encoding은 역시 utf8로 지
정합니다. 파일을 쓸 때와 같은 변수명인 study_file로 지정하고, read() 함수로 파일 내용을
읽어 와서 출력합니다.

```
import pickle

with open("study.txt", "w", encoding="utf8") as study_file:
    study_file.write("파이썬을 열심히 공부하고 있어요.")

with open("study.txt", "r", encoding="utf8") as study_file:
    print(study_file.read())
```

실행결과	– □ ×
파이썬을 열심히 공부하고 있어요.	

실행해 보면 write( ) 함수로 작성한 파일 내용을 그대로 출력합니다. 이처럼 with 문을 사용하면 파일을 읽고 쓰는 코드가 간결해집니다. 또한, 매번 close( ) 함수를 호출해야 하는 부담도 줄어들어서 좀 더 간단하게 파일 관련 작업을 할 수 있습니다.

1분 퀴즈

해설 노트 p.414

8. with를 사용해 파일을 열기 위한 문법으로 올바른 것은?

(단, open( ) 함수에 들어가는 값은 편의상 ... 로 대체한다.)

① f = with open(...)

② with f = open(...)

③ open(...) as f with:

④ with open(...) as f:

8.7

실습 문제: 보고서 파일 만들기

—— 해설 노트 p.414

문제를 풀며 지금까지 배운 내용을 복습해 보겠습니다. 먼저 문제를 직접 풀고 나서 해설을 확인해 주세요.

문제 회사에서 매주 1회 보고서를 작성하라고 합니다. 1주차부터 50주차까지 보고서 파일을 만드는 프로그램을 작성하세요.

조건

1. 파일명은 '1주차.txt', '2주차.txt', ...로 만듭니다. 완성 코드를 실행하면 소스 코드와 동일한 위치에 다음과 같이 50개 파일을 생성합니다.

1주차.txt

2주차.txt

...

49주차.txt

50주차.txt

2. 각 파일에는 각 주차에 해당하는 내용이 다음 형태로 포함돼 있습니다.

```
실행결과                                      ─  □  ×

# 35주차.txt 파일 내용
- 35주차 주간보고 -
부서 :
이름 :
업무 요약 :
```

마무리

1. input( )

① 사용자로부터 어떤 값을 입력받는 용도로 사용하는 표준 입력 함수입니다.

② 입력값은 항상 문자열로 인식하며 숫자를 입력받아 연산하려는 경우에는 형변환이 필요합니다.

2. print( )

어떤 값을 출력하는 용도로 사용하는 표준 출력 함수입니다.

3. 표준 출력 시 유용한 기능

① sep: 여러 데이터를 지정한 값으로 구분합니다.

② end: 문장 끝을 줄바꿈 대신 지정한 값으로 출력합니다.

③ file: 출력 대상을 지정합니다.

④ ljust( )와 rjust( ): 미리 공간을 확보하고 왼쪽 또는 오른쪽 정렬로 출력합니다.

⑤ zfill( ): 미리 공간을 확보하고 빈칸을 0으로 채웁니다.

4. format( )

다양한 형식으로 원하는 형태의 출력 포맷을 지정하는 용도로 사용합니다.

> **형식**　{인덱스:[[빈칸 채우기]정렬][기호][공간 확보][쉼표][.자릿수][자료형]}

5. 파일 입출력

① 컴퓨터에 있는 파일을 열어서 내용을 읽거나, 새로운 파일을 만들고 내용을 쓰는 작업을 뜻합니다.

② 파일 열기: open( ) 함수로 파일을 열 수 있고, 파일을 열 때 읽기(r), 쓰기(w), 이어 쓰기(a) 모드를 설정할 수 있습니다.

> **형식**   open("파일명", "모드", encoding="인코딩 형식")

③ 파일 닫기: close( ) 함수로 파일을 닫을 수 있습니다. 작업 완료한 파일은 반드시 닫아 줘야 합니다.

④ 파일 쓰기: write( ) 함수로 파일에 내용을 쓸 수 있습니다.

⑤ 파일 읽기: 파일에서 내용을 읽어 오는 방법은 다음과 같습니다.
- read( ): 파일 내용을 한꺼번에 읽어 오기
- readline( ): 파일 내용을 한 줄씩 읽어 오기
- readlines( ): 파일 내용을 줄 단위로 나눈 리스트 형태로 한꺼번에 읽어 오기

6. pickle

① 프로그램에서 작업하던 데이터를 파일로 저장하거나, 저장된 데이터를 불러올 때 사용하는 모듈입니다.

② 데이터를 파일로 저장할 때 dump( ) 함수를 사용합니다.

> **형식**   dump(저장할 데이터, 저장할 파일명)

③ 파일에서 데이터를 불러올 때는 load( ) 함수를 사용합니다.

> **형식**   load(불러올 파일명)

7. with

with 구문을 사용하면 파일을 열고 나서 close( ) 함수를 호출하지 않아도 자동으로 파일을 닫아 줍니다.

형식
```
with 작업 as 변수명:
    실행할 명령1
    실행할 명령2
    ...
```

셀프체크

해설 노트 p.416

문제 나도유치원에는 각 반의 이름, 연령, 인원 정보가 띄어쓰기로 구분되어 한 줄에 정리된 파일이 있습니다. 파일 내용을 읽어 와서 각 반의 정보를 출력하는 프로그램을 작성하세요.

조건

1. 다음 내용을 넣어 텍스트 파일을 생성한다. 이때 텍스트 파일명은 class.txt로 한다.

   파일 내용 초록반 5세 20명 파랑반 6세 18명 노랑반 7세 22명

2. 생성한 파일을 읽어 와서 내용을 각각 빈칸으로 구분해 출력한다.

   단, 구분을 위해 문자열 함수 중 하나인 split()을 활용한다.

3. 정보가 '명'으로 끝나는 경우 줄 바꿈한다.

   단, 확인을 위해 문자열 함수 중 하나인 endswith()를 활용한다.

힌트

문제를 푸는 데 필요한 split() 함수와 endswith() 함수의 사용법을 잠시 설명하겠습니다.

1. split() 함수는 소괄호 안에 주어진 값을 기준으로 문자열을 나누고 결과를 리스트로 반환합니다. 값을 입력하지 않으면 자동으로 빈칸을 기준으로 문자열을 구분합니다.

```
print("파이썬,자바".split(",")) # 문자열을 쉼표로 구분해 리스트로 반환
print("파이썬 자바".split()) # 문자열을 빈칸으로 구분해 리스트로 반환
```

● 계속

2. endswith() 함수는 문자열이 어떤 값으로 끝나는지 확인할 때 사용합니다. 이와 비슷하게 어떤 값으로 시작하는지 확인하는 startswith() 함수도 있습니다. 주어진 값으로 시작하거나 끝나면 True를, 그렇지 않으면 False를 반환합니다.

```
if "새로운 것을 배웠어요.".endswith("."): # True
    print("이 문장은 마침표로 끝나요.")

if "안녕하세요?".startswith("안녕"): # True
    print("이 문장은 인사와 관련이 있어요.")

if "안녕히 계세요".endswith("."): # False
    print("이 문장은 출력되지 않아요.")
```

실행결과   — ☐ ✕

```
이 문장은 마침표로 끝나요.
이 문장은 인사와 관련이 있어요.
```

9장

클래스

이 장에서 배울 **클래스**(class)는 입문자에게는 다소 어려운 내용일 수 있습니다. 어쩌면 이 책을 통틀어 가장 어려운 부분이 아닐까 싶네요. 하지만 너무나도 중요한 개념이라 반드시 이해하고 넘어가야 합니다. 웬만한 프로젝트에 클래스가 없다는 것은 상상도 할 수 없을 만큼 흔히 사용하니까요.

개념이 중요하면서도 복잡하므로 이해하기 쉽도록 텍스트 게임을 만들어 보면서 클래스를 하나씩 파헤쳐 보겠습니다. 여기서는 1990년대 출시된 한 게임을 흉내 내 볼 건데요. 20년이 훌쩍 지난 지금까지도 이 게임을 즐기는 사람이 많은 것을 보면 대단한 게임인 듯합니다. 게임을 잘 모르는 독자를 위해 부연 설명도 함께 하니 너무 걱정하지 않아도 됩니다! 자, 그럼 시작해 볼까요?

9.1

게임 소개

세 종족 사이에 전쟁을 그린 이 게임은 유닛(unit)을 최대한 빠르게 많이 만들어 적을 궤멸시키는 것이 목표입니다. 여기서는 세 종족 중 한 종족을 선택해 게임을 플레이하는 형태로 구현하겠습니다. 이 종족은 보병, 탱크, 전투기와 같은 유닛을 생산합니다.

가장 기본 유닛인 보병부터 만들어 보겠습니다. 보병은 총을 쏘는 군인이라고 생각하면 됩니다. 유닛의 이름과 체력, 공격력 정보를 각각의 변수에 저장하고 유닛이 생성됐다는 내용과 함께 유닛 정보를 출력합니다.

```python
# 보병: 공격 유닛, 군인, 총을 쏠 수 있음
name = "보병"   # 이름
hp = 40        # 체력
damage = 5     # 공격력

print("{} 유닛을 생성했습니다.".format(name))
print("체력 {0}, 공격력 {1}\n".format(hp, damage))
```

실행결과   — □ ×

```
보병 유닛을 생성했습니다.
체력 40, 공격력 5
```

실행하면 보병 유닛이 만들어집니다. 이번에는 다른 유닛인 탱크를 하나 만들어 보겠습니다. 탱크는 지상전에서는 최고 유닛이라 불릴 만큼 강력한데요. 이동하면서 공격하는 일반 모드도 있지만, 지상에 탱크를 고정하고 공격하는 시지(siege) 모드로 바뀌면 사정거리가 늘어나고 공격력도 막강해집니다.

이번에도 이름과 체력, 공격력 정보를 변수에 담아 유닛을 생성합니다. name, hp, damage라는 변수가 이미 쓰였으므로 각각의 변수 앞에 tank_를 붙여서 탱크 유닛을 만들고 내용을 출력합니다.

```python
# 보병: 공격 유닛, 군인, 총을 쏠 수 있음
name = "보병"  # 이름
hp = 40        # 체력
damage = 5     # 공격력

print("{} 유닛을 생성했습니다.".format(name))
print("체력 {0}, 공격력 {1}\n".format(hp, damage))

# 탱크: 공격 유닛, 포를 쏠 수 있음, 두 가지 모드(일반/시지 모드)
tank_name = "탱크"
tank_hp = 150
tank_damage = 35

print("{} 유닛을 생성했습니다.".format(tank_name))
print("체력 {0}, 공격력 {1}\n".format(tank_hp, tank_damage))
```

실행결과   − □ ×

```
보병 유닛을 생성했습니다.
체력 40, 공격력 5

탱크 유닛을 생성했습니다.
체력 150, 공격력 35
```

작성한 전체 코드를 실행하면 보병과 함께 탱크 유닛도 만들어집니다.

다음으로 두 유닛을 사용해 공격하는 내용을 구현해 보겠습니다. 공격 부분은 두 유닛이 공통으로 사용합니다. 그래서 함수로 정의해 보겠습니다. 앞에서 작성한 코드에 이어서 다음 내용을 추가합니다.

```python
# 공격 함수
def attack(name, location, damage):
    print("{0} : {1} 방향 적군을 공격합니다. [공격력 {2}]".format(name, location, damage))
```

보병과 탱크가 1시 방향을 공격하도록 attack() 함수로 명령을 내려 보겠습니다.

```
attack(name, "1시", damage) # 보병 공격 명령
attack(tank_name, "1시", tank_damage) # 탱크 공격 명령
```

실행결과   — □ ×

보병 : 1시 방향 적군을 공격합니다. [공격력 5]
탱크 : 1시 방향 적군을 공격합니다. [공격력 35]

실행해 보니 두 유닛 모두 명령한 대로 공격하는 것을 볼 수가 있습니다. 그런데 인원이 부족해
서 공격력이 약해 보입니다. 탱크를 하나 더 만들어 봅시다. 앞에서 tank_를 붙여 tank_name,
tank_hp, tank_damage 변수를 정의했으니 이번에는 tank2_를 붙여 tank2_name, tank2_hp,
tank2_damage라고 변수를 만들겠습니다. 새로운 탱크를 만들고 공격도 추가한 다음 지금까지
작성한 전체 코드를 실행해 봅시다.

```
# 보병: 공격 유닛, 군인, 총을 쏠 수 있음
name = "보병"  # 이름
hp = 40       # 체력
damage = 5    # 공격력

print("{} 유닛을 생성했습니다.".format(name))
print("체력 {0}, 공격력 {1}\n".format(hp, damage))

# 탱크: 공격 유닛, 포를 쏠 수 있음, 두 가지 모드(일반/시지 모드)
tank_name = "탱크"
tank_hp = 150
tank_damage = 35

print("{} 유닛을 생성했습니다.".format(tank_name))
print("체력 {0}, 공격력 {1}\n".format(tank_hp, tank_damage))

# 새로운 탱크2 추가
tank2_name = "탱크"
tank2_hp = 150
tank2_damage = 35
```

```python
print("{} 유닛을 생성했습니다.".format(tank2_name))
print("체력 {0}, 공격력 {1}\n".format(tank2_hp, tank2_damage))

# 공격 함수
def attack(name, location, damage):
    print("{0} : {1} 방향 적군을 공격합니다. [공격력 {2}]".format(name, location, damage))

attack(name, "1시", damage) # 보병 공격 명령
attack(tank_name, "1시", tank_damage) # 탱크 공격 명령
attack(tank2_name, "1시", tank2_damage) # 탱크2 공격 명령
```

실행결과	— □ ×
보병 유닛을 생성했습니다. 체력 40, 공격력 5 탱크 유닛을 생성했습니다. 체력 150, 공격력 35 탱크 유닛을 생성했습니다. 체력 150, 공격력 35 보병 : 1시 방향 적군을 공격합니다. [공격력 5] 탱크 : 1시 방향 적군을 공격합니다. [공격력 35] 탱크 : 1시 방향 적군을 공격합니다. [공격력 35]	

유닛을 추가하면 추가할 때마다 같은 방법으로 코드를 추가해야 합니다. 그런데 실제 게임에서는 서로 다른 종류의 유닛들이 최소 수십 개에서 수백 개까지 존재합니다. 또한, 유닛마다 서로 다른 정보(이름, 체력, 공격력 등)가 있는데, 이런 방법으로 관리하는 것은 무리일 것 같습니다.

9.2

클래스와 객체 생성하기

앞에서와 같은 경우에 필요한 것이 바로 **클래스**입니다. 클래스는 붕어빵 틀에 비유하곤 합니다. 붕어빵을 만들 때 틀에다가 반죽과 속재료를 넣고 불에 구우면 똑같은 모양의 붕어빵을 여러 개 만들 수 있습니다. 그리고 반죽과 속재료를 바꿔도 항상 같은 모양의 붕어빵이 만들어집니다. 그런데 붕어빵 틀이 없다면 붕어빵을 하나씩 손으로 빚어야 합니다.

그림 9-1 붕어빵 틀과 클래스

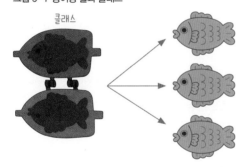

클래스의 기본 형식은 다음과 같습니다. 클래스를 나타내는 class 키워드 뒤에 클래스명을 적고 콜론을 붙입니다. 클래스명은 일반적으로 하나 또는 여러 단어의 조합으로 만드는데, 각 단어의 첫 글자는 대문자로 작성합니다. 그다음 줄부터는 클래스에 속한 내용임을 표시하기 위해 들여쓰기합니다. 클래스 안에는 필요한 함수를 정의하는데, 클래스 안에 정의하는 함수를 특별히 **메서드**(method)라고 합니다. 7장에서 배운 함수와 개념은 거의 비슷합니다. 단, 일반 함수와 다르게 첫 번째 전달값 위치에는 self라고 넣는다는 점을 주의해 주세요. self의 역할은 뒤에서 다시 다루니 여기서는 메서드의 첫 번째 전달값 위치에 항상 self를 넣는다는 점만 기억해 주세요. 메서드의 각 명령문은 메서드 소속임을 표시하기 위해 들여쓰기도 해 줍니다.

복잡해 보이죠? 형식만 봐서는 개념이나 사용법이 잘 와닿지 않을 것 같으니 앞에서 작성한 유닛 생성 코드를, 클래스를 사용해 다시 만들어 보겠습니다.

먼저 클래스명은 Unit이라고 정의합니다. Unit 클래스 안에 메서드 하나를 만드는데, 이름은 __init__(언더바를 앞뒤로 각각 2개씩)으로 합니다. 첫 번째 전달값으로 self를 넣고 나머지 전달값으로 이름, 체력, 공격력을 넣습니다. 메서드 안에는 전달값을 받는 변수를 정의합니다. 이때 변수는 다음과 같은 형식으로 정의합니다.

형식   self.변수명 = 값

이렇게 메서드 안에 정의한 변수를 **인스턴스 변수**라고 합니다. 클래스 안에서 사용하는 변수라고 보면 됩니다. 인스턴스 변수에 관해서는 **9.2.2 인스턴스 변수**에서 자세히 다루겠습니다. 마지막으로 생성한 유닛 정보를 print() 문으로 출력합니다.

```
class Unit:
    def __init__(self, name, hp, damage):
        self.name = name        # 인스턴스 변수 name에 전달값 name 저장
        self.hp = hp            # 인스턴스 변수 hp에 전달값 hp 저장
        self.damage = damage    # 인스턴스 변수 damage에 전달값 damage 저장
        print("{0} 유닛을 생성했습니다.".format(self.name))
        print("체력 {0}, 공격력 {1}".format(self.hp, self.damage))
```

처음으로 클래스를 만들었습니다. 그런데 클래스도 함수와 마찬가지로 정의만 해서는 아무런 동작도 하지 않습니다. 지금은 붕어빵 틀만 불에 올려 달군 상태입니다. 그럼 클래스를 사용해

유닛을 직접 만들어 보겠습니다. 형식은 다음과 같습니다. 소괄호 안에는 클래스의 __init__()
메서드에 정의한 부분 중 self를 제외한 나머지 전달값을 넣습니다.

형식 객체명 = 클래스명(전달값1, 전달값2, ...) # self를 제외한 나머지 전달값

형식을 참고해 보병 둘과 탱크 하나를 만들어 봅시다.

```python
class Unit:
    def __init__(self, name, hp, damage):
        self.name = name       # 인스턴스 변수 name에 전달값 name 저장
        self.hp = hp           # 인스턴스 변수 hp에 전달값 hp 저장
        self.damage = damage # 인스턴스 변수 damage에 전달값 damage 저장
        print("{0} 유닛을 생성했습니다.".format(self.name))
        print("체력 {0}, 공격력 {1}".format(self.hp, self.damage))

soldier1 = Unit("보병", 40, 5) # 보병1 생성, 전달값으로 이름/체력/공격력 전달
soldier2 = Unit("보병", 40, 5) # 보병2 생성, 전달값으로 이름/체력/공격력 전달
tank = Unit("탱크", 150, 35) # 탱크 생성, 전달값으로 이름/체력/공격력 전달
```

실행결과   — □ ✕

```
보병 유닛을 생성했습니다.
체력 40, 공격력 5
보병 유닛을 생성했습니다.
체력 40, 공격력 5
탱크 유닛을 생성했습니다.
체력 150, 공격력 35
```

코드를 작성하고 실행하면 유닛들이 생성됩니다. 클래스 하나로 서로 다른 유닛 3개를 만들었
는데, 이렇게 만들어진 유닛들을 **객체**(object)라고 합니다. 즉, soldier1, soldier2, tank는 객
체이고, 붕어빵도 객체입니다. 그리고 이렇게 만들어진 객체를 클래스의 **인스턴스**(instance)라고
합니다. 즉, soldier1, soldier2, tank 객체는 Unit 클래스의 인스턴스이고, 붕어빵은 붕어빵
틀의 인스턴스입니다.

TIP —— 객체와 인스턴스는 사실 같은 개념입니다. 객체를 만드는 것은 결국 클래스의 인스턴스를 만드는 것입니다. 보통 객체를 단
독으로 부를 때는 객체로, 클래스와 연결지어 부를 때는 인스턴스로 표현합니다.

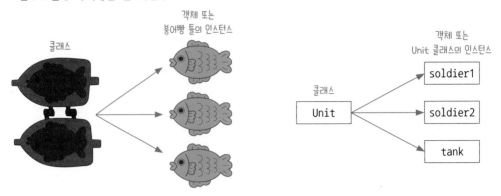

그림 9-2 클래스와 객체, 인스턴스의 관계

지금까지 클래스와 관련 있는 내용을 여럿 다뤘는데 간략히 소개하고 넘어간 부분은 뒤에서 하나씩 살펴보겠습니다. 여기서는 클래스가 무엇인지 개념만 정확히 알고 넘어가도 충분합니다.

정리하면, 클래스는 서로 관련 있는 변수(인스턴스 변수)와 함수(메서드)들의 집합입니다. 게임에서 보병과 탱크는 모두 이름, 체력, 공격력이 있습니다. 이는 유닛들의 공통 속성이므로 하나의 틀, 즉 클래스로 정의할 수 있습니다. 클래스 안에는 메서드를 여러 개 정의할 수 있으며, 각메서드의 첫 번째 전달값 위치에는 self를 넣어야 합니다. __init__() 메서드는 클래스에 필요한 값을 전달받아 self로 클래스의 인스턴스 변수를 정의합니다.

9.2.1 생성자: __init__()

Unit 클래스에 __init__() 메서드를 정의했습니다. 파이썬에서는 이를 **생성자**(constructor)라고 합니다. 생성자는 사용자가 따로 호출하지 않아도 객체를 생성할 때 자동으로 호출되는 메서드입니다. 클래스를 만들 때 __init__이라는 이름으로 메서드를 정의하면 자동으로 생성자가 됩니다. 객체를 생성할 때 생성자가 자동으로 호출되므로 생성자의 전달값 개수만큼 값을 전달해야 합니다. 단, self는 기본으로 포함하므로 제외합니다. 객체 생성을 함수 호출과 비교하면 이해하기 쉬울 겁니다.

Unit 클래스의 코드를 다시 살펴보겠습니다. __init__() 생성자 부분을 보면 self를 제외하고 name, hp, damage를 전달값으로 받습니다. 그리고 유닛, 즉 객체를 생성할 때는 값을 3개씩 전달하고요.

```
class Unit:
    def __init__(self, name, hp, damage): # 생성자, self 외 전달값 3개
        self.name = name
        self.hp = hp
        self.damage = damage
        print("{0} 유닛을 생성했습니다.".format(self.name))
        print("체력 {0}, 공격력 {1}".format(self.hp, self.damage))

soldier1 = Unit("보병", 40, 5) # 객체 생성
soldier2 = Unit("보병", 40, 5) # 객체 생성
tank = Unit("탱크", 150, 35) # 객체 생성
```

만약 전달값을 3개가 아닌 1개 또는 2개만 넘기면 어떻게 될까요?

```
soldier3 = Unit("보병") # 전달값 3개 중 1개만 넘김
```

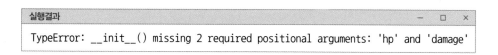

실행결과   — □ ×

TypeError: __init__() missing 2 required positional arguments: 'hp' and 'damage'

전달값을 1개만 넘기니 오류가 발생하고 오류 메시지로 hp와 damage에 해당하는 전달값 2개가 없다고 나오네요.

이번에는 전달값을 2개만 넘겨 보겠습니다.

```
soldier3 = Unit("보병", 40) # 전달값 3개 중 2개만 넘김
```

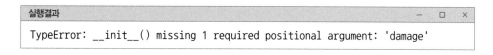

실행결과   — □ ×

TypeError: __init__() missing 1 required positional argument: 'damage'

역시나 같은 오류가 발생하고 damage에 해당하는 전달값 1개가 없다고 메시지가 나옵니다. 이와 같이 객체를 생성할 때는 self를 제외하고 __init__() 생성자에 정의한 개수만큼 전달값을 넘겨 줘야 합니다. 만약 클래스에 따로 생성자를 정의하지 않았다면 전달값 없이 클래스명만으로 객체를 생성하면 됩니다.

9.2.2 인스턴스 변수

메서드에 정의한 변수를 인스턴스 변수라고 하며 self와 함께 사용한다고 했습니다. Unit 클래스에서는 name, hp, damage가 인스턴스 변수이고, self.name과 같은 형식으로 전달값을 받아 정의합니다.

```python
class Unit:
    def __init__(self, name, hp, damage): # 생성자, self 외 전달값 3개
        self.name = name       # 인스턴스 변수 name
        self.hp = hp           # 인스턴스 변수 hp
        self.damage = damage # 인스턴스 변수 damage
        print("{0} 유닛을 생성했습니다.".format(self.name))
        print("체력 {0}, 공격력 {1}".format(self.hp, self.damage))
```

새로운 유닛을 하나 만들어 보겠습니다. 이번에 만들 유닛은 공중을 날아다니는 유닛인 전투기입니다. 전투기는 은폐라는 특수한 기능이 있어서 이 기능을 쓰면 상대방이 볼 수 없습니다. 하지만 은폐는 그냥 쓸 수 없고 게임에서 통용되는 재화를 지불해서 업그레이드해야 사용할 수 있습니다.

공중 유닛 생성은 지금까지와 동일한 방식으로 하는데, 이번에는 클래스 밖에서 인스턴스 변수 정보를 출력해 보겠습니다. 클래스 안에서는 self.으로 인스턴스 변수에 접근할 수 있었는데, 클래스 밖에서는 객체로 접근합니다. 객체로 접근할 때는 객체명 뒤에 점(.)을 찍고 인스턴스 변수명을 적으면 됩니다.

```python
# 전투기: 공중 유닛, 은폐 불가
stealth1 = Unit("전투기", 80, 5) # 객체 생성, 체력 80, 공격력 5
# 인스턴스 변수 접근
print("유닛 이름 : {0}, 공격력 : {1}".format(stealth1.name, stealth1.damage))
```

전투기 유닛을 생성했습니다.
체력 80, 공격력 5
유닛 이름 : 전투기, 공격력 : 5

객체명이 stealth1이므로 이 객체의 인스턴스 변수에는 stealth1.name과 stealth1.damage로
접근해 값을 출력합니다.

stealth2라는 이름으로 전투기 유닛을 하나 더 생성하는데, 해당 전투기는 은폐 기능까지 업그
레이드했다고 가정하겠습니다. 다음과 같이 코드를 작성하고 기존 코드 아래에 추가합니다.

```python
# 은폐 가능
stealth2 = Unit("업그레이드한 전투기", 80, 5)
```

이제 전투기에 은폐 기능이 있으니 한번 써 보겠습니다.

그런데 Unit 클래스의 인스턴스 변수에는 name, hp, damage만 있어서 은폐 상태를 관리할 수
가 없습니다. 그래서 업그레이드한 전투기만을 위한 특별한 인스턴스 변수를 하나 정의하겠습
니다. 이름은 cloaking이라고 하고, True일 때는 은폐 상태, False일 때는 일반 상태입니다.
cloaking 변수를 만들고 True라고 값을 설정해 은폐 상태로 변경합니다.

```python
# 은폐 가능
stealth2 = Unit("업그레이드한 전투기", 80, 5)
# 업그레이드한 전투기만을 위한 특별한 인스턴스 변수 정의, 은폐 상태
stealth2.cloaking = True
```

그리고 은폐 상태가 잘 설정됐는지 확인해 봅시다. 은폐 상태일 때는 cloaking 변수의 값이
True이므로 if 문으로 값이 True인지 확인합니다.

```python
# 은폐 가능
stealth2 = Unit("업그레이드한 전투기", 80, 5)
# 업그레이드한 전투기만을 위한 특별한 인스턴스 변수 정의, 은폐 상태
stealth2.cloaking = True
```

```
if stealth2.cloaking == True: # 은폐 상태라면
    print("{0}는 현재 은폐 상태입니다.".format(stealth2.name))
```

업그레이드한 전투기는 현재 은폐 상태입니다.

실행결과를 보니 은폐가 제대로 설정됐네요. 그러면 다른 전투기도 은폐 여부를 확인할 수 있을까요? 다른 전투기는 stealth1이었으니 앞에서와 같은 방식으로 코드를 작성한 후 실행해 보겠습니다.

```
if stealth1.cloaking == True: # 다른 전투기의 은폐 여부
    print("{0}는 현재 은폐 상태입니다.".format(stealth1.name))
```

AttributeError: 'Unit' object has no attribute 'cloaking'

실행하니 오류가 발생하는군요. 그렇습니다. Unit 클래스에는 처음과 변함없이 name, hp, damage라는 3개의 인스턴스 변수만 있고 cloaking은 없습니다. 그런데 stealth1에서 클래스에 정의하지 않은 cloaking 변수에 접근하니 오류가 발생한 것이죠.

stealth2는 클래스 외부에서 직접 cloaking이라는 인스턴스 변수를 정의했습니다. 이는 Unit 클래스의 모든 객체가 아닌 오직 stealth2에만 해당하는 인스턴스 변수입니다. 그래서 stealth1.cloaking으로 접근할 때와 달리 stealth2.cloaking으로 접근해 값을 비교하는 데 아무런 문제가 없습니다.

표 9-1 두 객체의 인스턴스 변수 비교

stealth1의 인스턴스 변수	stealth2의 인스턴스 변수
name	name
hp	hp
damage	damage
–	cloaking

이와 같이 클래스로부터 객체를 만든 다음, 객체만을 위한 인스턴스 변수가 필요한 경우에는 클래스 외부에서 별도로 정의할 수 있습니다. 이때 해당 객체를 제외한 다른 객체들은 새로 정의한 인스턴스 변수를 알지 못하며 사용할 수도 없습니다. 오직 한 객체만을 위한 인스턴스 변수가 됩니다.

정리하면 인스턴스 변수는 클래스의 메서드에서 정의하거나 객체를 통해 직접 정의할 수 있습니다.

지금까지 작성한 코드는 다음과 같습니다.

```python
class Unit:
    def __init__(self, name, hp, damage): # 생성자, self 외 전달값 3개
        self.name = name        # 인스턴스 변수 name
        self.hp = hp            # 인스턴스 변수 hp
        self.damage = damage # 인스턴스 변수 damage
        print("{0} 유닛을 생성했습니다.".format(self.name))
        print("체력 {0}, 공격력 {1}".format(self.hp, self.damage))

# 전투기: 공중 유닛, 은폐 불가
stealth1 = Unit("전투기", 80, 5) # 체력 80, 공격력 5
# 인스턴스 변수 접근
print("유닛 이름 : {0}, 공격력 : {1}".format(stealth1.name, stealth1.damage))

# 은폐 가능
stealth2 = Unit("업그레이드한 전투기", 80, 5)
# 업그레이드한 전투기만을 위한 특별한 인스턴스 변수 정의, 은폐 상태
stealth2.cloaking = True

if stealth2.cloaking == True: # 은폐 상태라면
    print("{0}는 현재 은폐 상태입니다.".format(stealth2.name))

# 오류 발생
# if stealth1.cloaking == True: # 다른 전투기의 은폐 여부
#     print("{0}는 현재 은폐 상태입니다.".format(stealth1.name))
```

9.2.3 메서드

메서드는 클래스 내부에 정의한 함수로, 클래스 안에 여러 개를 만들 수 있습니다. 메서드가 일반 함수와 다른 점은 전달값 부분에 첫 번째로 self를 넣는다는 점, 메서드 안에서 self.으로 인스턴스 변수에 접근할 수 있다는 점입니다.

게임에는 공격할 수 있는 유닛과 공격할 수 없는 유닛이 있습니다. 이번에는 공격할 수 있는 유닛만을 위한 새로운 클래스를 정의해 보겠습니다. 이름은 AttackUnit이라고 짓습니다. AttackUnit은 Unit 클래스와 동일하게 __init__() 생성자에서 name, hp, damage 인스턴스 변수를 정의하는데, print() 문으로 출력하는 내용은 따로 없습니다.

```python
class AttackUnit: # 공격 유닛
    def __init__(self, name, hp, damage):
        self.name = name
        self.hp = hp
        self.damage = damage
```

공격 유닛인 만큼 공격 명령을 내리면 공격하는 동작, 적군으로부터 공격받으면 피해를 입는 동작 등을 정의해야 합니다. 먼저 공격 동작을 위한 메서드를 만들겠습니다. 메서드명은 attack으로 하고 전달값에는 기본적으로 넣어야 하는 self와 공격 방향을 의미하는 location을 넣습니다.

이 게임에서는 적군 위치를 1시 방향, 9시 방향 등으로 표현합니다. 그래서 공격 명령을 받아 적군을 공격하러 갈 때는 공격하러 갈 유닛의 이름과 공격 방향 정보, 공격력을 출력하겠습니다. 유닛의 이름과 공격력은 클래스의 생성자에 인스턴스 변수로 이미 정의돼 있으므로 self.으로 접근해 사용합니다. 공격 방향은 명령을 받을 때마다 달라질 수 있으므로 인스턴스 변수가 아닌 전달값을 그대로 사용합니다. 이때 self. 없이 사용한다는 점을 주의해야 합니다.

> **TIP** — 코드를 작성할 때 문장이 너무 길어서 한 줄로 표현하기 어렵거나 보기 좋게 두 줄 이상으로 나눠 적으려면 나누려는 부분에 역슬래시(\)를 넣고 줄 바꿈을 합니다. 그러면 실행했을 때 한 문장으로 인식합니다.

```python
class AttackUnit: # 공격 유닛
    def __init__(self, name, hp, damage):
        self.name = name
```

```
        self.hp = hp
        self.damage = damage

    def attack(self, location): # 전달받은 방향으로 공격
        print("{0} : {1} 방향 적군을 공격합니다. [공격력 {2}]" \
            .format(self.name, location, self.damage)) # 공간이 좁아서 2줄로 나눔
```

다음으로 공격받아 피해를 입는 동작을 정의해 보겠습니다. 적군의 공격 유닛은 종류별로 공격력이 다르고 상황에 따라 피해 규모가 달라질 수 있으므로 피해량에 해당하는 damage를 전달값으로 받겠습니다. 그리고 유닛의 현재 체력 정보에서 damage의 값만큼 빼 줍니다. 그런데 공격받은 후 남은 체력이 0 이하라면 유닛을 사용할 수 없으므로 아쉽지만 유닛을 파괴 처리합니다. 여기서는 편의상 파괴됐다는 문구만 출력하겠습니다.

```
class AttackUnit: # 공격 유닛
    def __init__(self, name, hp, damage):
        self.name = name
        self.hp = hp
        self.damage = damage

    def attack(self, location): # 전달받은 방향으로 공격
        print("{0} : {1} 방향 적군을 공격합니다. [공격력 {2}]" \
            .format(self.name, location, self.damage)) # 공간이 좁아서 2줄로 나눔

    def damaged(self, damage): # damage만큼 유닛 피해
        # 피해 정보 출력
        print("{0} : {1}만큼 피해를 입었습니다.".format(self.name, damage))
        self.hp -= damage # 유닛의 체력에서 전달받은 damage만큼 감소
        # 남은 체력 출력
        print("{0} : 현재 체력은 {1}입니다.".format(self.name, self.hp))
        if self.hp <= 0: # 남은 체력이 0 이하이면
            print("{0} : 파괴됐습니다.".format(self.name)) # 유닛 파괴 처리
```

작성한 메서드를 사용해 보겠습니다. AttackUnit 클래스의 객체를 만들어 사용하는데, 이번에는 화염방사병이라는 새로운 유닛을 만듭니다. 화염방사병은 보병과 비슷한 공격 유닛으로, 화염방사기를 다룹니다. 보병의 총보다 사정거리는 짧지만 가까운 거리에 있는 적에게는 가공할

만한 위력을 갖추고 있습니다. 화염방사병 유닛을 하나 만들고 5시 방향으로 공격 명령을 내려 보겠습니다.

```
# 화염방사병: 공격 유닛, 화염방사기를 사용함
flamethrower1 = AttackUnit("화염방사병", 50, 16) # 객체 생성, 체력 50, 공격력 16
flamethrower1.attack("5시") # 5시 방향으로 공격 명령
```

실행결과	− □ ✕
화염방사병 : 5시 방향 적군을 공격합니다. [공격력 16]	

실행하면 화염방사병이 명령대로 5시 방향을 공격하는 것을 확인할 수 있습니다. 공격하는 와중에 적군으로부터 피해를 입는다고 가정하고 25만큼의 피해를 2번 받도록 코드를 작성합니다.

```
# 25만큼의 공격을 2번 받음
flamethrower1.damaged(25) # 남은 체력 25
flamethrower1.damaged(25) # 남은 체력 0
```

실행결과	− □ ✕
화염방사병 : 25만큼 피해를 입었습니다.	
화염방사병 : 현재 체력은 25입니다.	
화염방사병 : 25만큼 피해를 입었습니다.	
화염방사병 : 현재 체력은 0입니다.	
화염방사병 : 파괴됐습니다.	

실행하니 화염방사병이 2번 공격받고 각각 25씩 피해를 입었습니다. 체력이 50에서 0이 돼 아쉽게도 파괴됐다는 메시지를 받았습니다.

새로운 AttackUnit 클래스를 정의하고 __init__() 생성자를 제외한 2개 메서드를 추가로 정의한 후 각 메서드를 호출하는 부분까지 다뤘습니다. AttackUnit 클래스와 관련 있는 전체 코드는 다음과 같습니다.

```
class AttackUnit: # 공격 유닛
    def __init__(self, name, hp, damage):
        self.name = name
```

```python
        self.hp = hp
        self.damage = damage

    def attack(self, location): # 전달받은 방향으로 공격
        print("{0} : {1} 방향 적군을 공격합니다. [공격력 {2}]" \
              .format(self.name, location, self.damage)) # 공간이 좁아서 2줄로 나눔

    def damaged(self, damage): # damage만큼 유닛 피해
        # 피해 정보 출력
        print("{0} : {1}만큼 피해를 입었습니다.".format(self.name, damage))
        self.hp -= damage # 유닛의 체력에서 전달받은 damage만큼 감소
        # 남은 체력 출력
        print("{0} : 현재 체력은 {1}입니다.".format(self.name, self.hp))
        if self.hp <= 0: # 남은 체력이 0 이하이면
            print("{0} : 파괴됐습니다.".format(self.name)) # 유닛 파괴 처리

# 화염방사병: 공격 유닛, 화염방사기를 사용함
flamethrower1 = AttackUnit("화염방사병", 50, 16) # 객체 생성, 체력 50, 공격력 16
flamethrower1.attack("5시") # 5시 방향으로 공격 명령

# 25만큼의 공격을 2번 받음
flamethrower1.damaged(25) # 남은 체력 25
flamethrower1.damaged(25) # 남은 체력 0
```

> **Note self**
>
> self는 객체인 **자기 자신**을 의미합니다. 생성자 또는 메서드에서 self를 전달값에 넣는다는 것은 결국 객체를 받는다는 뜻입니다. 그래서 메서드 안에서 self.을 사용하는 것은 객체의 인스턴스 변수 또는 메서드에 접근하겠다는 의미가 됩니다.
>
> flamethrower1은 AttackUnit 클래스의 인스턴스입니다. flamethrower1 객체를 생성할 때는 name, hp, damage 정보만 전달하지만, 자동으로 호출되는 __init__() 생성자의 첫 번째 전달값에 있는 self에 flamethrower1 객체도 전달한다고 보면 됩니다. 그래서 생성자 안에 작성한 self.name = name은 flamethrower1.name = name과 같은 의미입니다.
>
> 복잡하고 이해하기 어렵다면 2가지만 기억하세요. 첫째, 클래스의 메서드에는 첫 번째 전달값으로 self를 적어야 합니다. 둘째, 클래스 안에서는 변수 또는 메서드에 접근하려면 self.name 또는 self.attack(...)처럼 인스턴스 변수 또는 메서드명 앞에 self.을 함께 적어야 합니다.

1. 다음 **가**에 들어갈 용어로 알맞은 것은?

> **보기** A 클래스로부터 만들어진 객체 B가 있다고 할 때, B는 A의 **가**라고 표현한다.

① 인스턴트   ② 인스턴스   ③ 오브젝트   ④ 블루프린트

2. 다음 클래스 객체의 name 변수에 값을 저장하기 위해 **가**에 들어갈 기호로 알맞은 것은?

```
class Student:
    (생략)

student = Student()
student가name = "나학생"
```

① .   ② ,   ③ :   ④ ->

3. 다음 중 클래스에 관한 설명으로 <u>잘못된</u> 것은?

① __init__() 함수 내에서 self.name = name과 같이 정의되는 변수를 인스턴스 변수라고 한다.

② 특정 객체에 변수를 따로 추가하면 해당 클래스로 만든 모든 객체에 동일하게 변수가 추가된다.

③ 서로 다른 두 객체의 인스턴스 변수는 서로 다른 값을 가질 수 있다.

④ 인스턴스 변수는 없을 수도 있고 여러 개가 있을 수도 있다.

9.3

클래스 상속하기

상속(inheritance)은 자식이 부모로부터 재산을 물려받는 것을 의미하죠. 파이썬에서 상속은 한 클래스의 내용을 다른 클래스가 물려받아 사용하는 것을 뜻합니다. 이 절에서는 상속이 무엇인지 알아보겠습니다.

9.3.1 상속이란

9.2.3 메서드에서 유닛 중에서 공격할 수 없는 유닛도 있다고 했는데, 유닛들의 수송을 담당하는 수송선과 부상당한 유닛을 치료해 주는 의무병 등이 이에 해당합니다. 이런 유닛은 공격 명령이 포함된 AttackUnit 클래스로 생성할 수 없습니다. 그래서 처음에 만든 Unit 클래스를 수정해 보겠습니다.

damage 인스턴스 변수를 포함해 공격과 관련한 내용은 AttackUnit 클래스에 있으므로 Unit 클래스는 일반적인 유닛을 위한 클래스로 수정합니다. 모든 유닛은 이름과 체력 정보가 있어야 하므로 name, hp 인스턴스 변수는 남겨 두고 공격력인 damage 인스턴스 변수는 없앱니다. 또한, 코드를 간결하게 하기 위해 print() 문도 삭제하겠습니다.

```python
class Unit:
    def __init__(self, name, hp, damage): # 공격력인 damage 삭제
        self.name = name
        self.hp = hp
        self.damage = damage # 삭제
        print("{0} 유닛을 생성했습니다.".format(self.name)) # 삭제
```

```
    print("체력 {0}, 공격력 {1}".format(self.hp, self.damage)) # 삭제
```

코드가 매우 가벼워졌습니다.

```
# 일반 유닛
class Unit:
    def __init__(self, name, hp):
        self.name = name
        self.hp = hp
```

이번에는 AttackUnit 클래스도 살펴볼까요? __init__() 생성자 부분만 보면 Unit 클래스와
겹치는 부분이 있네요.

```
# 공격 유닛
class AttackUnit:
    def __init__(self, name, hp, damage):
        self.name = name # 공통 부분
        self.hp = hp     # 공통 부분
        self.damage = damage
    (생략)
```

일반 유닛도 name, hp 인스턴스 변수가 있고 공격 유닛에도 name, hp 인스턴스 변수가 있습니다.
만약 유닛의 특성에 따라 공격 유닛, 공중 유닛, 지상 유닛 등으로 확장된다면 클래스마다 name,
hp 인스턴스 변수를 일일이 넣어야겠죠.

다행히 파이썬에는 앞에서 말한 상속이라는 개념이 있어서 클래스에 공통되는 부분을 중복으로
작성하지 않고 재사용할 수 있습니다. AttackUnit 클래스는 Unit 클래스의 name, hp 인스턴스
변수를 포함하면서 추가로 damage 인스턴스 변수를 정의하고 있으므로 Unit 클래스로부터 상
속받으면 Unit 클래스의 name, hp 인스턴스 변수를 정의하지 않아도 그대로 사용할 수 있습니
다. 이것이 파이썬에서 상속의 의미입니다.

다른 클래스로부터 상속받을 때는 클래스명 뒤에 소괄호를 적고 상속받을 클래스명을 명시하면
됩니다. 이때 두 클래스는 실생활에서 자식이 부모로부터 상속받는 관계와 비슷해서 **자식 클래스**
와 **부모 클래스**라고 표현합니다.

> **형식** class 자식 클래스(부모 클래스):

AttackUnit 클래스의 __init__() 생성자에서 name, hp 인스턴스 변수를 정의하는 부분은 다음과 같이 부모 클래스인 Unit 클래스의 __init__() 생성자를 호출하는 방식으로 코드를 간소화할 수가 있습니다. 이때 self도 함께 넘겨 줘야 합니다.

```python
# 공격 유닛
class AttackUnit(Unit): # Unit 클래스 상속
    def __init__(self, name, hp, damage):
        Unit.__init__(self, name, hp) # 부모 클래스의 생성자 호출
        self.damage = damage
    (생략)
```

이제 AttackUnit 클래스는 Unit 클래스의 모든 인스턴스 변수와 메서드를 그대로 사용할 수 있습니다. 또한, AttackUnit 클래스만을 위한 인스턴스 변수와 메서드를 추가할 수도 있습니다.

이처럼 서로 관련 있는 클래스들에서 공통 부분을 모아 부모 클래스로 정의하고 자식 클래스에서는 필요한 부분을 확장해 사용하면 불필요한 코드의 중복 작성을 방지할 수 있고 수정이나 추가 사항이 생길 때 작업 범위를 최소화할 수 있습니다.

상속을 적용한 두 클래스의 전체 코드는 다음과 같습니다.

```python
# 일반 유닛
class Unit:
    def __init__(self, name, hp):
        self.name = name
        self.hp = hp

# 공격 유닛
class AttackUnit(Unit): # Unit 클래스 상속
    def __init__(self, name, hp, damage):
        Unit.__init__(self, name, hp) # 부모 클래스의 생성자 호출
        self.damage = damage

    def attack(self, location): # 전달받은 방향으로 공격
```

```python
        print("{0} : {1} 방향 적군을 공격합니다. [공격력 {2}]" \
            .format(self.name, location, self.damage))

    def damaged(self, damage): # damage만큼 유닛 피해
        # 피해 정보 출력
        print("{0} : {1}만큼 피해를 입었습니다.".format(self.name, damage))
        self.hp -= damage # 유닛의 체력에서 전달받은 damage만큼 감소
        # 남은 체력 출력
        print("{0} : 현재 체력은 {1}입니다.".format(self.name, self.hp))
        if self.hp <= 0: # 남은 체력이 0 이하이면
            print("{0} : 파괴됐습니다.".format(self.name)) # 유닛 파괴 처리
```

9.2.3 **메서드**에서 만든 공격 명령 코드를 실행했을 때 동일한 결과가 나오는지 확인해 보겠습니다.

```python
flamethrower1 = AttackUnit("화염방사병", 50, 16)
flamethrower1.attack("5시") # 5시 방향으로 공격 명령

# 25만큼의 공격을 2번 받음
flamethrower1.damaged(25) # 남은 체력 25
flamethrower1.damaged(25) # 남은 체력 0
```

실행결과	− □ ×
화염방사병 : 5시 방향 적군을 공격합니다. [공격력 16]	
화염방사병 : 25만큼 피해를 입었습니다.	
화염방사병 : 현재 체력은 25입니다.	
화염방사병 : 25만큼 피해를 입었습니다.	
화염방사병 : 현재 체력은 0입니다.	
화염방사병 : 파괴됐습니다.	

실행결과는 이전과 같습니다. Unit 클래스가 간소화됐고, AttackUnit 클래스는 Unit 클래스를 상속하도록 변경됐습니다. 하지만 AttackUnit 클래스는 부모 클래스로부터 상속받은 hp, name 인스턴스 변수를 그대로 사용할 수 있습니다.

9.3.2 다중 상속

공중 유닛에는 전투기와 같이 공격이 가능한 유닛과 보병, 탱크 등 지상 유닛을 다른 위치로 수송하면서 공격력은 없는 수송선 같은 유닛이 있습니다.

공중 유닛은 날 수 있는데, 이 기능은 지상 유닛에는 적용될 수 없습니다. 따라서 비행 기능을 정의하는 클래스를 별도로 만들겠습니다. 클래스명은 Flyable이라고 하고 __init__() 생성자에는 비행할 때 속도를 의미하는 flying_speed를 인스턴스 변수로 넣겠습니다. 공중 유닛은 무게나 크기, 종류, 비행 속도 업그레이드 여부에 따라 비행 속도가 달라집니다. 비행 동작은 fly() 메서드로 정의합니다. Flyable 클래스는 비행 기능만 제공하므로 어떤 유닛인지에 대한 정보는 포함하지 않겠습니다. 그 대신 fly() 메서드를 호출할 때 유닛의 이름과 비행 방향 정보를 전달받습니다.

```python
# 비행 기능
class Flyable:
    def __init__(self, flying_speed): # 비행 속도
        self.flying_speed = flying_speed

    def fly(self, name, location): # 유닛 이름, 비행 방향
        print("{0} : {1} 방향으로 날아갑니다. [속도 {2}]" \
            .format(name, location, self.flying_speed))
```

인스턴스 변수를 공부할 때 상대방에게 보이지 않는 은폐라는 특수 기능을 가진 전투기를 소개했습니다. 전투기는 비행하며 공격할 수 있는 공중 공격 유닛입니다. '공중 + 공격 유닛'이 합쳐져 있으니 지금까지 만든 클래스 중에서 '공격' 유닛인 AttackUnit 클래스와 '공중', 즉 비행 기능을 제공하는 Flyable 클래스를 조합하면 공중 공격 유닛을 만들 수 있습니다.

그럼 공중 공격 유닛을 위한 새로운 클래스를 만들어 보겠습니다. 이름은 FlyableAttackUnit으로 하고, 이번에는 AttackUnit 클래스와 Flyable 클래스를 함께 상속받습니다. 이렇게 클래스를 2개 이상 상속받는 것을 **다중 상속**(multiple inheritance)이라고 하며 다음과 같이 쉼표로 구분해 부모 클래스명을 나열하면 됩니다.

형식　class 자식 클래스(부모 클래스1, 부모 클래스2, ...):

그리고 __init__() 생성자 안에서 상속받은 클래스들의 __init__() 생성자를 각각 호출하면
됩니다.

```python
# 공중 공격 유닛
class FlyableAttackUnit(AttackUnit, Flyable):
    # 유닛 이름, 체력, 공격력, 비행 속도
    def __init__(self, name, hp, damage, flying_speed):
        AttackUnit.__init__(self, name, hp, damage) # 유닛 이름, 체력, 공격력
        Flyable.__init__(self, flying_speed) # 비행 속도
```

이렇게 완성한 클래스로 요격기라는 새로운 유닛을 만들어 보겠습니다. 요격기는 미사일 여러
발을 한 번에 발사하는 강력한 공중 공격 유닛입니다. 특히 혼자 있을 때보다 여럿이 모였을 때
적군에게 더 강력한 피해를 입힐 수 있습니다.

FlyableAttackUnit 클래스로 새로운 객체를 만들고 이름은 interceptor로 합니다. 생성자에
는 유닛 이름, 체력, 공격력, 비행 속도 정보를 전달합니다. 그런 다음 Flyable 클래스에 정의한
fly() 메서드를 호출하는데, 이때 이동할 유닛 이름과 방향 정보를 전달값으로 넘깁니다.

```python
# 요격기: 공중 공격 유닛, 미사일 여러 발을 한 번에 발사
# 유닛 이름, 체력, 공격력, 비행 속도
interceptor = FlyableAttackUnit("요격기", 200, 6, 5)
interceptor.fly(interceptor.name, "3시") # 3시 방향으로 이동
```

실행결과	— □ ×
요격기 : 3시 방향으로 날아갑니다. [속도 5]	

실행해 보면 요격기 유닛이 3시 방향으로 날아가고, 이때 비행 속도는 5라는 것을 알 수 있습
니다.

클래스가 많아지고 상속 관계가 생기다 보니 코드를 파악하기 어려울 수 있어서 상속 관계를 다
음과 같이 그림으로 표현했습니다.

그림 9-3 클래스 상속 관계

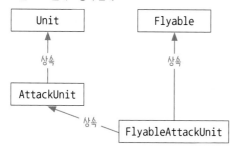

먼저 모든 유닛에 공통 요소인 이름과 체력을 담은 일반 유닛 클래스 Unit이 있습니다. Unit 클래스를 상속받아 공격력까지 표시하는 공격 유닛 클래스 AttackUnit도 정의했습니다. 그리고 비행 기능이 있는 Flyable 클래스를 정의했습니다. 이 클래스는 비행 속도 정보와 비행 동작 메서드만 가지고 있습니다. 마지막으로 공중 공격 유닛을 위해 AttackUnit 클래스와 Flyable 클래스를 다중 상속하는 FlyableAttackUnit 클래스를 만들었습니다. 전투기나 요격기를 만들기에 적합합니다.

> **TIP ——** 그림을 통해 클래스 간 관계를 파악해서 지금까지 설명한 유닛을 어떤 클래스 또는 어떤 클래스들을 조합해 만드는 게 좋을지 복습한 후에 다음 절로 넘어가면 좋습니다.

지금까지 작성한 코드는 다음과 같습니다.

```python
# 일반 유닛
class Unit:
    def __init__(self, name, hp):
        self.name = name
        self.hp = hp


# 공격 유닛
class AttackUnit(Unit): # Unit 클래스 상속
    def __init__(self, name, hp, damage):
        Unit.__init__(self, name, hp) # 부모 클래스의 생성자 호출
        self.damage = damage

    def attack(self, location): # 전달받은 방향으로 공격
        print("{0} : {1} 방향 적군을 공격합니다. [공격력 {2}]" \
            .format(self.name, location, self.damage))
```

```python
    def damaged(self, damage): # damage만큼 유닛 피해
        # 피해 정보 출력
        print("{0} : {1}만큼 피해를 입었습니다.".format(self.name, damage))
        self.hp -= damage # 유닛의 체력에서 전달받은 damage만큼 감소
        # 남은 체력 출력
        print("{0} : 현재 체력은 {1}입니다.".format(self.name, self.hp))
        if self.hp <= 0: # 남은 체력이 0 이하이면
            print("{0} : 파괴됐습니다.".format(self.name)) # 유닛 파괴 처리


# 비행 기능
class Flyable:
    def __init__(self, flying_speed): # 비행 속도
        self.flying_speed = flying_speed

    def fly(self, name, location): # 유닛 이름, 비행 방향
        print("{0} : {1} 방향으로 날아갑니다. [속도 {2}]" \
            .format(name, location, self.flying_speed))


# 공중 공격 유닛
class FlyableAttackUnit(AttackUnit, Flyable):
    # 유닛 이름, 체력, 공격력, 비행 속도
    def __init__(self, name, hp, damage, flying_speed):
        AttackUnit.__init__(self, name, hp, damage) # 이름, 체력, 공격력
        Flyable.__init__(self, flying_speed) # 비행 속도


# 요격기: 공중 공격 유닛, 미사일 여러 발을 한 번에 발사
# 유닛 이름, 체력, 공격력, 비행 속도
interceptor = FlyableAttackUnit("요격기", 200, 6, 5)
interceptor.fly(interceptor.name, "3시") # 3시 방향으로 이동
```

9.3.3 메서드 오버라이딩

게임에서 유닛들은 플레이어가 지정한 위치나 방향으로 이동합니다. 그런데 유닛마다 이동 속도가 다릅니다. 빠른 유닛도 있고 느린 유닛도 있죠. **9.3.2 다중 상속**에서 공중 유닛을 위한 Flyable 클래스에 비행 속도를 의미하는 flying_speed를 이미 정의했습니다. 그래서 이번에는 지상 유닛의 이동 속도를 의미하는 speed 인스턴스 변수를 Unit 클래스에 추가해 보겠습니다.

그리고 이동 동작을 나타내는 move( ) 메서드를 정의하고 공중 유닛과 구분하는 문구를 추가해서 어떤 유닛이 몇 시 방향으로 이동하는지를 출력하겠습니다.

```python
# 일반 유닛
class Unit:
    def __init__(self, name, hp, speed): # speed 추가
        self.name = name
        self.hp = hp
        self.speed = speed # 지상 이동 속도

    def move(self, location): # 이동 동작 정의
        print("[지상 유닛 이동]")
        print("{0} : {1} 방향으로 이동합니다. [속도 {2}]" \
            .format(self.name, location, self.speed))
```

Unit 클래스를 변경하고 나면 Unit 클래스를 상속받는 자식 클래스에 영향을 끼치게 됩니다. speed 인스턴스 변수를 새로 추가했으니 __init__() 생성자를 사용하는 부분은 변경해 줘야 합니다.

먼저 공격 유닛인 AttackUnit 클래스에 speed 인스턴스 변수를 추가하겠습니다.

```python
# 공격 유닛
class AttackUnit(Unit): # Unit 클래스 상속
    def __init__(self, name, hp, damage, speed): # speed 추가
        Unit.__init__(self, name, hp, speed) # speed 추가
        self.damage = damage
    (생략)
```

AttackUnit 클래스가 변경됐으니 AttackUnit 클래스를 상속받는 FlyableAttackUnit 클래스도 수정해야 합니다. 공중 공격 유닛은 비행 속도인 flying_speed가 이미 정의돼 있고, 지상에서는 이동하지 못하므로 지상 이동 속도를 0으로만 설정합니다.

```python
# 공중 공격 유닛
class FlyableAttackUnit(AttackUnit, Flyable):
    def __init__(self, name, hp, damage, flying_speed):
```

```
AttackUnit.__init__(self, name, hp, damage, 0) # 지상 이동 속도 0
Flyable.__init__(self, flying_speed) # 비행 속도
```

잘 반영됐는지 확인하기 위해 지상 이동 속도를 포함한 새로운 공격 유닛을 만들어 보겠습니다. 이번에 만들 유닛은 지상 유닛 중에서 가장 속도가 빠른 호버 바이크입니다. AttackUnit 클래스로 호버 바이크 객체를 생성하는데, 전달값으로 지상 이동 속도 10을 포함해 체력 80, 공격력 20을 넣습니다.

```
# 호버 바이크: 지상 유닛, 기동성 좋음
hoverbike = AttackUnit("호버 바이크", 80, 20, 10) # 지상 이동 속도 10
```

FlyableAttackUnit 클래스도 수정했으니 공중 공격 유닛도 하나 만들어 봅시다. 이번에는 유닛 중 가장 강력한 거대 함선으로 압도적인 화력을 자랑하는 우주 순양함을 만들겠습니다. 공중 공격 유닛인 우주 순양함은 크기도 엄청나며 체력과 공격력 또한 굉장히 높습니다. 체력은 500, 공격력은 25, 비행 속도는 3으로 하겠습니다. 덩치가 워낙 커서 속도는 다소 느립니다.

```
# 우주 순양함: 공중 유닛, 체력도 굉장히 좋음, 공격력도 좋음
spacecruiser = FlyableAttackUnit("우주 순양함", 500, 25, 3) # 비행 속도 3
```

새로 만든 두 유닛을 함께 이동시켜 보겠습니다. 호버 바이크는 지상 유닛이므로 move() 메서드로 이동하고, 우주 순양함은 공중 유닛이므로 fly() 메서드로 이동하면 되겠네요.

```
hoverbike.move("11시")
spacecruiser.fly(spacecruiser.name, "9시")
```

실행결과   — □ ×

```
[지상 유닛 이동]
호버 바이크 : 11시 방향으로 이동합니다. [속도 10]
우주 순양함 : 9시 방향으로 날아갑니다. [속도 3]
```

코드를 작성하고 실행해 보면 각 유닛의 이동 방향과 속도 정보가 모두 잘 표시됩니다. 특히 지상 유닛은 이동한다고 표현하고, 공중 유닛은 날아간다고 표현하는 것을 볼 수 있습니다.

그런데 실행결과처럼 나오면 공중 공격 유닛인 우주 순양함이 지상 유닛 이동에 포함돼 보입니다. 또한, 많은 지상 유닛과 공중 유닛을 이동할 때마다 지상 유닛인지 공중 유닛인지 구분해 move()와 fly() 메서드를 적용하는 것은 너무 번거롭네요. fly() 메서드를 사용할 때 유닛의 이름 정보까지 전달해야 하는 불편함도 있고요. 이런 경우에 **메서드 오버라이딩**(메서드 재정의, method overriding)을 사용할 수 있습니다. 메서드 오버라이딩은 상속 관계일 때 자식 클래스에서 부모 클래스에 정의한 메서드를 그대로 사용하지 않고 같은 이름으로 메서드를 새롭게 정의해 사용하는 방법입니다.

FlyableAttackUnit 클래스가 상속받는 부모 클래스는 AttackUnit 클래스와 Flyable 클래스입니다. 이 중에서 AttackUnit 클래스는 Unit 클래스를 상속받으므로 결국 FlyableAttackUnit 클래스에서도 Unit 클래스의 모든 내용을 그대로 사용할 수 있습니다.

여기서는 Unit 클래스에 정의한 move() 메서드를 FlyableAttackUnit 클래스에서 오버라이딩해 보겠습니다. 메서드 오버라이딩할 때는 부모 클래스에 정의한 메서드를 그대로 자식 클래스에서 동일한 이름과 전달값으로 정의하고, 메서드 동작만 원하는 대로 변경하면 됩니다.

공중 공격 유닛의 이동이므로 메서드 동작에 안내 문구를 추가합니다. 그리고 공중으로 날아다니므로 또 다른 부모 클래스인 Flyable 클래스에 정의한 fly() 메서드를 호출하면 됩니다. 이때 유닛 이름과 이동할 위치 정보를 함께 전달합니다.

```python
# 공중 공격 유닛
class FlyableAttackUnit(AttackUnit, Flyable):
    def __init__(self, name, hp, damage, flying_speed):
        AttackUnit.__init__(self, name, hp, damage, 0)
        Flyable.__init__(self, flying_speed)

    def move(self, location): # Unit 클래스의 move() 메서드를 오버라이딩
        print("[공중 유닛 이동]")
        self.fly(self.name, location)
```

메서드를 새로 정의했으니 제대로 적용되는지 다시 한번 유닛들을 이동시켜 봅시다. 이번에는 지상과 공중 구분 없이 모두 move()로만 이동하겠습니다. fly() 메서드를 사용할 때와 달리 유닛 이름까지 전달해야 하는 번거로움을 줄일 수 있습니다.

```
hoverbike.move("11시")
# spacecruiser.fly(spacecruiser.name, "9시")
spacecruiser.move("9시") # 오버라이딩한 move() 메서드 호출
```

실행결과   — □ ×

```
[지상 유닛 이동]
호버 바이크 : 11시 방향으로 이동합니다. [속도 10]
[공중 유닛 이동]
우주 순양함 : 9시 방향으로 날아갑니다. [속도 3]
```

실행해 보니 두 유닛 모두 올바르게 이동합니다. 지상 유닛인 호버 바이크는 이동한다고 표현하고, 공중 유닛인 우주 순양함은 날아간다고 표현하고요.

다음 그림을 보면 상속 관계는 변함이 없지만 Unit 클래스에 move() 메서드를 정의함으로써 Unit 클래스로 생성한 객체들은 모두 move() 메서드를 사용해 지상에서 이동할 수 있습니다. 하지만 공중 공격 유닛인 FlyableAttackUnit 클래스로 생성한 객체들은 지상 이동이 아닌 공중에서 비행합니다. 따라서 Flyable 클래스의 fly() 메서드를 사용해야 합니다. 그런데 유닛이 많아지면 개별적으로 관리하기가 어려우므로 move() 메서드를 오버라이딩해서 재정의한 메서드에서 fly()를 호출하도록 바꿨습니다. 이렇게 하면 같은 move() 메서드를 호출하더라도 AttackUnit 클래스로 만들어진 유닛은 부모 클래스인 Unit 클래스의 move() 메서드를, FlyableAttackUnit 클래스로 만들어진 유닛은 오버라이딩한 FlyableAttackUnit 클래스의 move() 메서드를 호출하게 됩니다.

그림 9-4 메서드 오버라이딩

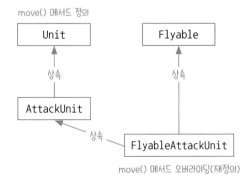

지금까지 작성한 전체 코드는 다음과 같습니다.

```python
# 일반 유닛
class Unit:
    def __init__(self, name, hp, speed): # speed 추가
        self.name = name
        self.hp = hp
        self.speed = speed # 지상 이동 속도

    def move(self, location): # 이동 동작 정의
        print("[지상 유닛 이동]")
        print("{0} : {1} 방향으로 이동합니다. [속도 {2}]" \
            .format(self.name, location, self.speed))

# 공격 유닛
class AttackUnit(Unit): # Unit 클래스 상속
    def __init__(self, name, hp, damage, speed): # speed 추가
        Unit.__init__(self, name, hp, speed) # speed 추가
        self.damage = damage

    def attack(self, location):
        print("{0} : {1} 방향 적군을 공격합니다. [공격력 {2}]" \
            .format(self.name, location, self.damage))

    def damaged(self, damage):
        print("{0} : {1}만큼 피해를 입었습니다.".format(self.name, damage))
        self.hp -= damage
        print("{0} : 현재 체력은 {1}입니다.".format(self.name, self.hp))
        if self.hp <= 0:
            print("{0} : 파괴됐습니다.".format(self.name))

# 비행 기능
class Flyable:
    def __init__(self, flying_speed): # 비행 속도
        self.flying_speed = flying_speed

    def fly(self, name, location):
        print("{0} : {1} 방향으로 날아갑니다. [속도 {2}]" \
            .format(name, location, self.flying_speed))
```

```
# 공중 공격 유닛
class FlyableAttackUnit(AttackUnit, Flyable):
    def __init__(self, name, hp, damage, flying_speed):
        AttackUnit.__init__(self, name, hp, damage, 0)
        Flyable.__init__(self, flying_speed)

    def move(self, location): # Unit 클래스의 move() 메서드를 오버라이딩
        print("[공중 유닛 이동]")
        self.fly(self.name, location)

# 호버 바이크: 지상 유닛, 기동성 좋음
hoverbike = AttackUnit("호버 바이크", 80, 20, 10) # 지상 이동 속도 10

# 우주 순양함: 공중 유닛, 체력도 굉장히 좋음, 공격력도 좋음
spacecruiser = FlyableAttackUnit("우주 순양함", 500, 25, 3) # 비행 속도 3

hoverbike.move("11시")
spacecruiser.move("9시") # 오버라이딩한 move() 메서드 호출
```

1분 퀴즈 해설 노트 p.417

4. 다음 Burger 클래스를 상속해 CheeseBurger를 만들기 위한 방법으로 옳은 것은?

```
class Burger:
    def __init__(self):
        self.add("패티")
        self.add("양상추")

    def add(self, item):
        print(f"{item} 추가")
```

① class CheeseBurger(Burger):

② class CheeseBurger[Burger]:

③ class CheeseBurger in Burger:

④ class CheeseBurger extends Burger:

5. 다음 중 상속에 대한 설명으로 <u>잘못된</u> 것은?

① 다중 상속은 여러 클래스로부터 상속받는 것을 말한다.

② 클래스를 여러 개 상속받을 때는 콜론(:)으로 구분해 적는다.

③ 코드의 중복 입력 없이 부모 클래스의 기능을 그대로 이용할 수 있다.

④ 지식 클래스에서 부모 클래스의 메서드에 접근할 수 있다.

6. 보기에서 설명하는 용어로 알맞은 것은?

> **보기** 부모 클래스의 메서드를 자식 클래스에서 새롭게 정의해 기존 동작을 개선하거나 새로운 동작을 수행하도록 하는 것

① 메서드 오버로딩(overloading)

② 메서드 오버라이딩(overriding)

③ 메서드 오버라이팅(overwriting)

④ 메서드 리라이팅(rewriting)

9.4

동작 없이 일단 넘어가기: pass

게임에서 유닛은 무한정으로 만들 수 없습니다. 처음 게임을 시작할 때는 인구 8에 해당하는 유닛을 만들 수 있고 8을 초과하면 더 이상 유닛을 뽑지 못합니다. 더 많은 유닛을 계속 뽑으려면 인구 제한을 늘려야 합니다. 인구 제한을 늘리려면 보급고라는 건물 유닛을 지으면 됩니다. 보급고가 하나씩 늘어날 때마다 인구 8만큼 유닛을 더 만들 수 있습니다.

이번에는 건물 유닛을 짓기 위한 클래스를 만들어 보겠습니다. 건물 유닛도 일반 유닛처럼 이름과 체력이 있어서 적군으로부터 공격받아 체력이 0이 되면 파괴됩니다. Unit 클래스에 공통 속성이 있으니 다른 유닛과 마찬가지로 이를 상속받습니다. 건물 유닛을 지을 때는 어느 위치에 지을지를 플레이어가 정하는데, 이를 location이라고 하겠습니다.

건물 유닛을 클래스로 정의할 때 __init__() 생성자의 세부 내용은 일단 그냥 내버려 두겠습니다. 다른 작업을 먼저 하고 나서 나중에 코드를 작성하려고요. 이럴 때 파이썬에서는 **pass**를 사용합니다. 여기서 pass는 **아무것도 하지 않고 일단 그냥 넘어간다**는 의미로 사용합니다. **6.2.3 흐름 제어하기: continue와 break**에서 배운 continue와 break의 역할을 떠올려 보면 됩니다.

```python
# 건물 유닛
class BuildingUnit(Unit):
    def __init__(self, name, hp, location):
        pass

# 보급고: 건물 유닛, 1개 건물 유닛 = 8유닛
supply_depot = BuildingUnit("보급고", 500, "7시") # 체력 500, 생성 위치 7시
```

이렇게만 작성한 상태에서 실행하면 supply_depot 객체가 오류 없이 잘 생성됩니다. pass 때문에 __init__() 생성자는 실제로 완성되지 않았지만, 마치 완성된 것처럼 보입니다.

pass는 다른 곳에서도 사용할 수 있습니다. 앞의 코드에 이어서 함수 2개를 만들어 보겠습니다. 게임 시작을 알리는 game_start() 함수와 게임 종료를 알리는 game_over() 함수입니다. game_start()에서는 실행할 문장 부분에 print() 문으로 안내 문구를 출력하지만, game_over()에서는 pass만 작성합니다.

```python
def game_start():
    print("[알림] 새로운 게임을 시작합니다.")

def game_over():
    pass

game_start()
game_over()
```

```
[알림] 새로운 게임을 시작합니다.
```

실행하면 게임 시작을 알리는 안내 문구만 출력합니다. game_start() 함수에서는 정의한 동작을 수행하고, game_over() 함수는 pass로 아무 동작 없이 그냥 넘어갑니다. 함수뿐 아니라 if 문, for 문, while 문 등에서도 pass로 당장은 세부 동작을 정의하지 않은 채로 뒀다가 나중에 다시 코드를 완성할 수 있습니다.

이 절에서 작성한 전체 코드는 다음과 같습니다.

```python
# 건물 유닛
class BuildingUnit(Unit):
    def __init__(self, name, hp, location):
        pass

# 보급고: 건물 유닛, 1개 건물 유닛 = 8유닛
supply_depot = BuildingUnit("보급고", 500, "7시") # 체력 500, 생성 위치 7시
```

```python
def game_start():
    print("[알림] 새로운 게임을 시작합니다.")


def game_over():
    pass


game_start()
game_over()
```

1분 퀴즈

해설 노트 p.417

7. 다음 중 pass의 사용 예로 올바르지 <u>않은</u> 것은?

①
```python
while True:
    pass
```

②
```python
def add():
    pass
```

③
```python
if pass:
    print("to be defined")
```

④
```python
class Book:
    pass
```

부모 클래스 호출하기: super()

건물 유닛 클래스를 만들 때 pass로만 남겨 둔 __init__() 생성자의 코드를 완성해 보겠습니다. Unit 클래스를 상속받으므로 Unit 클래스의 __init__() 생성자를 활용하면 됩니다. 건물은 이동할 수 없으므로 speed 정보는 0으로 하고 다음 줄에서 location 인스턴스 변수를 정의합니다.

TIP — 실제 게임에서는 건물 유닛도 날아서 이동할 수 있습니다.

```
class BuildingUnit(Unit):
    def __init__(self, name, hp, location):
        Unit.__init__(self, name, hp, 0) # 지상 이동 속도 0, 건물은 지상 이동 불가
        self.location = location
```

그런데 일상생활에서 우리가 누군가의 부모님을 칭할 때 성함을 직접 부르는 경우는 많지 않습니다. 예를 들어, 주말에 친구들과 놀러가기로 했을 때 "우리 놀러 가는 거 부모님께 허락받았어?"라고 물어보지 "OOO님께 허락받았어?"라고 하지는 않죠.

클래스에서도 이름을 직접 적지 않고도 부모 클래스에 접근하는 방법이 있습니다. 바로 이번에 배울 **super()**입니다. super()는 상속하는 부모 클래스의 메서드를 사용할 때 필요합니다.

앞의 코드를 다음과 같이 수정하면 동일한 동작을 수행합니다. 단, super()를 사용하는 문장에서는 self를 함께 사용하지 않으니 이 점을 주의해야 합니다.

```
class BuildingUnit(Unit):
    def __init__(self, name, hp, location):
        # Unit.__init__(self, name, hp, 0) # 지상 이동 속도 0, 건물은 지상 이동 불가
```

```
        super().__init__(name, hp, 0) # 부모 클래스 접근, self 없이 사용
        self.location = location
```

하지만 부모 클래스를 2개 이상 상속하는 다중 상속일 때는 어떨까요? 비교해 보기 위해 새로운
파이썬 파일(super.py)을 하나 만들어서 다음과 같이 코드를 작성합니다.

super.py
```
class Unit:
    def __init__(self):
        print("Unit 생성자")

class Flyable:
    def __init__(self):
        print("Flyable 생성자")

class FlyableUnit(Unit, Flyable):
    def __init__(self):
        super().__init__()

# 수송선
troopship = FlyableUnit()
```

일반 유닛인 Unit 클래스와 비행 기능인 Flyable 클래스를 정의합니다. 이 둘을 부모 클래스로
하는 공중 유닛인 FlyableUnit을 정의하고 생성자에서 super()로 부모 클래스의 생성자를 호
출하게 합니다. 그리고 공중 유닛 중에서 유닛의 수송을 담당하는 수송선을 생성하는 코드를 적
고 실행해 보면 결과가 다음과 같습니다.

실행결과   — ☐ ✕
Unit 생성자

부모 클래스는 분명 Unit과 Flyable인데, super()로 생성자를 호출했을 때 Unit 클래스의 생
성자가 호출됩니다. 부모 클래스의 상속 순서를 Unit, Flyable에서 Flyable, Unit으로 바꾼 후
다시 실행해 보겠습니다.

super.py

```
# class FlyableUnit(Unit, Flyable):
class FlyableUnit(Flyable, Unit): # 상속 순서 변경
    def __init__(self):
        super().__init__()
```

실행결과   — ☐ ✕

```
Flyable 생성자
```

이번에는 Flyable 클래스의 생성자가 호출되는 것을 볼 수 있습니다. 즉, 다중 상속을 받은 클래스에서 super()로 부모 클래스에 접근할 때는 순서상 가장 먼저 상속받은 클래스에 접근하게 됩니다. 그러므로 다중 상속을 할 때 모든 부모 클래스의 생성자를 호출하려면 super()를 사용하지 않고 다음과 같이 각 부모 클래스의 이름을 명시해서 접근해야 합니다.

super.py

```
# class FlyableUnit(Unit, Flyable):
class FlyableUnit(Flyable, Unit):
    def __init__(self):
        # super().__init__()
        Unit.__init__(self) # Unit 클래스 생성자 호출
        Flyable.__init__(self) # Flyable 클래스 생성자 호출
```

실행결과   — ☐ ✕

```
Unit 생성자
Flyable 생성자
```

실행해 보면 부모 클래스의 생성자를 모두 호출하는 것을 확인할 수 있습니다. 최종 코드는 다음과 같습니다.

super.py

```
class Unit:
    def __init__(self):
        print("Unit 생성자")


class Flyable:
    def __init__(self):
        print("Flyable 생성자")
```

```python
class FlyableUnit(Flyable, Unit): # 상속 순서 변경
    def __init__(self):
        Unit.__init__(self) # Unit 클래스 생성자 호출
        Flyable.__init__(self) # Flyable 클래스 생성자 호출

# 수송선
troopship = FlyableUnit()
```

해설 노트 p.417

1분 퀴즈

8. 자식 클래스에서 부모 클래스의 메서드를 호출하기 위해 **가**에 들어갈 값으로 알맞은 것은?

```python
class Noodle:
    def cook(self):
        print("끓는 물에 라면을 넣어요.")

class EggNoodle(Noodle):
    def cook(self):
        가.cook()
        print("계란을 넣어요.")
```

① base   ② parent   ③ super   ④ super()

9.6

게임 완성

지금까지 배운 클래스 내용을 바탕으로 마치 실제로 플레이하는 것처럼 텍스트 기반 게임을 완성해 보겠습니다. **9.6 부모클래스 호출하기: super()**를 공부하며 작성한 비교 코드를 제외하고 9장에서 만든 코드들을 보완하는 방향으로 진행합니다.

9.6.1 게임 준비하기

가장 기본인 Unit 클래스부터 살펴보겠습니다.

❶ 실제 게임에서는 유닛이 생성될 때마다 각 유닛의 고유한 소리를 울려서 유닛 생성을 알려줍니다. 여기서는 소리 대신 __init__() 생성자에 print() 문을 추가해 어떤 유닛을 생성했는지 안내 문구를 출력하겠습니다.

❷ move() 메서드에서는 유닛 이동과 관련한 안내 문구를 2번이나 출력하므로 첫 번째 출력문인 [지상 유닛 이동] 문구는 삭제하겠습니다.

❸ 공격 유닛인 AttackUnit 클래스를 만들면서 적군으로부터 공격받을 때 호출되는 damaged() 메서드를 정의했습니다. 그런데 일반 유닛도 공격할 수는 없지만, 공격받을 수는 있습니다. 따라서 damaged() 메서드를 Unit 클래스로 이동하고 AttackUnit 클래스에서는 제외하겠습니다.

```
# 일반 유닛
class Unit:
    def __init__(self, name, hp, speed):
```

```python
        self.name = name
        self.hp = hp
        self.speed = speed
        print("{0} 유닛을 생성했습니다.".format(name)) ---------- ❶ 안내 문구 출력

    def move(self, location):
        # print("[지상 유닛 이동]") ----------------------------- ❷ 출력문 삭제
        print("{0} : {1} 방향으로 이동합니다. [속도 {2}]" \
            .format(self.name, location, self.speed))

    def damaged(self, damage): ------------------ ❸ AttackUnit 클래스에서 Unit 클래스로 이동
        print("{0} : {1}만큼 피해를 입었습니다.".format(self.name, damage))
        self.hp -= damage
        print("{0} : 현재 체력은 {1}입니다.".format(self.name, self.hp))
        if self.hp <= 0:
            print("{0} : 파괴됐습니다.".format(self.name))
```

AttackUnit 클래스는 Unit 클래스로 damaged( ) 메서드를 이동하는 것 외에는 수정할 부분이 없습니다.

```python
# 공격 유닛
class AttackUnit(Unit):
    def __init__(self, name, hp, damage, speed):
        Unit.__init__(self, name, hp, speed)
        self.damage = damage

    def attack(self, location):
        print("{0} : {1} 방향 적군을 공격합니다. [공격력 {2}]" \
            .format(self.name, location, self.damage))
    """
    def damaged(self, damage): ------------------ Unit 클래스로 이동
        print("{0} : {1}만큼 피해를 입었습니다.".format(self.name, damage))
        self.hp -= damage
        print("{0} : 현재 체력은 {1}입니다.".format(self.name, self.hp))
        if self.hp <= 0:
            print("{0} : 파괴됐습니다.".format(self.name))
    """
```

보병은 강화제라는 특수 기술이 있습니다. 특수 기술을 사용하면 일정 시간 동안 이동 속도와 공격 속도가 아주 빠르게 증가합니다. 그 대신 체력이 10만큼 소모되므로 현재 남은 체력이 10보다 클 때만 사용할 수 있다는 조건이 필요합니다. 이 책에서는 다른 부분은 제외하고 특수 기술을 사용할 수 있는지 여부 확인과 체력 소모에 대해서만 작성하겠습니다.

기존에는 AttackUnit 클래스로 보병, 탱크 등 지상 유닛을 생성했지만, 이제는 각 유닛을 직접 클래스로 정의하겠습니다. 먼저 보병 유닛을 위한 Soldier 클래스를 만듭니다.

❶ 보병은 공격 유닛입니다. 따라서 AttackUnit 클래스를 상속받아 AttackUnit 클래스의 생성자로 체력, 공격력, 이동 속도를 설정합니다.

❷ 강화제 기능을 위해 booster()라는 메서드를 만듭니다. 체력이 10보다 크면 체력 10을 소모한 후 강화제를 사용한다는 안내 문구를 출력하고, 10보다 작으면 강화제 사용이 불가능하다는 문구를 출력합니다.

```python
# 보병 유닛
class Soldier(AttackUnit): ---------- ❶ AttackUnit 클래스 상속
    def __init__(self):
        AttackUnit.__init__(self, "보병", 40, 5, 1) # 이름, 체력, 공격력, 이동 속도

    # 강화제: 일정 시간 동안 이동 속도와 공격 속도 증가, 체력 10 감소
    def booster(self): -------------- ❷ 강화제 기능 메서드로 정의
        if self.hp > 10:
            self.hp -= 10 # 체력 10 소모
            print("{0} : 강화제를 사용합니다. (HP 10 감소)".format(self.name))
        else:
            print("{0} : 체력이 부족해 기술을 사용할 수 없습니다".format(self.name))
```

보병에 이어 탱크를 위한 Tank 클래스를 만들겠습니다. 탱크는 특수 기술로 시지 모드가 있는데 이 기술을 사용하면 탱크를 지상에 고정하고 무려 2배에 달하는 공격력과 더 넓은 사정거리로 공격할 수 있습니다. 다만, 이 기술은 처음부터 바로 사용할 수 없고 업그레이드로 시지 모드를 개발해야만 사용할 수 있습니다.

❶ 보병과 동일하게 AttackUnit 클래스를 상속받습니다.

❷ 시지 모드를 개발하면 해당 시점부터 모든 탱크를 시지 모드로 전환할 수 있습니다. 이미

만든 탱크도, 앞으로 만들 탱크도 모두 포함해서 말이죠. 이렇게 한 클래스로 만들어진 객체에 일괄적으로 무언가를 적용하려면 인스턴스 변수가 아닌 **클래스 변수**로 정의해야 합니다. 코드에서는 siege_developed라는 이름으로 클래스 변수를 정의하겠습니다. 이때 정의 위치가 어디인지를 꼭 확인해 주세요.

❸ 시지 모드 개발이 완료됐다고 해서 모든 탱크가 항상 시지 모드여야 하는 것은 아닙니다. 그래서 시지 모드인지 아닌지를 확인하기 위해 siege_mode라는 인스턴스 변수를 정의합니다. 처음에는 일반 모드일 테니 시지 모드 해제 상태, 즉 False로 두겠습니다.

```
# 탱크 유닛
class Tank(AttackUnit): ------------------- ❶ AttackUnit 클래스 상속
    # 시지 모드: 탱크를 지상에 고정, 이동 불가, 공격력 증가
    siege_developed = False -------------- ❷ 시지 모드 개발 여부, 클래스 변수로 정의

    def __init__(self):
        AttackUnit.__init__(self, "탱크", 150, 35, 1) # 이름, 체력, 공격력, 이동 속도
        self.siege_mode = False ---------- ❸ 시지 모드(해제 상태), 인스턴스 변수로 정의
```

클래스 변수는 클래스명과 함께 어디서든 사용할 수 있습니다. Tank.siege_developed라고 하면 Tank 클래스의 클래스 변수에 직접 접근해 시지 모드가 개발됐는지를 확인할 수 있습니다. 또한, 인스턴스 변수가 객체마다 각각 다른 값을 가진다면, 클래스 변수는 모든 객체가 동일한 값을 가진다는 점이 다릅니다.

정리하면 인스턴스 변수는 클래스의 메서드에 정의하거나 객체를 통해 직접 정의하며, 객체마다 서로 다른 값을 가질 수 있습니다. 반면에 **클래스 변수**는 클래스명 바로 밑에 정의하고 클래스로부터 만들어진 모든 객체에 값이 일괄 적용됩니다.

다음으로 시지 모드와 일반 모드를 전환하기 위한 set_siege_mode() 메서드를 정의합니다.

❶ set_siege_mode() 메서드가 호출되면 현재 시지 모드가 개발됐는지를 먼저 확인합니다. 시지 모드가 개발되지 않았으면 호출한 곳으로 바로 되돌아갑니다.

❷ 시지 모드가 개발된 상태라면 탱크 객체의 시지 모드 설정 여부를 확인합니다.

❸ 현재 일반 모드이면 시지 모드로 전환하고 공격력을 증가시키는 문구를 출력합니다.

❹ 시지 모드이면 일반 모드로 전환하고 공격력을 감소시키고 필요한 문구를 출력합니다.

❺ 마지막으로 인스턴스 변수인 siege_mode의 값을 True 또는 False로 변경해 시지 모드 설정 또는 해제 상태를 저장합니다.

```python
# 탱크 유닛
class Tank(AttackUnit):
    # 시지 모드: 탱크를 지상에 고정, 이동 불가, 공격력 증가
    siege_developed = False # 시지 모드 개발 여부

    def __init__(self):
        AttackUnit.__init__(self, "탱크", 150, 35, 1) # 이름, 체력, 공격력, 이동 속도
        self.siege_mode = False # 시지 모드(해제 상태)

    # 시지 모드 설정
    def set_siege_mode(self):
        if Tank.siege_developed == False: ----------- ❶ 시지 모드가 개발되지 않았으면 바로 반환
            return
        # 현재 일반 모드일 때
        if self.siege_mode == False: ----------------- ❷ 시지 모드 여부 확인
            print("{0} : 시지 모드로 전환합니다.".format(self.name)) -- ❸ 시지 모드 전환
            self.damage *= 2 ------------------------- ❸ 공격력 2배 증가
            self.siege_mode = True ------------------- ❺ 시지 모드 설정
        # 현재 시지 모드일 때
        else:
            print("{0} : 시지 모드를 해제합니다.".format(self.name)) -- ❹ 일반 모드 전환
            self.damage //= 2 ------------------------ ❹ 공격력 절반으로 감소
            self.siege_mode = False ----------------- ❺ 시지 모드 해제
```

공중 유닛을 위해 만든 Flyable 클래스는 수정할 필요가 없으므로 그대로 둡니다. 공중 공격 유닛을 위한 FlyableAttackUnit 클래스는 move() 메서드에서 [공중 유닛 이동] 문구만 없앱니다. move() 메서드를 호출하면 실제로는 부모 클래스인 Flyable 클래스의 fly() 메서드가 실행되면서 어느 방향으로 날아가는지를 출력하기 때문입니다.

```python
# 비행 기능
class Flyable:
    def __init__(self, flying_speed):
        self.flying_speed = flying_speed
```

303

```
    def fly(self, name, location):
        print("{0} : {1} 방향으로 날아갑니다. [속도 {2}]" \
              .format(name, location, self.flying_speed))

# 공중 공격 유닛
class FlyableAttackUnit(AttackUnit, Flyable):
    def __init__(self, name, hp, damage, flying_speed):
        AttackUnit.__init__(self, name, hp, damage, 0)
        Flyable.__init__(self, flying_speed)

    def move(self, location):
        # print("[공중 유닛 이동]") ----------------- 출력문 삭제
        self.fly(self.name, location)
```

마지막으로 전투기를 위한 Stealth 클래스를 만들겠습니다.

❶ 전투기는 공중 공격 유닛이므로 FlyableAttackUnit 클래스를 상속받습니다.

❷ 전투기는 은폐라는 특수 기술이 있어서 사용하면 상대방이 볼 수 없습니다. 은폐 기술은 편의상 업그레이드가 완료됐다고 가정하겠습니다. 부모 클래스인 FlyableAttackUnit 클래스의 생성자로 기본 정보를 설정합니다.

❸ 은폐 여부를 확인하기 위해 cloaked 인스턴스 변수를 추가로 정의합니다.

❹ 은폐 모드를 설정하기 위한 cloaking() 메서드를 정의합니다. 탱크의 시지 모드와 비슷하게 은폐 모드 여부에 따라서 설정(True)과 해제(False)를 하도록 if-else 문으로 작성합니다.

❺ 은폐 모드 설정 여부를 True 또는 False로 cloaked 인스턴스 변수에 저장합니다. 확인을 위한 문구도 함께 출력합니다.

```
# 전투기 유닛
class Stealth(FlyableAttackUnit): ---------------- ❶ FlyableAttackUnit 클래스 상속
    def __init__(self):                             ❷ 부모 클래스 생성자로 기본 정보 설정
        FlyableAttackUnit.__init__(self, "전투기", 80, 20, 5) -------------┘
        self.cloaked = False ---------------------- ❸ 은폐 모드(해제 상태), 인스턴스 변수 정의

    def cloaking(self): --------------------------- ❹ 은폐 모드를 메서드로 정의
        # 현재 은폐 모드일 때
        if self.cloaked == True:
```

304

```python
        print("{0} : 은폐 모드를 해제합니다.".format(self.name))
        self.cloaked = False ------------------ ❺ 은폐 모드 해제
    # 현재 은폐 모드가 아닐 때
    else:
        print("{0} : 은폐 모드를 설정합니다.".format(self.name))
        self.cloaked = True ------------------ ❺ 은폐 모드 설정
```

지금까지 작성한 전체 코드입니다. 게임이 작동하는 데 필요한 클래스를 모두 완성했습니다.

```python
# 일반 유닛
class Unit:
    def __init__(self, name, hp, speed):
        self.name = name
        self.hp = hp
        self.speed = speed
        print("{0} 유닛을 생성했습니다.".format(name))

    def move(self, location):
        print("{0} : {1} 방향으로 이동합니다. [속도 {2}]" \
            .format(self.name, location, self.speed))

    def damaged(self, damage):
        print("{0} : {1}만큼 피해를 입었습니다.".format(self.name, damage))
        self.hp -= damage
        print("{0} : 현재 체력은 {1}입니다.".format(self.name, self.hp))
        if self.hp <= 0:
            print("{0} : 파괴됐습니다.".format(self.name))

# 공격 유닛
class AttackUnit(Unit):
    def __init__(self, name, hp, damage, speed):
        Unit.__init__(self, name, hp, speed)
        self.damage = damage

    def attack(self, location):
        print("{0} : {1} 방향 적군을 공격합니다. [공격력 {2}]" \
            .format(self.name, location, self.damage))
```

```python
# 보병 유닛
class Soldier(AttackUnit):
    def __init__(self):
        AttackUnit.__init__(self, "보병", 40, 5, 1) # 이름, 체력, 공격력, 이동 속도

    # 강화제: 일정 시간 동안 이동 속도와 공격 속도 증가, 체력 10 감소
    def booster(self):
        if self.hp > 10:
            self.hp -= 10 # 체력 10 소모
            print("{0} : 강화제를 사용합니다. (HP 10 감소)".format(self.name))
        else:
            print("{0} : 체력이 부족해 기술을 사용할 수 없습니다".format(self.name))


# 탱크 유닛
class Tank(AttackUnit):
    # 시지 모드: 탱크를 지상에 고정, 이동 불가, 공격력 증가
    siege_developed = False # 시지 모드 개발 여부

    def __init__(self):
        AttackUnit.__init__(self, "탱크", 150, 35, 1) # 이름, 체력, 공격력, 이동 속도
        self.siege_mode = False # 시지 모드(해제 상태)

    # 시지 모드 설정
    def set_siege_mode(self):
        if Tank.siege_developed == False: # 시지 모드가 개발되지 않았으면 바로 반환
            return
        if self.siege_mode == False:
            print("{0} : 시지 모드로 전환합니다.".format(self.name))
            self.damage *= 2 # 공격력 2배 증가
            self.siege_mode = True # 시지 모드 설정
        else:
            print("{0} : 시지 모드를 해제합니다.".format(self.name))
            self.damage //= 2 # 공격력 절반으로 감소
            self.siege_mode = False # 시지 모드 해제


# 비행 기능
class Flyable:
    def __init__(self, flying_speed):
        self.flying_speed = flying_speed
```

```python
    def fly(self, name, location):
        print("{0} : {1} 방향으로 날아갑니다. [속도 {2}]" \
            .format(name, location, self.flying_speed))

# 공중 공격 유닛
class FlyableAttackUnit(AttackUnit, Flyable):
    def __init__(self, name, hp, damage, flying_speed):
        AttackUnit.__init__(self, name, hp, damage, 0)
        Flyable.__init__(self, flying_speed)

    def move(self, location):
        self.fly(self.name, location)

# 전투기 유닛
class Stealth(FlyableAttackUnit): # FlyableAttackUnit 클래스 상속
    def __init__(self):
        # 부모 클래스 생성자로 기본 정보 설정
        FlyableAttackUnit.__init__(self, "전투기", 80, 20, 5)
        self.cloaked = False # 은폐 모드(해제 상태), 인스턴스 변수 정의

    def cloaking(self): # 은폐 모드를 메서드로 정의
        if self.cloaked == True:
            print("{0} : 은폐 모드를 해제합니다.".format(self.name))
            self.cloaked = False
        else:
            print("{0} : 은폐 모드를 설정합니다.".format(self.name))
            self.cloaked = True
```

9.6.2 게임 실행하기

지금까지 만든 클래스들을 사용해 게임을 실행해 보겠습니다. 게임 시작부터 종료까지 수행할 동작을 순차적으로 정리해 보겠습니다.

- 게임 시작

- 유닛 생성(보병 3기, 탱크 2기, 전투기 1기)

- 전군 1시 방향으로 이동

- 탱크 시지 모드 개발

- 공격 준비(보병 강화제, 탱크 시지 모드, 전투기 은폐 모드)

- 전군 1시 방향 공격

- 전군 피해

- 게임 종료

동작을 하나씩 코드로 작성해 보겠습니다.

● 게임 시작과 유닛 생성

기존 코드 밑에 게임의 시작과 종료를 알리는 함수를 각각 정의합니다. 게임을 하다가 도저히 상대방을 이길 수 없다고 판단되면 졌지만 좋은 게임이었다는 의미로 채팅창에 'Good Game'을 입력하고 퇴장하는 것이 예의입니다.

```python
# 게임 시작
def game_start():
    print("[알림] 새로운 게임을 시작합니다.")


# 게임 종료
def game_over():
    print("Player : Good Game")
    print("[Player] 님이 게임에서 퇴장했습니다.")
```

게임을 시작함과 동시에 보병 3기, 탱크 2기, 전투기 1기를 만듭니다. 객체명은 편의상 각 유닛 클래스명의 앞 두 글자와 숫자로 정의합니다. 예를 들어, 보병은 Soldier의 so와 숫자를 더한 so1, so2, so3으로 합니다.

```python
# 게임 시작
game_start()

# 보병 3기 생성
so1 = Soldier()
so2 = Soldier()
so3 = Soldier()
```

```
# 탱크 2기 생성
ta1 = Tank()
ta2 = Tank()

# 전투기 1기 생성
st1 = Stealth()
```

```
[알림] 새로운 게임을 시작합니다.
보병 유닛을 생성했습니다.
보병 유닛을 생성했습니다.
보병 유닛을 생성했습니다.
탱크 유닛을 생성했습니다.
탱크 유닛을 생성했습니다.
전투기 유닛을 생성했습니다.
```

실행하면 게임을 시작하고 종류별로 유닛을 생성합니다. 유닛은 총 6기를 만들었습니다. 유닛을 각각 이동하려면 코드가 길어지니 유닛이 이동하거나 공격할 때 한꺼번에 처리하도록 리스트로 관리하겠습니다. attack_units라는 이름으로 리스트를 만들고 모든 유닛을 추가합니다.

```
# 유닛 일괄 관리(생성된 모든 유닛 추가)
attack_units = []
attack_units.append(so1)
attack_units.append(so2)
attack_units.append(so3)
attack_units.append(ta1)
attack_units.append(ta2)
attack_units.append(st1)
```

● 전군 이동과 탱크 시지 모드 개발

유닛이 모였으니 적군을 공격하러 가 볼까요? 1시 방향으로 모든 유닛을 이동하겠습니다. 모든 유닛은 Unit 클래스를 상속받았으므로 Unit 클래스의 move() 메서드를 사용할 수 있습니다. 또한, 모든 유닛은 리스트로 관리하고 있어서 반복문을 사용하면 편리합니다.

```
# 전군 이동
for unit in attack_units:
    unit.move("1시")
```

보병 : 1시 방향으로 이동합니다. [속도 1]

보병 : 1시 방향으로 이동합니다. [속도 1]

보병 : 1시 방향으로 이동합니다. [속도 1]

탱크 : 1시 방향으로 이동합니다. [속도 1]

탱크 : 1시 방향으로 이동합니다. [속도 1]

전투기 : 1시 방향으로 날아갑니다. [속도 5]

이동하는 와중에 탱크의 시지 모드 개발이 완료됐다고 가정하겠습니다. 탱크 자체도 굉장히 강하지만, 시지 모드의 화력은 그보다 더 무시무시하기 때문에 반드시 개발해야 합니다. Tank 클래스에 정의한 클래스 변수 siege_developed에는 Tank.siege_developed로 접근할 수 있고 값은 True로 설정하겠습니다.

```
# 탱크 시지 모드 개발
Tank.siege_developed = True
print("[알림] 탱크의 시지 모드 개발이 완료됐습니다.")
```

[알림] 탱크의 시지 모드 개발이 완료됐습니다.

● 공격 준비와 전군 공격

자, 이제 적군이 눈앞에 있습니다. 전쟁 직전에 각 유닛의 특수 기술을 사용해 더 강력한 공격을 할 텐데요. 보병은 강화제, 탱크는 시지 모드, 전투기는 은폐 모드를 각각 사용합니다. 리스트로 관리되는 유닛들이 서로 다른 기술을 사용해야 하죠. 이들을 구분하려면 isinstance() 함수를 사용합니다.

> **형식**　isinstance(객체명, 클래스명)

이 함수는 객체가 특정 클래스의 인스턴스인지를 확인할 수 있습니다. 여기서는 각 유닛 객체가 Soldier 클래스의 인스턴스인지, Tank 또는 Stealth 클래스의 인스턴스인지를 확인해 각 유닛에 맞는 특수 기술을 사용하도록 합니다.

```
# 공격 모드 준비(보병: 강화제, 탱크: 시지 모드, 전투기: 은폐 모드)
for unit in attack_units:
    if isinstance(unit, Soldier): # Soldier 클래스의 인스턴스이면 강화제
        unit.booster()
    elif isinstance(unit, Tank): # Tank 클래스의 인스턴스이면 시지 모드
        unit.set_siege_mode()
    elif isinstance(unit, Stealth): # Stealth 클래스의 인스턴스이면 은폐 모드
        unit.cloaking()
```

공격 준비가 끝났습니다. 모든 유닛에 공격 명령을 내려 1시 방향을 공격하게 하겠습니다. 이때는 부모 클래스인 AttackUnit의 attack() 메서드를 활용합니다.

```
# 전군 공격
for unit in attack_units:
    unit.attack("1시")
```

실행결과   — □ ×

```
보병 : 강화제를 사용합니다. (HP 10 감소)
보병 : 강화제를 사용합니다. (HP 10 감소)
보병 : 강화제를 사용합니다. (HP 10 감소)
탱크 : 시지 모드로 전환합니다.
탱크 : 시지 모드로 전환합니다.
전투기 : 은폐 모드를 설정합니다.
보병 : 1시 방향 적군을 공격합니다. [공격력 5]
보병 : 1시 방향 적군을 공격합니다. [공격력 5]
보병 : 1시 방향 적군을 공격합니다. [공격력 5]
탱크 : 1시 방향 적군을 공격합니다. [공격력 70]
탱크 : 1시 방향 적군을 공격합니다. [공격력 70]
전투기 : 1시 방향 적군을 공격합니다. [공격력 20]
```

● 전군 피해와 게임 종료

공격하는 과정에서 우리 편도 피해를 입습니다. Unit 클래스의 damaged( ) 메서드를 호출하는데, 피해는 5에서 20 사이의 난수로 값을 지정하겠습니다. random 모듈을 사용하기 위해 소스 코드 첫 줄에 import합니다.

```python
from random import *

(중략)

# 전군 공격
for unit in attack_units:
    unit.attack("1시")

# 전군 피해
for unit in attack_units:
    unit.damaged(randint(5, 20)) # 피해는 무작위로 받음(5~20)
```

실행결과   − □ ×

```
보병 : 16만큼 피해를 입었습니다.
보병 : 현재 체력은 14입니다.
보병 : 15만큼 피해를 입었습니다.
보병 : 현재 체력은 15입니다.
보병 : 11만큼 피해를 입었습니다.
보병 : 현재 체력은 19입니다.
탱크 : 15만큼 피해를 입었습니다.
탱크 : 현재 체력은 135입니다.
탱크 : 17만큼 피해를 입었습니다.
탱크 : 현재 체력은 133입니다.
전투기 : 19만큼 피해를 입었습니다.
전투기 : 현재 체력은 61입니다.
```

312

그런데 예상보다 우리 편의 피해가 너무 크네요. 적군이 대비를 철저히 해서 우리 유닛들이 모두 장렬히 전사했다고 가정하겠습니다. 본진에는 공격 유닛이 남아 있지 않아서 이대로 적군이 밀려온다면 승산이 없겠네요. 아쉽지만, 패배를 인정하고 'Good Game'을 출력한 후 게임에서 나가겠습니다. 게임을 종료하는 것이죠.

```
# 게임 종료
game_over()
```

실행결과	— ☐ ✕
Player : Good Game [Player] 님이 게임에서 퇴장했습니다.	

이것으로 게임 실행 과정까지 모두 끝났습니다.

9.7

게임 최종 리뷰

게임 프로젝트에 사용한 모든 클래스의 상속 관계를 정리하면 다음과 같습니다.

그림 9-5 게임 전체 클래스의 상속 관계

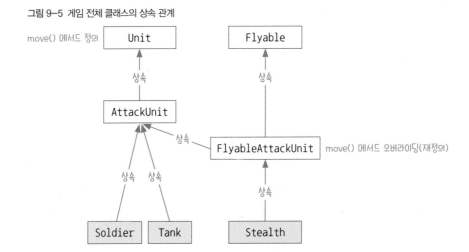

가장 기본이 되는 일반 유닛인 Unit 클래스를 공격 유닛인 AttackUnit 클래스가 상속받습니다. 그리고 AttackUnit 클래스를 상속받아 지상 공격 유닛인 보병과 탱크를 위한 Soldier, Tank 클래스를 정의합니다. 공중 유닛을 위해 비행 기능을 제공하는 Flyable 클래스를 정의합니다. 공중 공격 유닛인 FlyableAttackUnit 클래스는 Flyable 클래스와 AttackUnit 클래스를 다중 상속받습니다. 다시 FlyableAttackUnit 클래스를 상속받아 전투기 유닛을 위한 Stealth 클래스를 정의합니다.

최하위에 위치한 Soldier, Tank, Stealth 클래스는 각 유닛이 보유한 특수 기술을 메서드로 정의합니다. 공격, 이동, 피해 등 공통으로 처리되는 동작은 상속 관계에 따라 부모 클래스에 정의한 것을 그대로 사용합니다. 공중 공격 유닛은 지상이 아닌 공중으로 날아서 이동하므로 Unit 클래스의 move() 메서드를 오버라이딩해 Flyable 클래스의 fly() 메서드를 호출하도록 재정의합니다. 재정의한 덕분에 모든 유닛은 지상과 공중 구분 없이 모두 move() 메서드로 이동 동작을 처리할 수 있습니다.

게임 전체 코드와 코드를 실행한 결과는 다음과 같습니다.

```python
from random import *

# 일반 유닛
class Unit:
    def __init__(self, name, hp, speed):
        self.name = name
        self.hp = hp
        self.speed = speed
        print("{0} 유닛을 생성했습니다.".format(name))

    def move(self, location):
        print("{0} : {1} 방향으로 이동합니다. [속도 {2}]" \
            .format(self.name, location, self.speed))

    def damaged(self, damage):
        print("{0} : {1}만큼 피해를 입었습니다.".format(self.name, damage))
        self.hp -= damage
        print("{0} : 현재 체력은 {1}입니다.".format(self.name, self.hp))
        if self.hp <= 0:
            print("{0} : 파괴됐습니다.".format(self.name))

# 공격 유닛
class AttackUnit(Unit):
    def __init__(self, name, hp, damage, speed):
        Unit.__init__(self, name, hp, speed)
        self.damage = damage
```

```python
    def attack(self, location):
        print("{0} : {1} 방향 적군을 공격합니다. [공격력 {2}]" \
            .format(self.name, location, self.damage))


# 보병 유닛
class Soldier(AttackUnit):
    def __init__(self):
        AttackUnit.__init__(self, "보병", 40, 5, 1) # 이름, 체력, 공격력, 이동 속도

    # 강화제: 일정 시간 동안 이동 속도와 공격 속도 증가, 체력 10 감소
    def booster(self):
        if self.hp > 10:
            self.hp -= 10 # 체력 10 소모
            print("{0} : 강화제를 사용합니다. (HP 10 감소)".format(self.name))
        else:
            print("{0} : 체력이 부족해 기술을 사용할 수 없습니다".format(self.name))


# 탱크 유닛
class Tank(AttackUnit):
    # 시지 모드: 탱크를 지상에 고정, 이동 불가, 공격력 증가
    siege_developed = False # 시지 모드 개발 여부

    def __init__(self):
        AttackUnit.__init__(self, "탱크", 150, 35, 1) # 이름, 체력, 공격력, 이동 속도
        self.siege_mode = False # 시지 모드(해제 상태)

    # 시지 모드 설정
    def set_siege_mode(self):
        if Tank.siege_developed == False: # 시지 모드가 개발되지 않았으면 바로 반환
            return
        # 현재 일반 모드일 때
        if self.siege_mode == False:
            print("{0} : 시지 모드로 전환합니다.".format(self.name))
            self.damage *= 2 # 공격력 2배 증가
            self.siege_mode = True # 시지 모드 설정
        # 현재 시지 모드일 때
        else:
            print("{0} : 시지 모드를 해제합니다.".format(self.name))
            self.damage //= 2 # 공격력 절반으로 감소
            self.siege_mode = False # 시지 모드 해제
```

316

```python
# 비행 기능
class Flyable:
    def __init__(self, flying_speed):
        self.flying_speed = flying_speed

    def fly(self, name, location):
        print("{0} : {1} 방향으로 날아갑니다. [속도 {2}]" \
            .format(name, location, self.flying_speed))

# 공중 공격 유닛
class FlyableAttackUnit(AttackUnit, Flyable):
    def __init__(self, name, hp, damage, flying_speed):
        AttackUnit.__init__(self, name, hp, damage, 0)
        Flyable.__init__(self, flying_speed)

    def move(self, location):
        self.fly(self.name, location)

# 전투기 유닛
class Stealth(FlyableAttackUnit):
    def __init__(self):
        FlyableAttackUnit.__init__(self, "전투기", 80, 20, 5)
        self.cloaked = False # 은폐 모드(해제 상태)

    # 은폐 모드
    def cloaking(self):
        # 현재 은폐 모드일 때
        if self.cloaked == True:
            print("{0} : 은폐 모드를 해제합니다.".format(self.name))
            self.cloaked = False
        # 현재 은폐 모드가 아닐 때
        else:
            print("{0} : 은폐 모드를 설정합니다.".format(self.name))
            self.cloaked = True

# 게임 시작
def game_start():
    print("[알림] 새로운 게임을 시작합니다.")
```

```python
# 게임 종료
def game_over():
    print("Player : Good Game")
    print("[Player] 님이 게임에서 퇴장했습니다.")


# 실제 게임 진행
game_start() # 게임 시작


# 보병 3기 생성
so1 = Soldier()
so2 = Soldier()
so3 = Soldier()


# 탱크 2기 생성
ta1 = Tank()
ta2 = Tank()


# 전투기 1기 생성
st1 = Stealth()


# 유닛 일괄 관리(생성된 모든 유닛 추가)
attack_units = []
attack_units.append(so1)
attack_units.append(so2)
attack_units.append(so3)
attack_units.append(ta1)
attack_units.append(ta2)
attack_units.append(st1)


# 전군 이동
for unit in attack_units:
    unit.move("1시")


# 탱크 시지 모드 개발
Tank.siege_developed = True
print("[알림] 탱크의 시지 모드 개발이 완료됐습니다.")


# 공격 모드 준비(보병: 강화제, 탱크: 시지 모드, 전투기: 은폐 모드)
for unit in attack_units:
    if isinstance(unit, Soldier): # Soldier 클래스의 인스턴스이면 강화제
```

```python
            unit.booster()
        elif isinstance(unit, Tank): # Tank 클래스의 인스턴스이면 시지 모드
            unit.set_siege_mode()
        elif isinstance(unit, Stealth): # Stealth 클래스의 인스턴스이면 은폐 모드
            unit.cloaking()

    # 전군 공격
    for unit in attack_units:
        unit.attack("1시")

    # 전군 피해
    for unit in attack_units:
        unit.damaged(randint(5, 20)) # 피해는 무작위로 받음(5~20)

    # 게임 종료
    game_over()
```

유닛을 생성하고 전군 이동 명령으로 모든 유닛을 1시로 이동합니다. 이동하는 중에 탱크의 시지 모드가 개발됩니다.

```
실행결과                                              –  □  ×

[알림] 새로운 게임을 시작합니다.
보병 유닛을 생성했습니다.
보병 유닛을 생성했습니다.
보병 유닛을 생성했습니다.
탱크 유닛을 생성했습니다.
탱크 유닛을 생성했습니다.
전투기 유닛을 생성했습니다.
보병 : 1시 방향으로 이동합니다. [속도 1]
보병 : 1시 방향으로 이동합니다. [속도 1]
보병 : 1시 방향으로 이동합니다. [속도 1]
탱크 : 1시 방향으로 이동합니다. [속도 1]
탱크 : 1시 방향으로 이동합니다. [속도 1]
전투기 : 1시 방향으로 날아갑니다. [속도 5]
[알림] 탱크의 시지 모드 개발이 완료됐습니다.
```

적군 진영 바로 앞에서 공격을 준비합니다. 유닛별로 특수 기술을 사용하며 전쟁 준비를 완료하고 전면전을 개시합니다.

전쟁 과정에서 아군이 피해를 많이 입었습니다. 생각보다 피해가 크고 적군이 강력해서 아쉽지만 패배를 인정하고 게임에서 퇴장합니다. 이로써 게임을 종료합니다.

9.8

실습 문제: 부동산 프로그램 만들기

—————————————————————————— 해설 노트 p.417

문제를 풀며 지금까지 배운 내용을 복습해 보겠습니다. 먼저 문제를 직접 풀고 나서 해설을 확인해 주세요.

문제 주어진 코드를 활용해 부동산 프로그램을 작성하세요.

조건

1. 생성자로 인스턴스 변수를 정의한다. 매물 정보를 표시하는 show_detail() 메서드에서는 인스턴스 변수를 순서대로 출력한다.

2. 실행결과에 나온 3가지 매물을 객체로 만들고 총 매물 수를 출력한 뒤 show_detail() 메서드를 호출해 각 매물 정보를 표시한다.

```python
class House:
    # 매물 초기화: 위치, 건물 종류, 매물 종류, 가격, 준공연도
    def __init__(self, location, house_type, deal_type, price, completion_year):
        pass

    # 매물 정보 표시
    def show_detail(self):
        pass
```

실행결과	— ☐ ✕
총 3가지 매물이 있습니다. 강남 아파트 매매 10억 원 2010년 마포 오피스텔 전세 5억 원 2007년 송파 빌라 월세 500/50만 원 2000년	

마무리

1. 클래스와 객체

① 클래스는 서로 관련 있는 데이터나 기능들을 하나로 묶은 것입니다.

② 클래스로부터 만들어지는 것을 객체라고 하며, 이렇게 만들어진 객체를 클래스의 인스턴스라고 합니다.

```
형식    class 클래스명:
            def 메서드명1(self, 전달값1, 전달값2, ...):
                실행할 명령1
                실행할 명령2
                ...

            def 메서드명2(self, 전달값1, 전달값2, ...):
                실행할 명령1
                실행할 명령2
                ...
```

③ 생성자는 객체를 생성할 때 자동으로 호출되는 메서드로, __init__이라는 이름으로 정의합니다.

④ 인스턴스 변수는 메서드 안에 정의한 변수로, 메서드 안에서는 self.변수명, 클래스 밖에서는 객체명.변수명 형태로 사용합니다.

⑤ 메서드는 클래스 안에 정의한 함수이며 클래스 안에 여러 개를 만들 수 있습니다. 메서드는 첫 번째 전달값으로 self를 넣습니다.

⑥ self는 객체인 자기 자신을 의미합니다.

2. 상속

① 클래스에서 공통 부분은 그대로 사용하고 확장이 필요한 부분만 추가로 구현하고자 할 때 상속을 사용합니다.

② 공통 부분이 구현된 클래스를 부모 클래스, 이를 상속하는 클래스를 자식 클래스라고 표현합니다.

> **형식**　class 자식 클래스(부모 클래스):

③ 부모 클래스는 2개 이상 상속할 수 있으며 이를 다중 상속이라고 합니다.

> **형식**　class 자식 클래스(부모 클래스1, 부모 클래스2, ...):

④ 메서드 오버라이딩은 부모 클래스의 메서드를 새롭게 재정의하는 것입니다. 부모 클래스의 메서드에 정의한 내용을 다른 동작으로 수정하거나 메서드에 다른 동작을 추가할 때 사용합니다.

3. pass

① pass는 세부 동작을 정의하지 않은 채로 두고 일단은 그냥 넘어간다는 의미로 사용합니다.

② 보통 완성되지 않은 if 문, for 문, while 문, 클래스, 메서드 등에서 사용하고 나중에 세부 동작을 정의합니다.

4. super()

① super()는 상속하는 부모 클래스에 접근해야 할 때 사용합니다.

② 2개 이상의 부모 클래스를 다중 상속하는 경우 순서상 가장 먼저 상속받은 클래스에 접근하게 됩니다.

셀프체크

문제 주어진 코드를 활용해 주차 차량 등록 관리 프로그램을 작성하세요.

조건

1. 총 주차 가능 대수인 capacity는 객체를 생성할 때 전달받아 인스턴스 변수로 정의한다.

2. 현재 등록된 차량 수를 관리하는 count는 객체를 생성할 때 0으로 정의한다.

3. 객체를 생성할 때 등록 가능한 대수를 출력한다.

4. 차를 신규 등록하는 register() 메서드를 정의한다.

5. 신규 등록 시 등록 현황을 출력한다.

6. 총 주차 가능 대수를 초과하는 경우 "더 이상 등록할 수 없습니다."라는 메시지를 출력한다.

```python
class ParkingManager:
    # 주차 정보 초기화: 총 주차 가능 대수
    def __init__(self, capacity):
        pass

    # 신규 차량 등록
    def register(self):
        pass

# 테스트 코드
manager = ParkingManager(5)
for i in range(6):
    manager.register()
```

실행결과   — ☐ ✕

```
총 5대를 등록할 수 있습니다.
차량 신규 등록 (1/5)
차량 신규 등록 (2/5)
차량 신규 등록 (3/5)
차량 신규 등록 (4/5)
차량 신규 등록 (5/5)
더 이상 등록할 수 없습니다.
```

10장

예외 처리

컴퓨터를 사용하다 보면 어떤 프로그램이 갑자기 '응답 없음' 상태로 빠지면서 강제 종료되는 경험을 한 번쯤은 해 봤을 겁니다. 특히 오랫동안 공들여 중요한 문서를 작업하다가 이런 상황을 만나면 정말 속상하죠. 이럴 때 최근까지 작업하던 파일이 자동으로 백업되어 있다면 정말 기쁠 겁니다. 프로그램은 늘 예기치 않은 문제가 발생할 수 있는데 이런 경우를 잘 대처해 두면 강제 종료되지 않거나 강제 종료되더라도 불편을 최소화할 수 있습니다. 이 장에서는 예외 처리를 공부하면서 프로그램에 문제가 생겼을 때 어떻게 대처할 수 있는지 살펴보겠습니다.

예외 처리하기

버스에 타서 교통카드를 찍는데 단말기에서 "잔액이 부족합니다."라고 나옵니다. 충전 금액이 남아 있던 것 같은데 다시 찍어 봐도 여전히 "잔액이 부족합니다."라고 나오네요. 버스는 이미 출발했고 지갑에 다른 카드도, 현금도 없군요. 버스에서 내릴 수도 없는데 기사님이 쳐다보고 다른 승객들도 쳐다보고 당황스럽습니다. 이럴 땐 어떻게 해야 할까요?

10.1.1 예외 처리란

이 장에서 공부할 내용은 예외(exception) 처리입니다. 먼저 실생활에서 겪을 수 있는 상황을 예로 들어 보겠습니다.

1. 상품의 배송 주소가 아파트 11층으로 적혀 있는데 실제로는 10층까지만 있는 경우

2. 교통카드 단말기에 교통카드를 갖다 댔는데 잔액이 부족하다고 뜨는 경우

3. 컴퓨터의 계산기 프로그램을 이용하려는데 실수로 숫자 대신 문자를 입력한 경우

4. 어떤 사이트에 접속하려는데 URL 주소를 잘못 적은 경우

5. 쇼핑몰 사이트에 사용자가 많아서 정상적으로 접속되지 않는 경우

이 상황들을 실제로 맞닥뜨리면 어떻게 해야 할까요? 해결책이 바로 떠오르는 경우도 있고 조금 생각해 봐야 하는 경우도 있을 것 같네요. 이처럼 예상치 못한 실수 또는 잘못된 무언가를 **오류**(error)라고 하며 오류 상황에 대처하는 것을 **예외 처리**라고 합니다. 가령 첫 번째 경우라면 상품을 받을 사람의 전화번호로 연락해 주소를 확인하면 처리할 수 있습니다.

프로그램에서도 굉장히 많은 오류 상황이 발생할 수 있습니다. 이를 어떻게 처리하느냐에 따라 완성도가 높고 사용하기 편리한 프로그램이 되거나 갑자기 응답 없음 상태로 있다가 강제 종료 돼서 모든 작업이 수포로 돌아가는 프로그램이 될 수도 있습니다.

10.1.2 예외 처리하기: try-except 문

예제를 보면서 설명하겠습니다. 다음은 사용자로부터 두 수를 입력받아 나누기한 결과를 출력하는 아주 간단한 계산기 프로그램입니다.

```python
print("나누기 전용 계산기입니다.")
num1 = int(input("첫 번째 숫자를 입력하세요 : "))
num2 = int(input("두 번째 숫자를 입력하세요 : "))
print("{0} / {1} = {2}".format(num1, num2, int(num1 / num2)))
```

실행결과   — □ ×

```
나누기 전용 계산기입니다.
첫 번째 숫자를 입력하세요 : 6
두 번째 숫자를 입력하세요 : 3
6 / 3 = 2
```

프로그램을 실행하고 터미널에 6과 3을 입력하면 계산한 결과를 2라고 출력합니다. 그런데 숫자가 아닌 문자를 입력하면 어떨까요? 프로그램을 다시 한번 실행하고 이번에는 6과 삼을 입력해 보겠습니다.

실행결과   — □ ×

```
나누기 전용 계산기입니다.
첫 번째 숫자를 입력하세요 : 6
두 번째 숫자를 입력하세요 : 삼
Traceback (most recent call last):
  File "c:\PythonWorkspace\ch10.py", line 3, in <module>
    num2 = int(input("두 번째 숫자를 입력하세요 : "))
ValueError: invalid literal for int() with base 10: '삼'
```

6을 입력할 때는 괜찮았는데 삼을 입력하고 나니 복잡한 오류 메시지를 출력하고 프로그램을 종료합니다. 나누기 연산 부분을 보면 입력받은 두 값을 나누기 연산(num1 / num2)하고 이를 다시 int()로 감싸서(int(num1 / num2)) 정수형으로 변환합니다. 그런데 입력한 삼은 정수로 변환할 수 없는 문자입니다. 그래서 오류가 발생합니다.

오류 메시지를 보면 'ValueError'라는 오류 종류와 함께 상세한 설명을 함께 출력합니다. ValueError는 이름에서 유추할 수 있듯이 값이 잘못돼서 발생하는 오류입니다. 이에 대한 예외 처리를 해 보겠습니다.

오류가 발생할 때 예외 처리는 다음 형식으로 작성합니다.

형식
```
try:
    실행할 명령1
    실행할 명령2
    ...
except 오류 종류:
    예외 처리 명령1
    예외 처리 명령2
    ...
```

먼저 실행하려는 코드 위에 try 키워드를 적고 뒤에 콜론을 붙입니다. 그리고 실행하려는 코드를 모두 들여 써서 try 문의 하위 명령문으로 작성합니다. 그 아래 except 키워드를 적고 뒤에 어떤 오류에 대한 예외 처리인지를 명시합니다(여기서는 ValueError에 대한 처리겠죠). 마지막에 콜론도 잊지 말고 붙입니다. 다음 줄에 예외 처리를 수행할 명령문들은 작성합니다. 이때도 모두 들여 씁니다.

이제 try 문의 하위에 있는 명령문을 실행하다가 오류가 발생하면 프로그램을 종료하지 않고 except 문의 오류 종류와 일치하는지 확인합니다. 일치하면 except 문의 하위 명령문들이 실행됩니다. 만약 오류가 발생하지 않으면 except 문은 실행하지 않고 넘어갑니다.

```
try:
    print("나누기 전용 계산기입니다.")
    num1 = int(input("첫 번째 숫자를 입력하세요 : "))
    num2 = int(input("두 번째 숫자를 입력하세요 : "))
    print("{0} / {1} = {2}".format(num1, num2, int(num1 / num2)))
```

```
except ValueError:
    print("오류 발생! 잘못된 값을 입력했습니다.")
```

실행해서 6과 3을 순서대로 입력하면 예외 처리하기 전과 동일한 결과가 나옵니다. 다시 실행해 이번에는 6과 삼을 입력해 봅시다.

실행결과	— □ ×
나누기 전용 계산기입니다. 첫 번째 숫자를 입력하세요 : **6** 두 번째 숫자를 입력하세요 : **삼** 오류 발생! 잘못된 값을 입력했습니다.	

이번에는 복잡해 보이는 오류 메시지 대신 except 부분의 print() 문이 실행됩니다.

10.1.3 오류 메시지를 예외 처리로 출력하기: as

예외 처리가 한 가지로 끝일까요? 앞의 프로그램을 다시 실행해서 6과 0을 입력해 봅시다.

```
try:
    print("나누기 전용 계산기입니다.")
    num1 = int(input("첫 번째 숫자를 입력하세요 : "))
    num2 = int(input("두 번째 숫자를 입력하세요 : "))
    print("{0} / {1} = {2}".format(num1, num2, int(num1 / num2)))
except ValueError:
    print("오류 발생! 잘못된 값을 입력했습니다.")
```

```
실행결과                                              —  □  ×
나누기 전용 계산기입니다.
첫 번째 숫자를 입력하세요 : 6
두 번째 숫자를 입력하세요 : 0
Traceback (most recent call last):
  File "c:\PythonWorkspace\ch10.py", line 5, in <module>
    num2 = int(input("두 번째 숫자를 입력하세요 : "))
ZeroDivisionError: division by zero
```

오류 메시지가 뜨면서 프로그램을 종료합니다. 메시지를 보니 ZeroDivisionError라고 나옵니다. 이는 두 번째 값, 즉 나누는 수로 0을 넣어서 발생하는 오류입니다. 수학에서 어떤 수든 0으로 나눌 수 없기 때문입니다. 이번에는 ValueError와는 다른 종류의 오류라서 기존 except 문만으로는 예외 처리를 할 수 없습니다. 오류마다 각각 except 문을 추가해 예외 처리를 따로 해야 합니다.

그런데 예외 처리마다 메시지를 직접 작성하려니 조금 귀찮습니다. 이번에는 오류가 발생할 때 표시하는 오류 메시지를 가져와 출력하도록 예외 처리를 하겠습니다. 이를 위해 예외 처리 형식에서 except 뒤에 as 키워드와 변수명을 추가합니다. 이와 같은 형식으로 예외 처리를 작성하면 as 뒤에 지정한 변수명으로 오류 메시지를 확인할 수 있습니다.

형식
```
try:
    실행할 명령1
    실행할 명령2
    ...
except 오류 종류1
    예외 처리 명령1
    예외 처리 명령2
    ...
except 오류 종류2 as 변수명:
    예외 처리 명령1
    예외 처리 명령2
    ...
```

앞의 코드에 ZeroDivisionError에 대한 예외 처리를 추가해 봅시다. ZeroDivisionError에 대한 except 문을 작성하고 뒤에 as 키워드와 err이라는 이름의 변수를 넣고 콜론을 붙입니다. 그리고 변수를 print() 문으로 출력합니다.

```
try:
    print("나누기 전용 계산기입니다.")
    num1 = int(input("첫 번째 숫자를 입력하세요 : "))
    num2 = int(input("두 번째 숫자를 입력하세요 : "))
    print("{0} / {1} = {2}".format(num1, num2, int(num1 / num2)))
except ValueError:
    print("오류 발생! 잘못된 값을 입력했습니다.")
except ZeroDivisionError as err:
    print(err)
```

실행결과 — □ ×

```
나누기 전용 계산기입니다.
첫 번째 숫자를 입력하세요 : 6
두 번째 숫자를 입력하세요 : 0
division by zero
```

실행해서 6과 0을 입력하면 간단한 문구를 출력하고 프로그램을 종료합니다. 문구를 살펴보니 예외 처리 전에 발생한 오류 메시지 중 ZeroDivisionError: 뒤에 나오는 내용입니다.

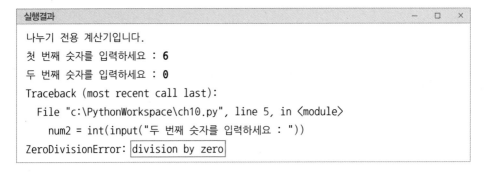

이와 같이 어떤 문제인지 쉽게 알아볼 수 있는 메시지가 제공되는 오류는 따로 예외 처리 메시지를 정의하지 않고도 간편하게 예외 처리를 할 수 있습니다.

이번에는 try 구문을 수정해 보겠습니다. 먼저 nums라는 리스트를 추가로 정의합니다. 두 수를 입력받는 부분은 같은데, 입력받은 두 수를 변수가 아닌 nums 리스트에 저장합니다. 그리고 두 수를 연산한 결과도 리스트에 저장합니다. 그런 다음 print( ) 문으로 리스트 값을 순서대로 출력합니다.

```
try:
    print("나누기 전용 계산기입니다.")
    nums = []
    nums.append(int(input("첫 번째 숫자를 입력하세요 : ")))
    nums.append(int(input("두 번째 숫자를 입력하세요 : ")))
    nums.append(int(nums[0] / nums[1])) # 연산 결과를 리스트에 추가
    print("{0} / {1} = {2}".format(nums[0], nums[1], nums[2]))
except ValueError:
    print("오류 발생! 잘못된 값을 입력했습니다.")
except ZeroDivisionError as err:
    print(err)
```

실행결과   — ☐ ✕

```
나누기 전용 계산기입니다.
첫 번째 숫자를 입력하세요 : 6
두 번째 숫자를 입력하세요 : 3
6 / 3 = 2
```

실행해서 6과 3을 순서대로 입력하면 결과가 문제없이 잘 출력됩니다. 만약 연산 결과를 리스트에 추가하는 부분을 코드에 넣지 않으면 어떨까요? 해당 부분을 다음과 같이 주석 처리하고 다시 실행해 봅시다.

```
try:
    print("나누기 전용 계산기입니다.")
    nums = []
    nums.append(int(input("첫 번째 숫자를 입력하세요 : ")))
    nums.append(int(input("두 번째 숫자를 입력하세요 : ")))
    # nums.append(int(nums[0] / nums[1]))
    print("{0} / {1} = {2}".format(nums[0], nums[1], nums[2]))
except ValueError:
    print("오류 발생! 잘못된 값을 입력했습니다.")
except ZeroDivisionError as err:
    print(err)
```

333

```
나누기 전용 계산기입니다.
첫 번째 숫자를 입력하세요 : 6
두 번째 숫자를 입력하세요 : 3
Traceback (most recent call last):
  File "c:\PythonWorkspace\ch10.py", line 7, in <module>
    print("{0} / {1} = {2}".format(nums[0], nums[1], nums[2]))
IndexError: list index out of range
```

동일하게 6과 3을 입력하니 이번에는 IndexError라는 새로운 오류가 발생합니다. 오류 메시지를 보면 리스트의 인덱스 범위를 벗어났다고 나옵니다. 현재 리스트에는 입력받은 두 수([6, 3])만 들어 있어서 인덱스는 0, 1만 있습니다. 그런데 format() 함수로 nums[2]에 접근하려고 해서 발생하는 오류입니다.

ValueError나 ZeroDivisionError 때처럼 IndexError 구문을 추가하면 예외 처리를 할 수 있습니다. 그런데 이렇게 모든 오류에 대한 예외 처리를 프로그램 안에 작성하려면 코드가 한없이 길어집니다. 그래서 코드 마지막에 다음과 같이 구문을 추가하면 지금까지 정의하지 않은 모든 오류를 예외 처리할 수 있습니다.

```python
try:
    print("나누기 전용 계산기입니다.")
    nums = []
    nums.append(int(input("첫 번째 숫자를 입력하세요 : ")))
    nums.append(int(input("두 번째 숫자를 입력하세요 : ")))
    # nums.append(int(nums[0] / nums[1]))
    print("{0} / {1} = {2}".format(nums[0], nums[1], nums[2]))
except ValueError:
    print("오류 발생! 잘못된 값을 입력했습니다.")
except ZeroDivisionError as err:
    print(err)
except Exception as err:
    print("알 수 없는 오류가 발생했습니다.")
    print(err)
```

```
실행결과                                          —  □  ×

나누기 전용 계산기입니다.
첫 번째 숫자를 입력하세요 : 6
두 번째 숫자를 입력하세요 : 3
알 수 없는 오류가 발생했습니다.
list index out of range
```

다시 실행한 후 똑같이 6과 3을 입력하면 예외 처리가 적용되는 것을 확인할 수 있습니다.

Note 예외 처리 클래스

ValueError, ZeroDivisionError, IndexError는 예외 처리를 위해 파이썬에 미리 정의되어 있는 클래스입니다. 이외에도 변수명이 없을 때 발생하는 NameError, 문법 오류가 있을 때 발생하는 SyntaxError, 접근하려는 파일이 없을 때 발생하는 FileNotFoundError 등 다양한 클래스가 있습니다. 그리고 마지막에 사용한 Exception은 앞에 나온 예외 처리 클래스들의 부모 클래스입니다.

예외 처리 클래스를 모두 외울 필요는 없으며 오류가 발생할 수 있는 상황을 마주했을 때 적절한 예외 처리를 하면 됩니다.

1분 퀴즈

해설 노트 p.420

1. 다음 중 예외 처리에 대한 설명으로 잘못된 것은?

① 오류가 발생했을 때 프로그램을 멈추지 않고 계속 수행할 수 있도록 처리한다.

② except 문은 try 문에서 오류가 발생했을 때 실행할 문장을 적는다.

③ except 문은 처리하려는 오류 종류에 따라 여러 번 정의할 수 있다.

④ try 문은 단독으로 사용할 수 있다.

10.2

오류 발생시키기

지금까지 발생한 오류는 모두 어떨 때 오류가 발생하는지 파이썬에 형태가 미리 정의돼 있습니다. 그런데 직접 작성한 프로그램에서 허용하지 않는 동작을 하려고 할 때도 의도적으로 오류를 발생시킬 수 있습니다. 형식은 다음과 같습니다.

> **형식** raise 오류 종류

계산기 프로그램을 수정해 한 자리 숫자끼리만 나누기를 할 수 있게 해 보겠습니다. 나누기를 하기 전에 사용자로부터 입력받은 값들이 한 자리 숫자가 맞는지 확인해야 합니다. 그리고 조건에 맞지 않을 때, 즉 입력받은 숫자가 10 이상일 때는 의도적으로 ValueError를 발생시켜 except 문에서 예외 처리를 하겠습니다.

```python
try:
    print("한 자리 숫자 나누기 전용 계산기입니다.")
    num1 = int(input("첫 번째 숫자를 입력하세요 : "))
    num2 = int(input("두 번째 숫자를 입력하세요 : "))
    if num1 >= 10 or num2 >= 10: # 입력받은 수가 한 자리인지 확인
        raise ValueError
    print("{0} / {1} = {2}".format(num1, num2, int(num1 / num2)))
except ValueError:
    print("값을 잘못 입력했습니다. 한 자리 숫자만 입력하세요.")
```

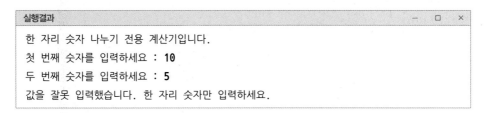

```
실행결과                                              —  □  ✕

한 자리 숫자 나누기 전용 계산기입니다.
첫 번째 숫자를 입력하세요 : 6
두 번째 숫자를 입력하세요 : 2
6 / 2 = 3
```

프로그램을 실행해 한 자리 숫자인 6과 2를 입력하면 연산 결과인 3을 출력합니다. 프로그램을
다시 실행해서 오류가 발생하도록 첫 번째는 두 자리 수인 10을 입력하고 두 번째는 5를 입력합
니다.

```
실행결과                                              —  □  ✕

한 자리 숫자 나누기 전용 계산기입니다.
첫 번째 숫자를 입력하세요 : 10
두 번째 숫자를 입력하세요 : 5
값을 잘못 입력했습니다. 한 자리 숫자만 입력하세요.
```

if 문에 의해 ValueError가 발생하고 이에 따라 예외 처리 구문이 실행돼 print( ) 문의 내용을
출력합니다.

1분 퀴즈 ▬▬▬▬▬▬▬▬   해설 노트 p.420

2. 보기에서 설명하는 키워드로 알맞은 것은?

> **보기** 직접 작성한 프로그램에서 허용하지 않는 동작을 하려고 할 때 의도적으로 오류를 발생시키
> 기 위해 사용한다.

① occur   ② raise   ③ throw   ④ throws

10.3

사용자 정의 예외 처리하기

프로그램 안에서 의도적으로 오류를 발생시키는 방법을 배웠습니다. 이때도 파이썬에 이미 정의된 오류를 사용했습니다. 그런데 사용자가 직접 오류를 정의해 예외 처리할 수도 있습니다.

앞에서 만든 한 자리 숫자 나누기 프로그램에서 두 자리 이상의 수로 잘못 입력했을 때 사용자 입력 중 어디가 잘못됐는지를 알려 주도록 코드를 수정해 보겠습니다. 먼저 두 자리 이상의 수를 입력할 때 발생하는 오류라는 의미로 BigNumberError라는 클래스를 만듭니다. 그리고 코드에서 새로운 오류를 정의해 예외 처리하려면 파이썬에 포함된 Exception이라는 클래스를 상속해야 합니다. 그러면 앞에서 봤던 ValueError, IndexError와 비슷하게 사용자가 필요한 형태의 오류를 직접 정의해 처리할 수 있습니다. 클래스 내용은 일단 pass 문으로 두겠습니다. pass 문이 기억나지 않으면 **9.4 동작 없이 일단 넘어가기: pass**를 참고해 주세요.

입력값이 10 이상인지를 확인하는 if 문에서 ValueError 대신 새롭게 정의한 BigNumberError를 발생시키고, except 문을 추가해 예외 처리를 합니다.

```python
class BigNumberError(Exception): # 사용자 정의 예외 처리, Exception 클래스 상속
    pass

try:
    print("한 자리 숫자 나누기 전용 계산기입니다.")
    num1 = int(input("첫 번째 숫자를 입력하세요 : "))
    num2 = int(input("두 번째 숫자를 입력하세요 : "))
    if num1 >= 10 or num2 >= 10: # 입력받은 수가 한 자리인지 확인
        # raise ValueError
        raise BigNumberError
```

```
    print("{0} / {1} = {2}".format(num1, num2, int(num1 / num2)))
except ValueError:
    print("값을 잘못 입력했습니다. 한 자리 숫자만 입력하세요.")
except BigNumberError: # 사용자 정의 예외 처리
    print("오류가 발생했습니다. 한 자리 숫자만 입력하세요.")
```

프로그램을 실행하고 10과 5를 순차적으로 입력하면 BigNumberError가 발생하고 예외 처리가 실행돼서 마지막에 추가한 except 문의 안내 문구를 출력합니다. 이 상태로는 ValueError와 큰 차이가 없습니다.

이번에는 BigNumberError 클래스를 완성해 보겠습니다. pass 문 대신 __init__() 생성자와 __str__() 메서드를 추가합니다. 생성자에서는 오류 메시지를 의미하는 msg를 전달받아 인스턴스 변수로 설정하고, __str__() 메서드에서는 인스턴스 변수 msg를 반환하게 합니다. 이제 BigNumberError를 발생시킬 때 필요한 문구를 추가해 더 자세한 오류 내용을 출력할 수 있습니다.

```
class BigNumberError(Exception): # 사용자 정의 예외 처리, Exception 클래스 상속
    def __init__(self, msg):
        self.msg = msg

    def __str__(self):
        return self.msg
```

오류가 발생하는 시점에 어떤 값을 입력했는지 출력해 보겠습니다. try 문에서 BigNumberError 를 발생시키는 부분에 입력받은 두 값을 문자열 형태로 넣습니다. 이 문자열은 __init__() 생성자의 msg로 들어가게 됩니다. 그런 다음 __str__() 메서드에 의해 msg 인스턴스 변수가 반환됩니다. 그리고 except 문에서는 as를 이용해 err이라는 이름으로 반환된 오류 내용을 받고 이를 print() 문으로 출력합니다.

```
class BigNumberError(Exception): # 사용자 정의 예외 처리
    def __init__(self, msg):
        self.msg = msg

    def __str__(self):
        return self.msg

try:
    print("한 자리 숫자 나누기 전용 계산기입니다.")
    num1 = int(input("첫 번째 숫자를 입력하세요 : "))
    num2 = int(input("두 번째 숫자를 입력하세요 : "))
    if num1 >= 10 or num2 >= 10: # 입력받은 수가 한 자리인지 확인
        # 자세한 오류 메시지
        raise BigNumberError("입력값 : {0}, {1}".format(num1, num2))
    print("{0} / {1} = {2}".format(num1, num2, int(num1 / num2)))
except ValueError:
    print("값을 잘못 입력했습니다. 한 자리 숫자만 입력하세요.")
except BigNumberError as err: # 사용자 정의 예외 처리
    print("오류가 발생했습니다. 한 자리 숫자만 입력하세요.")
    print(err) # 오류 메시지 출력
```

실행결과   — ☐ ✕

```
한 자리 숫자 나누기 전용 계산기입니다.
첫 번째 숫자를 입력하세요 : 10
두 번째 숫자를 입력하세요 : 5
오류가 발생했습니다. 한 자리 숫자만 입력하세요.
입력값 : 10, 5
```

프로그램을 실행하고 10과 5를 입력하면 이제는 오류 내용과 함께 사용자가 어떤 값을 입력했는지도 함께 출력합니다.

사실 BigNumberError 클래스의 __init__() 생성자와 __str__() 메서드는 따로 정의하지 않고 그냥 pass로 두어도 동일하게 동작합니다. 하지만 생성자에서 추가로 어떤 작업을 해야 한다거나 __str__() 메서드에서 오류 메시지를 오류 코드와 함께 출력하고 싶은 경우에는 코드를 수정하면 됩니다. 가령 프로그램에 오류 코드를 다음과 같이 정의한다면 BigNumberError에서는 오류 코드 001을 출력하면 됩니다.

[001 : 두 자리 숫자가 입력됨]

[002 : 문자열이 입력됨]

[003 : 공백이 입력됨]

코드에 반영하면 다음과 같습니다.

```python
class BigNumberError(Exception): # 사용자 정의 오류
    def __init__(self, msg):
        self.msg = msg

    def __str__(self):
        return "[오류 코드 001] " + self.msg # 오류 메시지 가공

try:
    print("한 자리 숫자 나누기 전용 계산기입니다.")
    num1 = int(input("첫 번째 숫자를 입력하세요 : "))
    num2 = int(input("두 번째 숫자를 입력하세요 : "))
    if num1 >= 10 or num2 >= 10: # 입력받은 수가 한 자리인지 확인
        # 자세한 오류 메시지
        raise BigNumberError("입력값 : {0}, {1}".format(num1, num2))
    print("{0} / {1} = {2}".format(num1, num2, int(num1 / num2)))
except ValueError:
    print("값을 잘못 입력했습니다. 한 자리 숫자만 입력하세요.")
except BigNumberError as err: # 사용자 정의 예외 처리
    print("오류가 발생했습니다. 한 자리 숫자만 입력하세요.")
    print(err) # 오류 메시지 출력
```

실행결과   — □ ×

```
한 자리 숫자 나누기 전용 계산기입니다.
첫 번째 숫자를 입력하세요 : 10
두 번째 숫자를 입력하세요 : 5
오류가 발생했습니다. 한 자리 숫자만 입력하세요.
[오류 코드 001] 입력값 : 10, 5
```

10과 5를 입력하면 오류가 발생하고 예외 처리 구문에 추가한 문자열이 함께 출력됩니다.

__init__()나 __str__()처럼 이름 앞뒤로 언더바(_)가 2개씩 붙은 형태의 메서드를 **스페셜 메서드**(special method)라고 합니다. 또는 언더바가 2개 들어간다는 의미에서 **던더 메서드**(dunder method: double underscore method)라고도 하고요. 이들은 특별한 역할을 수행하기 위해 별도 처리를 하는 메서드입니다. __init__() 메서드는 객체가 생성될 때 자동으로 호출되고, __str__() 메서드는 print() 함수로 객체를 출력할 때 호출됩니다.

예를 들어, 다음과 같이 코드를 작성해 실행한다고 합시다.

```python
class SpecialClass():
    def __init__(self):
        print("특별한 생성자")

    def __str__(self):
        return "특별한 메서드"

s = SpecialClass() # 특별한 생성자 출력
print(s) # 특별한 메서드 출력
```

실행결과	– □ ×
특별한 생성자	
특별한 메서드	

실행결과를 보면 객체가 생성될 때 자동으로 __init__() 메서드가 호출되어 특별한 생성자가 출력됩니다. 그리고 print() 함수로 객체 s를 출력하면 __str__() 메서드가 호출되어 특별한 메서드가 출력됩니다. 이외에도 객체 길이를 구할 때 호출되는 __len__(), 객체가 특정 요소를 포함하는지 확인할 때 호출되는 __contains__() 등이 있습니다.

1분 퀴즈

해설 노트 p.421

3. **새로운 사용자 정의 예외 클래스인 MyError를 만들기 위해 가에 들어갈 부모 클래스로 올바른 것은?**

```python
class MyError( 가 ):
    pass
```

① Base   ② Error   ③ Except   ④ Exception

오류와 상관없이 무조건 실행하기: finally

옷 가게에서 마음에 드는 옷을 사고 매장을 나서면 직원이 친절하게 감사하다는 인사를 합니다. 때로는 여러 옷을 입어 보고도 사지 않고 그냥 나오는 경우도 있습니다. 이런 경우에도 직원은 여전히 감사 인사를 합니다. 옷을 사도, 사지 않아도 늘 감사하다고 하니 친절함이 고마워서라도 다음 번에 방문할 때는 꼭 옷을 하나 사야겠다는 마음이 생기곤 합니다.

옷 가게 직원의 감사 인사와 같은 것이 파이썬에도 있습니다. 바로 finally입니다. finally는 try 문에서 오류가 발생하든 말든 try 문을 벗어나는 시점에 무조건 실행되는 구문입니다. finally는 try와 except로 이루어진 구문의 가장 밑에 정의합니다.

형식
```
try:
    실행할 명령1
    실행할 명령2
    ...
except 오류 종류1:
    예외 처리 명령1
    예외 처리 명령2
    ...
except 오류 종류2:
    예외 처리 명령1
    예외 처리 명령2
    ...
finally:
    실행할 명령1
    실행할 명령2
    ...
```

앞에서 만든 계산기 프로그램에 finally 문을 추가해 보겠습니다. 계산기를 이용하는 사람 모두에게 감사하다는 인사 메시지를 출력합니다.

```python
class BigNumberError(Exception):
    def __init__(self, msg):
        self.msg = msg

    def __str__(self):
        return self.msg

try:
    print("한 자리 숫자 나누기 전용 계산기입니다.")
    num1 = int(input("첫 번째 숫자를 입력하세요 : "))
    num2 = int(input("두 번째 숫자를 입력하세요 : "))
    if num1 >= 10 or num2 >= 10:
        raise BigNumberError("입력값 : {0}, {1}".format(num1, num2))
    print("{0} / {1} = {2}".format(num1, num2, int(num1 / num2)))
except ValueError:
    print("값을 잘못 입력했습니다. 한 자리 숫자만 입력하세요.")
except BigNumberError as err:
    print("오류가 발생했습니다. 한 자리 숫자만 입력하세요.")
    print(err)
finally: # 오류 발생 여부와 상관없이 항상 실행
    print("계산기를 이용해 주셔서 감사합니다.")
```

실행결과　　　　　　　　　　　　　　　　　　　　　　　　　　　－ □ ×

```
# 정상 값 입력일 때
한 자리 숫자 나누기 전용 계산기입니다.
첫 번째 숫자를 입력하세요 : 6
두 번째 숫자를 입력하세요 : 2
6 / 2 = 3
계산기를 이용해 주셔서 감사합니다.

# 오류 값 입력일 때
한 자리 숫자 나누기 전용 계산기입니다.
첫 번째 숫자를 입력하세요 : 10
두 번째 숫자를 입력하세요 : 5
오류가 발생했습니다. 한 자리 숫자만 입력하세요.
입력값 : 10, 5
계산기를 이용해 주셔서 감사합니다.
```

프로그램을 실행하고 한 자리 수인 6과 2를 입력하면 계산 결과와 함께 finally 문에 정의한 print() 문을 실행합니다. 다시 실행해서 오류가 발생하도록 10과 5를 순서대로 입력합니다. 오류가 발생하고 한 자리 숫자만 입력하라는 오류 메시지와 함께 이번에도 finally 문이 실행되는 것을 볼 수 있습니다.

이와 같이 try 문의 마지막에 finally 문을 추가해서 오류 발생 여부와 상관없이 항상 실행되는 코드를 작성할 수 있습니다. 보통 try 문에서 파일이나 자원을 사용할 때 finally 문에서 열린 파일을 닫거나 자원을 해제하는 작업을 수행합니다. 그러면 프로그램이 실행되는 과정에서 오류가 발생하고 예외 처리가 제대로 되지 않더라도 자원은 정상적으로 해제할 수 있습니다.

마치 시험을 앞둔 학생이 쉬는 시간에 여러 책을 마구 펼쳐 놓고 열심히 공부하다가 시험 시간이 되면 공부가 끝나건 말건 모든 책을 덮는 것과 비슷하다고 보면 됩니다. 이때 쉬는 시간이 try 문이 실행되는 부분이고, 시험 시간이 finally 문이 실행되는 부분입니다.

1분 퀴즈

해설 노트 p.421

4. 다음 코드의 실행결과로 올바른 것은?

```python
try:
    int("일이삼") # ValueError 발생
except ValueError:
    print("값이 이상해요.")
except Exception as err:
    print("오류가 발생했어요.")
finally:
    print("수행 종료")
```

① 실행결과   – □ ×
```
값이 이상해요.
```

② 실행결과   – □ ×
```
값이 이상해요.
수행 종료
```

③ 실행결과   – □ ×
```
수행 종료
```

④ 실행결과   – □ ×
```
값이 이상해요.
오류가 발생했어요.
수행 종료
```

10.5

실습 문제: 치킨 주문하기

——— 해설 노트 p.421

문제를 풀며 지금까지 배운 내용을 복습해 보겠습니다. 먼저 문제를 직접 풀고 나서 해설을 확인해 주세요.

문제 항상 대기 손님이 많은 맛있는 치킨 가게가 있습니다. 손님들의 대기 시간을 줄이고자 자동 주문 프로그램을 만들었습니다. 다음 코드를 확인하고 적절한 예외 처리 구문을 추가하세요.

```python
chicken = 10 # 남은 치킨 수
waiting = 1 # 대기번호, 1부터 시작

while True:
    print("[남은 치킨 : {0}]".format(chicken))
    order = int(input("치킨을 몇 마리 주문하시겠습니까? "))
    if order > chicken: # 남은 치킨보다 주문량이 많을 때
        print("재료가 부족합니다.")
    else:
        print("[대기번호 {0}] {1}마리를 주문했습니다.".format(waiting, order))
        waiting += 1 # 대기번호 1 증가
        chicken -= order # 주문 수만큼 남은 치킨 감소
```

1. 1보다 작거나 숫자가 아닌 입력값이 들어올 때는 ValueError로 처리한다.

실행결과	— □ ×
값을 잘못 입력했습니다.	

2. 대기 손님이 주문할 수 있는 최대 주문량은 10마리로 제한한다.

3. 치킨 소진 시 오류(SoldOutError)를 발생시키고 프로그램 종료한다.

실행결과	— □ ×
재료가 소진돼 더 이상 주문을 받지 않습니다.	

마무리

1. 예외 처리

프로그램에서 발생할 수 있는 오류 상황을 처리하는 것을 의미합니다.

2. try-except 문

try 영역에 오류가 발생할 가능성이 있는 코드를 작성하고, 오류 발생 시 처리 동작은 except 영역에 정의합니다. except는 오류 종류에 따라 여러 번 정의할 수 있습니다.

```
형식   try:
           실행할 명령1
           실행할 명령2
           ...
       except 오류 종류:
           예외 처리 명령1
           예외 처리 명령2
           ...
```

3. raise

프로그램에서 허용하지 않는 동작을 하려고 할 때 의도적으로 오류를 발생시키기 위해 사용합니다.

```
형식   raise 오류 종류
```

4. 사용자 정의 예외

① 파이썬에서 기본으로 제공하는 오류 외에 사용자가 직접 오류를 정의해 예외 처리할 수도 있습니다.

② 사용자 정의 예외는 모든 예외의 조상에 해당하는 Exception 클래스를 상속합니다.

5. finally 문

① finally 문은 try 문에서 오류 발생 여부와 상관없이 try 문을 벗어나는 시점에 항상 실행되는 구문입니다.

② finally 문은 try와 except로 이루어진 구문의 가장 밑에 정의합니다.

형식
```
try:
        실행할 명령1
        실행할 명령2
        ...
except 오류 종류1:
        예외 처리 명령1
        예외 처리 명령2
        ...
except 오류 종류2:
        예외 처리 명령1
        예외 처리 명령2
        ...
finally:
        실행할 명령1
        실행할 명령2
        ...
```

셀프체크

문제 배터리 잔량에 따라 스마트폰 배터리를 관리하는 프로그램을 만들어 보세요.

조건

1. save_battery라는 이름으로 함수를 만든다.

2. 함수에서는 배터리 잔량 정보인 level을 전달값으로 받으며, 별도의 반환값은 없다.

3. 함수를 호출하면 배터리 잔량을 출력한 뒤 잔량에 따라 동작을 수행한다. 이때 함수 안에 적절한 예외 처리를 해서 프로그램이 비정상적으로 종료되지 않게 한다.

4. 배터리 잔량에 따른 동작은 다음과 같다.

   • 잔량 30% 초과: 일반 모드

   • 잔량 5% 초과, 30% 이하: 절전 모드

   • 잔량 5% 이하: 종료(오류 발생)

5. 배터리 잔량이 5% 이하이면 종료 메시지를 담은 Exception 객체를 생성해 오류를 발생시키고, 오류를 처리하는 곳에서 메시지가 출력되도록 한다.

```
# 테스트 코드
save_battery(75)
save_battery(25)
save_battery(3)
```

실행결과	—	□	×

```
배터리 잔량 : 75%
일반 모드로 사용합니다.

배터리 잔량 : 25%
절전 모드로 사용합니다.

배터리 잔량 : 3%
배터리가 부족해 스마트폰을 종료합니다.
```

11장

모듈과 패키지

겨울에 눈이 쌓였을 때 오리 모양 틀이 달려 있는 집게를 이용해 눈오리를 만드는 게 유행한 적이 있습니다. 꼬마 눈사람을 만들기 위해 열심히 눈을 굴리고 다질 필요 없이 틀 안에 눈을 넣어 집으면 오리 모양이 만들어지죠. 이 집게는 대형 마트나 온라인 쇼핑몰에서 쉽게 구할 수 있습니다. 오리뿐만 아니라 꼬마 눈사람 모양까지 다양한 형태의 캐릭터 집게를 볼 수 있습니다.

파이썬의 장점 중 한 가지가 바로 어떤 기능을 위한 코드들이 이미 만들어져 있다는 것입니다. 그래서 기능이 필요할 때 해당 코드를 그냥 가져다 쓰기만 하면 됩니다. 마치 오리 모양 집게가 있는 것처럼 말이죠. 그러면 새로운 기능을 개발하느라 시간을 낭비할 필요가 없고 이미 여러 사람이 사용해 봤기 때문에 품질도 어느 정도 신뢰할 수 있습니다. 이 장에서는 이 책의 마지막 주제인 모듈과 패키지를 공부하면서 이런 코드들을 어떻게 사용할 수 있는지, 이런 코드들을 어떻게 만들 수 있는지 살펴보겠습니다.

11.1

모듈 다루기

자동차를 운전하다가 접촉 사고로 범퍼가 파손되거나 오랜 주행으로 타이어가 마모되면 자동차를 수리해야 합니다. 자동차는 엔진, 차체, 범퍼, 타이어 등 여러 부품을 조립해 만듭니다. 그래서 정비소에 가서 파손된 부위만 교체하면 됩니다.

그런데 자동차가 부품 조합이 아닌 일체형이라면 어떨까요? 범퍼가 찌그러지거나 타이어가 마모되면 부품 교체가 아니라 차 전체를 새로 사야 할지도 모릅니다. 그러면 비용도 훨씬 많이 들고 수리 기간도 꽤 오래 걸릴 겁니다.

이와 마찬가지로 소프트웨어도 전체 프로그램을 바꾸지 않고 코드 일부만 교체하거나 추가할 수 있게 만들면 유지보수도 쉽고 코드의 재사용성도 높아집니다. 파이썬에서는 서로 관련이 있거나 비슷한 기능을 하는 함수, 클래스 등을 담고 있는 파일을 제공하는데 이를 **모듈**(module)이라 합니다. 그리고 자동차가 일체형이 아닌 부품(모듈)으로 이루어져 있으면 수리가 쉽듯이, 파이썬에서도 개발을 용이하게 하기 위해 프로그램의 기능을 독립적인 작은 단위로 나누는 작업을 **모듈화**(modularization)라고 합니다.

3장에서 random 모듈을 가져다 사용한 것을 기억하나요? 난수를 생성하는 함수들을 모아 둔 random 모듈 덕분에 별도의 함수를 정의할 필요 없이 random 모듈을 import하면 바로 난수 생성 함수를 사용할 수 있습니다. 파이썬에는 이미 많은 모듈이 정의돼 있지만, 개발하다 보면 새로운 모듈이 필요할 때가 있습니다. 그래서 이 장에서는 직접 모듈을 만들어 보겠습니다.

11.1.1 모듈 만들기

작업 폴더(이 책에서는 PythonWorkspace 폴더) 안에 **theater_module.py**라는 이름으로 파이썬 파일을 새로 만듭니다. 이 파일에 사람 수에 따른 영화표 가격을 계산하는 함수 3개를 정의하겠습니다. 첫 번째 price( ) 함수에서는 1인당 영화표 가격을 일반 가격인 10,000원, 두 번째 price_morning( ) 함수에서는 조조 할인 가격인 6,000원, 세 번째 price_soldier( ) 함수에서는 군인 할인 가격인 4,000원으로 계산해 출력합니다. 각 함수는 모두 사람 수를 의미하는 people을 전달받습니다. 코드를 작성하면 다음과 같습니다.

theater_module.py

```python
# 일반 가격
def price(people):
    print("{0}명, 영화표 가격은 {1}원입니다.".format(people, people * 10000))

# 조조 할인 가격
def price_morning(people):
    print("{0}명, 조조 할인 영화표 가격은 {1}원입니다.".format(people, people * 6000))

# 군인 할인 가격
def price_soldier(people):
    print("{0}명, 군인 할인 영화표 가격은 {1}원입니다. ".format(people, people * 4000))
```

Ctrl + S (macOS일 때 command + S)를 눌러 저장하면 이것으로 모듈 생성은 끝입니다. 간단하죠? 이제 이 파일을 다른 파일에서 가져다 사용할 수 있습니다.

11.1.2 모듈 사용하기

생성한 모듈을 새로운 파일(여기서는 **ch11.py**)에서 사용해 보겠습니다. 이번 실습에서 주의할 점은 theater_module.py 파일과, 모듈을 사용할 파일은 서로 같은 경로(같은 폴더)에 있어야 한다는 점입니다.

모듈을 사용하는 방법은 여러 가지가 있는데, 가장 기본적인 import 문을 먼저 보겠습니다. import 문을 작성할 때는 파일명에서 확장자 .py를 제외한 **theater_module**만 적어 주면 됩니다. 이것이 모듈명입니다. import 문을 작성한 이후부터는 모듈에 정의한 함수를 그대로 사용할 수 있습니다. 모듈에 속한 함수를 사용할 때는 모듈명 뒤에 점(.)을 찍고 나서 함수명을 적습니다.

3개 함수를 호출해서 각각 3, 4, 5를 전달해 보겠습니다.

```python
import theater_module # 모듈 가져오기

theater_module.price(3) # 3명이 영화를 보러 갔을 때 가격
theater_module.price_morning(4) # 4명이 조조 영화를 보러 갔을 때 가격
theater_module.price_soldier(5) # 군인 5명이 영화를 보러 갔을 때 가격
```

실행결과   — ☐ ✕

```
3명, 영화표 가격은 30000원입니다.
4명, 조조 할인 영화표 가격은 24000원입니다.
5명, 군인 할인 영화표 가격은 20000원입니다.
```

그런데 theater_module 모듈은 영어 단어 2개로 돼 있어서 모듈을 사용할 때마다 긴 이름을 적으려니 귀찮기도 하고 철자가 틀릴 수도 있습니다. 이럴 때는 as로 모듈에 별명을 붙여 줄 수 있습니다. movie를 줄여 mv라고 별명을 짓겠습니다. import 문 뒤에 as mv를 추가하면 theater_module이라는 모듈을 mv로 간단하게 호출할 수 있습니다. 실행결과는 동일합니다.

```python
import theater_module as mv # theater_module을 별명인 mv로 사용한다는 의미

mv.price(3)
mv.price_morning(4)
mv.price_soldier(5)
```

실행결과   — ☐ ✕

```
3명, 영화표 가격은 30000원입니다.
4명, 조조 할인 영화표 가격은 24000원입니다.
5명, 군인 할인 영화표 가격은 20000원입니다.
```

이번에는 from~import 형식을 사용해 보겠습니다. 앞에서 random 모듈을 사용할 때 이미 여러 번 이 형식으로 구문을 작성해 봤습니다.

> **형식**   from 모듈명 import 기능(또는 함수)

from 뒤에 모듈명을 적고 모듈에서 가져다 사용할 기능이나 함수를 import 뒤에 적어 주면 됩니다. 먼저 모든 기능을 가져다 쓴다는 의미로 *로 적어 보겠습니다. from~import 문으로 가져온 모듈은 모듈명과 점 부분을 적어 줄 필요 없이 모듈의 함수명만 적으면 됩니다.

```
from theater_module import *  # theater_module에서 모든 기능을 가져와 사용함

price(3)  # theater_module.을 작성할 필요 없음
price_morning(4)
price_soldier(5)
```

실행결과   — □ ✕

```
3명, 영화표 가격은 30000원입니다.
4명, 조조 할인 영화표 가격은 24000원입니다.
5명, 군인 할인 영화표 가격은 20000원입니다.
```

모든 기능이 필요하지 않을 때도 있습니다. 예를 들어, 이미 전역한 사람이라면 군인 할인 가격을 계산하는 price_soldier() 함수는 쓸모가 없겠지요. 이럴 때는 from~import 문 뒤에 * 대신 사용하려는 함수명만 적으면 됩니다. 가져올 함수가 여러 개일 때는 쉼표로 구분합니다.

일반 가격을 계산하는 price() 함수와 조조 할인 가격을 계산하는 price_morning() 함수만 가져와 보겠습니다. 사람 수는 각각 5, 6, 7로 전달해서 3개 함수를 모두 호출합니다.

```
from theater_module import price, price_morning  # 모듈에서 일부 함수만 가져와 사용함

price(5)  # 5명
price_morning(6)  # 6명
price_soldier(7)  # import하지 않아서 사용 불가
```

실행결과   — □ ✕

```
5명, 영화표 가격은 50000원입니다.
6명, 조조 할인 영화표 가격은 36000원입니다.
Traceback (most recent call last):
  File "c:\PythonWorkspace\ch11.py", line 5, in <module>
    price_soldier(7)
NameError: name 'price_soldier' is not defined
```

실행해 보니 price()와 price_morning() 함수는 결과를 정상적으로 출력합니다. 하지만 price_soldier() 함수에서는 정의되지 않은 이름이라는 메시지가 나오며 오류가 발생합니다.

TIP ── 오류 메시지 없이 결과가 정상적으로 나온다면 앞에 import theater_module을 넣어 작성한 코드를 모두 주석 처리한 후에 실행해 보세요.

from~import 문에서도 as를 사용해 별명을 지어줄 수 있습니다. 앞에서 전역한 사람을 예로 들었는데, 현재 군인이라면 어떨까요? 일반 가격(10,000원)이나 조조 할인 가격(6,000원)보다 군인 할인 가격(4,000원)이 더 저렴합니다. 따라서 price()와 price_morning() 함수는 필요 없이 항상 price_soldier() 함수만 사용하면 됩니다. 그런데 price_soldier라는 함수명이 조금 기니 별명으로 바꿉시다. 이때 price()와 price_morning() 함수는 가져오지 않으니 price를 별명으로 사용해 볼까요?

다음과 같이 from~import 문 뒤에 as price를 추가하고 함수를 price()로 호출합니다. 이때 실제로 호출하는 함수는 theater_module 모듈의 price()가 아니라 price_soldier()입니다.

```
# price_soldier를 별명인 price로 대체 사용
from theater_module import price_soldier as price

price(5) # price_soldier() 함수 호출
```

실행결과		− □ ✕
5명, 군인 할인 영화표 가격은 20000원입니다.		

실행하면 price_soldier() 함수를 호출해 계산한 결과를 출력합니다.

1분 퀴즈
해설 노트 p.429

1. 보기에서 설명하는 방법으로 알맞은 것은?

> 보기 파이썬에서 기본으로 제공하는 random 모듈에서 choice() 함수만 가져다가 쓰기 위한 방법

① import random as choice ② import random and choice

③ import random from choice ④ from random import choice

패키지 다루기

해외여행을 떠나게 되면 여행 시간보다 여행을 준비하는 시간이 더 오래 걸릴 수 있습니다. 항공부터 숙박, 교통, 관광 일정, 비용, 비자, 여권 등 많은 부분을 신경 써야 하니까요. 이때 여행사에서 제공하는 패키지여행 상품을 이용하면 그런 부분을 신경 쓰지 않고 훨씬 편하게 여행할수 있습니다. 항공편부터 현지 도착 후 이동, 숙소, 식당까지 모두 예약돼 있고 시간별로 어디를 방문할지에 대한 계획은 물론 여행 경비도 미리 알 수 있습니다. 단, 다른 여행객과 함께 여행하므로 자유로운 여행을 원하면 맞지 않을 수도 있겠네요.

파이썬에도 **패키지**(package)가 있습니다. 항공, 숙소, 차량 등을 한꺼번에 묶어 놓은 패키지여행처럼 여러 모듈을 모아 놓은 집합을 파이썬에서 패키지라고 합니다. 패키지는 보통 여러 모듈을 한 폴더 안에 담아 구성합니다.

프로그램의 규모가 커지면 모듈 하나만으로 관리하기 어렵습니다. 그래서 관련 있는 기능끼리 모듈로 모으고 다시 모듈을 합쳐 패키지로 묶습니다. 잘 만들어진 패키지가 있으면 파이썬 프로그램을 개발할 때 해당 패키지를 설치해 바로 사용할 수 있습니다. 그러면 어떤 기능이 필요할 때 코드를 처음부터 새로 작성할 필요가 없습니다. 편지 봉투가 필요하면 문구점에서 잘 만들어진 제품을 사는 것이 직접 종이를 잘라 만드는 것보다 훨씬 간편하고 디자인도 예쁘겠죠. 이 절에서는 이러한 패키지를 만드는 연습을 해 보겠습니다.

11.2.1 패키지 만들기

예를 들어 보겠습니다. 여러분이 여행사에서 근무한다고 가정해 봅시다. 여러분은 태국 패키지여행 상품과 베트남 패키지여행 상품을 담당하게 됐습니다.

작업 폴더(PythonWorkspace) 안에 새로운 폴더를 하나 만들고 이름은 **travel**로 짓습니다. VSCode의 탐색기에서 작업 폴더명 옆에 **New Folder( ) 아이콘을 클릭**하면 입력란이 나타납니다. 여기에 travel을 입력하고 Enter를 누르면 됩니다.

그림 11-1 폴더 생성

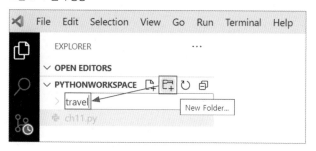

travel 폴더 안에 파일을 만듭니다. 새로운 파일을 만들 때는 **travel 폴더를 선택**하고 VSCode의 탐색기에서 작업 폴더명 옆에 **New File( ) 아이콘을 클릭**하면 됩니다. 폴더를 만들 때처럼 입력란이 나타나면 **파일명을 입력**하고 Enter를 누릅니다. 여기서는 태국 패키지여행 상품을 위한 모듈인 **thailand.py** 파일과 베트남 패키지여행 상품을 위한 모듈인 **vietnam.py** 파일을 만들겠습니다. 마지막으로 **__init__.py** 파일도 만듭니다. 이렇게 만든 3개 파일로 새로운 travel 패키지를 생성합니다.

그림 11-2 travel 패키지 생성

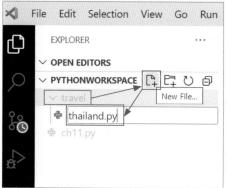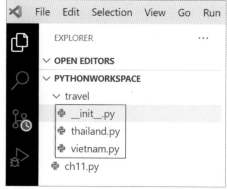

태국 패키지여행 상품을 위한 thailand.py 파일부터 내용을 채워 보겠습니다. ThailandPackage 라는 이름의 클래스를 만들고 detail()이라는 메서드 하나를 정의합니다. 이 메서드를 호출하면 태국 패키지여행 상품에 대한 요약 정보가 출력됩니다.

thailand.py
```python
class ThailandPackage:
    def detail(self):
        print("[태국 3박 5일 패키지] 방콕, 파타야 여행(야시장 투어) 50만 원")
```

비슷한 형태로 vietnam.py 파일에 VietnamPackage라는 이름으로 베트남 패키지여행 클래스를 정의합니다.

vietnam.py
```python
class VietnamPackage:
    def detail(self):
        print("[베트남 3박 5일 패키지] 다낭 효도 여행 60만 원")
```

__init__.py 파일은 일단 그대로 두고, 기존에 실습하던 파일(ch11.py)에서 travel 패키지를 사용해 보겠습니다. 이때 앞에서 작성한 2개 파일은 반드시 저장해야 합니다.

> **Note __init__.py**
>
> __init__.py 파일은 해당 폴더가 패키지라는 것을 명시하기 위해 만듭니다. 폴더에 __init__.py 파일을 만들어 두면 해당 폴더를 패키지로 인식합니다. 그런데 파이썬 3.3 버전부터는 이 파일이 없어도 상관없습니다. 다만, 호환성 문제를 위해 파일을 생성해 두기를 권장합니다.

11.2.2 패키지 사용하기

ch11.py 파일에서 travel 패키지를 사용해 봅시다. 패키지명(travel) 뒤에 점을 찍고 모듈명(thailand)을 적어 import 문으로 가져오면 됩니다. 그리고 ThailandPackage 클래스로 trip_to라는 객체를 만들어 detail() 메서드를 호출합니다. 여기까지 작성하고 실행하면 다음과 같이 태국 패키지여행 상품에 대한 정보를 출력합니다.

ch11.py

```
import travel.thailand # travel 패키지의 thailand 모듈 가져오기

trip_to = travel.thailand.ThailandPackage()
trip_to.detail()
```

실행결과   — □ ×

[태국 3박 5일 패키지] 방콕, 파타야 여행(야시장 투어) 50만 원

import 문만 사용할 때는 대상이 모듈이나 패키지여야 하고 클래스나 함수는 가져올 수 없습니다. 그래서 다음과 같이 작성하면 오류가 발생합니다.

ch11.py

```
import travel.thailand.ThailandPackage # 클래스 import 불가

trip_to = travel.thailand.ThailandPackage()
trip_to.detail()
```

실행결과   — □ ×

ModuleNotFoundError: No module named 'travel.thailand.ThailandPackage';
'travel.thailand' is not a package

그러나 from~import 문을 사용하면 함수부터 클래스, 모듈, 패키지까지 모두 import할 수 있습니다. 다음과 같이 travel.thailand 모듈에서 ThailandPackage 클래스를 가져오도록 코드를 수정합니다. 앞에서와 다르게 클래스를 import한 후 객체를 생성할 때는 travel.thailand. 부분은 제외하고 클래스명만으로 생성할 수 있습니다.

ch11.py

```
# travel.thailand 모듈에서 ThailandPackage 클래스 가져오기
from travel.thailand import ThailandPackage

trip_to = ThailandPackage() # from~import 문에서는 travel.thailand. 제외
trip_to.detail()
```

실행결과   — □ ×

[태국 3박 5일 패키지] 방콕, 파타야 여행(야시장 투어) 50만 원

실행하면 태국 패키지여행의 상품 정보를 출력합니다.

베트남 패키지여행의 정보도 확인해 볼까요? 그런데 이번에는 조금 다르게 travel 패키지에서 vietnam 모듈을 가져오겠습니다. 다음과 같이 작성하면 패키지명 없이 모듈명(vietnam.)만으로 모듈 안에 있는 VietnamPackage 클래스에 접근할 수 있습니다.

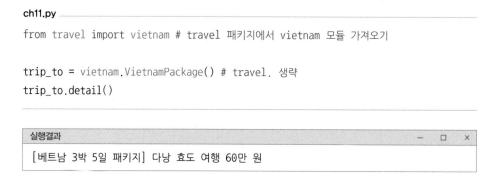

ch11.py
```python
from travel import vietnam # travel 패키지에서 vietnam 모듈 가져오기

trip_to = vietnam.VietnamPackage() # travel. 생략
trip_to.detail()
```

실행결과   —   □   ×

[베트남 3박 5일 패키지] 다낭 효도 여행 60만 원

실행해 보면 베트남 패키지여행의 상품 정보를 잘 출력합니다. 이처럼 패키지에서는 import 대상이 무엇이냐에 따라 접근하는 코드도 달라져야 한다는 점을 주의해야 합니다.

1분 퀴즈
해설 노트 p.429

2. 다음 중 패키지에 대한 설명으로 잘못된 것은?

① 패키지는 여러 모듈의 모음이다.

② 패키지에는 반드시 __init__.py라는 파일이 있어야 한다.

③ 패키지는 하나의 폴더 안에 여러 개의 파이썬 파일로 구성된다.

④ 패키지는 import 또는 from~import 구문으로 가져다 쓸 수 있다.

모듈 공개 설정하기: __all__

11.1.2 모듈 사용하기에서 theater_module 모듈을 import할 때 다음과 같이 *를 사용해 모듈의 모든 기능을 가져다 쓸 수 있었습니다.

```
from theater_module import *
```

travel 패키지도 같은 방식으로 한번 사용해 볼까요? *를 사용해 travel 패키지의 모든 기능을 가져다 쓰겠다고 작성한 후 VietnamPackage 클래스의 객체를 만듭니다. 그리고 detail() 함수에 접근합니다.

ch11.py
```
from travel import *

trip_to = vietnam.VietnamPackage() # 베트남
trip_to.detail()
```

실행결과   — □ ×
```
NameError: name 'vietnam' is not defined
```

실행하니 'vietnam'이 정의되지 않았다며 오류가 발생하네요. 왜 그럴까요? import할 때 *로 표시한다는 것은 travel 패키지에 있는 모든 기능을 가져다 쓴다는 뜻인데 말이죠.

사실 패키지는 만든 사람이 공개 범위를 설정할 수 있습니다. 패키지에 포함된 모듈 중에서 import되길 원하는 것만 공개하고 나머지는 비공개로 둘 수가 있지요.

travel 패키지를 만들 때 함께 생성한 __init__.py 파일을 열어 다음과 같이 내용을 작성합니다. __all__이라는 변수에 리스트 형태로 모듈명을 넣으면 해당 모듈을 공개로 설정합니다. 이때 all 앞뒤로 언더바를 2번씩 적어야 한다는 점을 주의해 주세요.

__init__.py
```python
__all__ = ["vietnam"] # vietnam 모듈 공개
```

__init__.py 파일을 저장하고 원래 파일로 돌아가서 다시 코드를 실행해 봅시다. 이번에는 베트남 패키지여행 상품 정보가 잘 출력됩니다.

ch11.py
```python
from travel import *

trip_to = vietnam.VietnamPackage() # 베트남
trip_to.detail()
```

실행결과   — □ ×
[베트남 3박 5일 패키지] 다낭 효도 여행 60만 원

그런데 태국 패키지여행 상품은 어떨까요? VietnamPackage 클래스의 객체 생성 부분을 주석 처리하고 다음 줄에 ThailandPackage 클래스의 객체를 만듭니다.

ch11.py
```python
from travel import *

# trip_to = vietnam.VietnamPackage()
trip_to = thailand.ThailandPackage() # 태국
trip_to.detail()
```

실행결과   — □ ×
NameError: name 'thailand' is not defined

실행하니 vietnam 모듈에서 발생한 오류가 모듈명만 바뀌어서 똑같이 발생합니다. 이는 __init__.py 파일의 __all__ 변수에는 현재 vietnam만 저장돼 있기 때문입니다. 즉, vietnam 모듈만 공개돼서 thailand 모듈은 외부에서 사용할 수 없습니다.

오류를 해결해 봅시다. __init__.py 파일을 열고 __all__ 변수에 thailand 모듈을 추가한 후 저장하겠습니다. 이제 vietnam과 thailand 모듈 모두 공개로 설정한 상태입니다.

```
__init__.py
__all__ = ["vietnam", "thailand"] # vietnam, thailand 모듈 공개
```

원래 파일로 돌아가서 다시 코드를 실행해 봅시다. 이번에는 thailand 모듈에도 이상 없이 접근해 코드가 제대로 동작하는 것을 확인할 수 있습니다.

```
ch11.py
from travel import *

# trip_to = vietnam.VietnamPackage()
trip_to = thailand.ThailandPackage() # 태국
trip_to.detail()
```

실행결과   — □ ×

[태국 3박 5일 패키지] 방콕, 파타야 여행(야시장 투어) 50만 원

정확히 말하면 __all__은 from travel import *와 같이 *를 이용해 패키지 내 모듈들을 가져다 쓰려고 하는 경우에 import할 대상을 정의하는 역할을 합니다. 패키지 내에 __init__.py 파일이 없거나 __all__ 리스트 안에 아무런 모듈을 넣지 않더라도 from travel import vietnam, thailand와 같이 작성하면 여전히 vietnam, thailand 모듈을 사용할 수 있다는 점을 알아두세요.

1분 퀴즈

해설 노트 p.429

3. 패키지의 __init__.py 파일에서 사용할 수 있는 __all__에 관해 **잘못** 설명한 것은?

① __all__은 반드시 정의해야 하는 것은 아니다.

② 리스트 형태로 모듈명을 넣으면 해당 모듈을 공개로 설정한다.

③ __all__에 포함되지 않은 모듈은 어떤 방법으로든 사용할 수 없다.

④ from 패키지명 import *를 했을 때 import할 대상을 정의할 수 있다.

11.4

모듈 직접 실행하기

travel 패키지의 thailand와 vietnam 모듈은 내용이 간단해서 파악하기 쉽지만, 실제 프로그램에서 모듈을 만들면 규모나 복잡도가 다릅니다. 그래서 모듈의 기능이 올바르게 동작하는지를 확인하는 작업이 필요합니다. 물론 지금까지 배운 것처럼 별도 파일에서 해당 모듈을 import해서 테스트할 수도 있지만, 모듈을 직접 실행하면서 확인하는 방법이 아무래도 수월하죠.

모듈을 직접 실행할지 아니면 별도 파일을 호출해서 실행할지는 다음과 같이 구분합니다. 이때 __name__과 __main__은 앞뒤로 언더바가 2개씩 들어간다는 점을 주의해 주세요.

> **형식**
> ```
> if __name__ == "__main__": # 직접 실행하는 경우
>     pass
> else: # 외부에서 호출해 실행하는 경우
>     pass
> ```

__name__은 현재 모듈(작성한 파이썬 파일)의 이름을 값으로 가지는 내장 변수입니다. 모듈이 직접 실행되는 경우 __name__의 값은 __main__으로 설정됩니다. 그래서 앞의 코드와 같이 작성하면 파일이 직접 실행될 때 if 문의 동작이 실행됩니다. 직접 실행되지 않고 외부에서 호출해 사용하면 __main__이 아닌 해당 모듈의 이름을 값으로 가지게 됩니다. 그래서 값을 출력해 보면 __main__이 아닌 Thailand 같은 모듈명을 출력 합니다.

TIP — 내장 변수는 파이썬에서 어떻게 사용할지 역할이 이미 정의되어 있는 변수입니다.

travel 패키지의 thailand.py 파일에서 ThailandPackage 클래스 정의 아래에 다음과 같이 코드를 추가해 보겠습니다. __name__ 변수의 값이 __main__일 때, 즉 모듈을 직접 실행하는 경우

에는 if 문에서 출력문과 함께 ThailandPackage 클래스로 객체를 만들어 detail() 메서드를 호출합니다. 그렇지 않을 때, 즉 모듈을 외부에서 호출하는 경우에는 else 문으로 처리해 호출 안내 문구만 간략히 출력합니다.

thailand.py
```python
class ThailandPackage:
    def detail(self):
        print("[태국 3박 5일 패키지] 방콕, 파타야 여행(야시장 투어) 50만 원")


if __name__ == "__main__": # 모듈 직접 실행
    print("thailand 모듈 직접 실행")
    print("이 문장은 모듈을 직접 실행할 때만 출력돼요.")
    trip_to = ThailandPackage()
    trip_to.detail()
else: # 외부에서 모듈 호출
    print("외부에서 thailand 모듈 호출")
```

모듈을 직접 실행할 때부터 동작을 확인해 봅시다. thailand.py 파일을 열고 실행 버튼을 클릭합니다. 실행결과를 보면 if 문의 조건에 해당하는 문장들이 실행되는 것을 볼 수 있습니다.

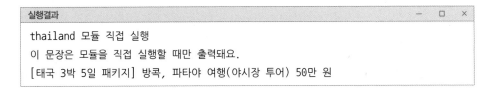

```
실행결과                                                    ─  □  ×
thailand 모듈 직접 실행
이 문장은 모듈을 직접 실행할 때만 출력돼요.
[태국 3박 5일 패키지] 방콕, 파타야 여행(야시장 투어) 50만 원
```

이번에는 작업 파일에서 thailand 모듈을 가져다 써 보겠습니다.

ch11.py
```python
from travel import *

trip_to = thailand.ThailandPackage()
trip_to.detail()
```

```
실행결과                                                    ─  □  ×
외부에서 thailand 모듈 호출
[태국 3박 5일 패키지] 방콕, 파타야 여행(야시장 투어) 50만 원
```

실행해 보면 thailand 모듈에 정의한 else 문의 print() 문이 실행되고 나서 detail() 메서드가 실행되는 것을 확인할 수 있습니다.

여기서 배운 if __name__ == "__main__": 구문을 잘 활용하면 모듈을 직접 실행할지 외부에서 가져다 쓸지를 구분해 필요한 코드를 작성할 수 있습니다.

1분 퀴즈

해설 노트 p.429

4. 개발한 모듈이 잘 동작하는지 직접 실행해 확인할 때 **가**에 들어갈 코드로 알맞은 것은?

```
if    가
    pass # 테스트 코드
```

① __main__ == "__name__":

② __name__ == "__main__":

③ __name__ == "main":

④ __name__ == __main__:

11.5

패키지와 모듈 위치 확인하기

패키지나 모듈은 호출하려는 파일과 동일한 경로에 있거나 파이썬 라이브러리(library)들이 모여 있는 폴더에 있어야 사용할 수 있습니다. 앞에서는 theater_module이나 travel 패키지가 이를 사용하는 파일(여기서는 ch11.py)과 같은 위치에 있어서 문제가 없었습니다.

> **Note** **라이브러리**
>
> 파이썬을 공부하다 보면 **라이브러리**라는 용어를 자주 접하게 됩니다. 라이브러리는 재사용을 위해 개발한 코드 묶음으로 보면 됩니다. 모듈 묶음이 패키지라면, 패키지 묶음이 라이브러리인데, 사실 파이썬에서 라이브러리는 패키지와 혼용하는 용어라서 둘을 크게 구분하지 않아도 괜찮습니다.

모듈을 문제없이 사용하려면 모듈의 위치를 알아야 합니다. 파이썬에서는 getfile() 함수로 모듈의 경로를 확인할 수 있습니다. 자주 언급한 random 모듈의 경로를 확인해 보겠습니다. getfile() 함수는 inspect라는 모듈에 속하므로 먼저 inspect 모듈을 import합니다. 또한, random 모듈의 경로를 파악해야 하므로 random 모듈도 import합니다. 그런 다음 getfile() 함수에 전달값으로 random을 넣은 후 실행하면 모듈의 경로를 반환합니다. 반환값을 확인할 수 있게 print() 문으로 출력합니다.

```
import inspect
import random

print(inspect.getfile(random)) # random 모듈 위치(경로)
```

```
C:\Python38\lib\random.py
```

결과로 random.py 파일의 경로가 표시됩니다. **1.1.1 파이썬 설치하기**에서 개발 환경을 설정할 때 지정한 파이썬 경로의 lib 폴더 안에 있는 것을 확인할 수 있습니다. 바로 이 폴더가 앞에서 말한 '파이썬 라이브러리들이 모여 있는 폴더'입니다.

이번에는 직접 만든 travel 패키지의 thailand 모듈이 어느 경로에 위치하는지 확인해 보겠습니다.

```python
import inspect
from travel import *

print(inspect.getfile(thailand)) # thailand 모듈 위치
```

```
외부에서 thailand 모듈 호출
c:\PythonWorkspace\travel\thailand.py
```

실행해 보니 외부에서 thailand 모듈을 호출한다는 문구와 함께 경로가 표시됩니다. 이 책에서는 PythonWorkspace 폴더의 travel 폴더 안에 thailand 모듈이 위치한다는 것을 알 수 있습니다.

> **Note** **NameError 오류 발생 시**
>
> 실행했을 때 'NameError: name 'thailand' is not defined'라는 메시지가 나오면서 오류가 발생한다면 travel 패키지의 __init__.py 파일을 열고 __all__ 변수에 thailand 모듈이 다음처럼 잘 추가돼 있는지 확인해 주세요.
>
> __init__.py
> ```python
> __all__ = ["vietnam", "thailand"] # vietnam, thailand 모듈 공개
> ```

앞에서 패키지나 모듈은 '파이썬 라이브러리들이 모여 있는 폴더'에 있으면 사용할 수 있다고 설명했습니다. 이를 확인하기 위해 travel 패키지를 lib 폴더로 복사해 보겠습니다. travel 패키지를 복사하기 위해 PythonWorkspace 폴더로 이동합니다. 이동할 때는 윈도우 파일 탐색기에서 작업 폴더로 직접 찾아가면 됩니다. 또는 VSCode의 탐색기에서 travel 폴더에 마우스를 가져가서 오른쪽 버튼으로 클릭하고 메뉴에서 **Reveal in File Explorer**(파일 탐색기에 표시)를 선택합니다. 그러면 PythonWorkspace 폴더가 바로 열리고 그 안에 있는 travel 폴더가 보입니다.

그림 11-3 VSCode의 탐색기에 표시

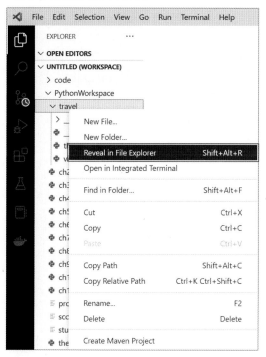

윈도우 파일 탐색기에서 작업 폴더에 있는 travel 폴더를 복사해 random.py 파일이 존재하는 경로(여기서는 C:\Python38\lib)에 붙여 넣습니다.

TIP —— 윈도우 파일 탐색기에서는 lib 폴더명이 Lib처럼 첫 글자가 대문자로 표시될 수도 있습니다.

그림 11-4 lib 폴더에 travel 폴더 복사해 붙여 넣기

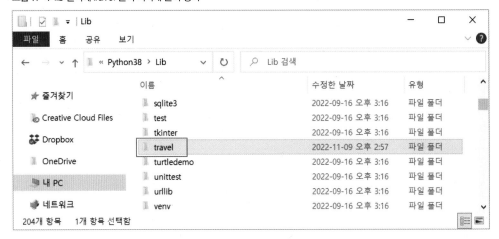

그리고 작업 중인 폴더에 있는 travel 폴더는 임시로 폴더명을 **travel_temp**로 변경합니다. travel 폴더에서 마우스 오른쪽 버튼을 클릭해 나오는 메뉴에서 **Rename**(이름 바꾸기)을 선택하면 폴더명을 바꿀 수 있습니다.

그림 11-5 폴더명 변경

폴더명을 바꾸고 나면 다음과 같은 안내창이 뜰 수 있습니다. 폴더명을 바꾸면 패키지명이 변경되므로 VSCode에서 코드에 있는 travel 부분을 travel_temp로 일괄 수정해 주는 기능입니다. 여기서는 바꿀 필요가 없으므로 **Skip Changes**(변경 내용 건너뛰기) 버튼을 클릭합니다. OK 버튼을 클릭하면 바뀐 폴더명으로 코드가 변경되어 제대로 테스트할 수 없습니다.

그림 11-6 패키지명 수정 기능

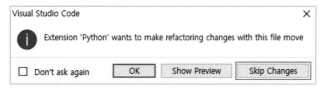

이 상태에서 다시 ch11.py 파일을 실행하면 thailand 모듈의 경로가 바뀐 것을 볼 수 있습니다.

ch11.py
```python
import inspect
from travel import *

print(inspect.getfile(thailand)) # thailand 모듈 위치
```

실행결과

```
외부에서 thailand 모듈 호출
C:\Python38\lib\travel\thailand.py
```

이는 호출하려는 파일과 같은 경로가 아닌 파이썬 설치 경로의 lib 폴더에 있는 패키지에서 모듈을 불러와 사용하고 있다는 뜻입니다. 또한, 현재 파일이 아닌 새로운 파이썬 프로그램을 만들어 작성할 때도 travel 패키지를 가져다 쓸 수 있다는 의미입니다.

확인이 끝나면 다음 실습을 위해 lib 폴더에 붙여 넣은 travel 폴더(여기서는 C:\Python38\lib\travel)는 삭제하고, VSCode에서 이름을 바꾼 travel_temp 폴더는 다시 travel로 원상 복귀합니다.

5. 다음 코드의 동작으로 알맞은 것은?

```python
import inspect
import random

print(inspect.getfile(random))
```

① random 모듈의 위치(경로)를 확인한다.

② random 모듈에 오류가 없는지 확인한다.

③ random 모듈의 내용을 읽어서 출력한다.

④ random 모듈을 현재 작업 폴더로 복사한다.

11.6

패키지 설치하기

파이썬의 강점 중 하나는 유용한 패키지가 아주 많다는 것입니다. 지금도 전 세계 각지에서 누군가가 새로운 패키지를 개발하고 있으니 그 수는 점점 늘고 있죠. 그래서 파이썬으로 개발할 때 어떤 기능이 필요하다면 처음부터 무작정 개발하기보다 이미 잘 만들어진 패키지가 있는지 확인해 보는 편이 낫습니다.

가령 무작위로 어떤 수를 뽑는 기능이 필요하다고 해 봅시다. 처음부터 구현할 수도 있겠지만, 그러면 개발하는 과정에서 실수할 수도 있고 고려할 부분이 생각보다 많을 수도 있습니다. 다행히 이미 많은 사람이 사용하고 충분히 검증받은 random 모듈을 쓰면 됩니다. 우리는 random 모듈이 있다는 것을 알기 때문에 아주 쉽고 빠르게 이를 가져다 쓸 수가 있습니다. 그러면 원하는 기능이 있을 때 해당 패키지가 있는지는 어떻게 알 수 있을까요?

이번에는 필요한 파이썬 패키지를 찾는 방법을 알아보겠습니다. 웹 브라우저를 열고 주소창에 https://pypi.org를 입력하고 [Enter]를 누르면 다음 페이지가 열립니다. 또는 구글에서 **pypi**라고 검색해서 첫 번째로 보이는 링크를 선택해도 됩니다.

PyPI(The Python Package Index)는 파이썬용 패키지 저장소입니다. 페이지 중간을 보면 벌써 50만 개(2024년 1월 기준)가 넘는 프로젝트가 있네요. 검색창 아래 있는 **browse projects**를 클릭해 프로젝트를 자세히 살펴봅시다.

그림 11-7 PyPI 페이지

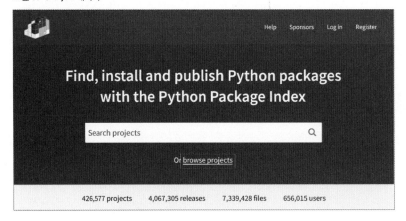

왼쪽 항목에서 **Topic**을 클릭하면 메뉴가 확대되면서 개별 주제들이 보입니다. 스크롤을 내려 보면 Communications, Database, Game, Internet 등 다양한 주제가 있습니다. 이 중에서 원하는 주제를 선택하면 해당하는 프로젝트 목록이 오른쪽에 나타납니다.

그림 11-8 주제별 프로젝트 확인

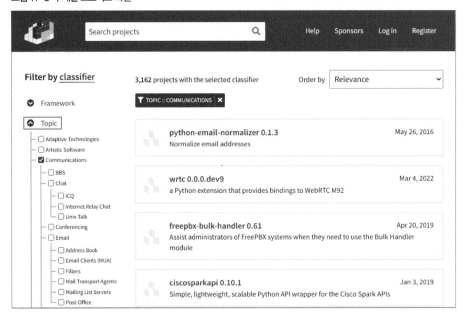

또는 상단 검색창에서 직접 패키지를 찾을 수도 있습니다. 원하는 검색어를 입력하면 관련 패키지가 화면에 나옵니다. 실습을 위해 웹 스크래핑 분야에서 아주 유명한 BeautifulSoup4라는 패키지를 찾아 설치해 보겠습니다. 검색창에 **beautifulsoup**까지만 입력한 후 Enter 를 누릅니다. beautifulsoup과 관련 있는 수백 개 프로젝트가 검색되는데, 이 중에서 가장 위에 있는 beautifulsoup4 버전 정보를 표시하는 프로젝트를 클릭합니다.

그림 11-9 beautifulsoup 관련 프로젝트 검색

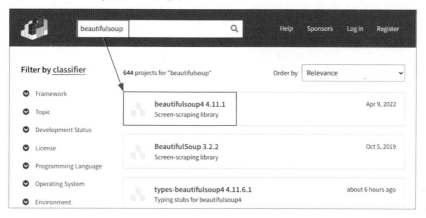

개별 프로젝트 화면은 보통 다음과 같이 구성됩니다. 왼쪽 위에 패키지를 설치하는 명령이 있고 본문에는 프로젝트에 대한 설명과 예제 코드를 제공합니다.

그림 11-10 beautifulsoup4 프로젝트 화면

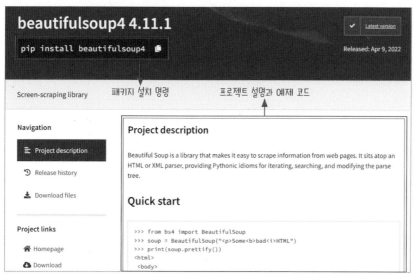

패키지를 설치해 보겠습니다. 먼저 왼쪽 위에 있는 패키지 설치 명령을 복사합니다. 명령 옆에 있는 버튼을 클릭하면 복사할 수 있습니다.

그림 11-11 패키지 설치 명령 복사

VSCode의 터미널에서 마우스 오른쪽 버튼을 클릭하거나 Ctrl + V(macOS일 때 command + V)를 눌러 복사한 명령을 붙여 넣습니다. 그리고 Enter를 누르면 패키지가 설치됩니다.

```
C:\PythonWorkspace> pip install beautifulsoup4
Collecting beautifulsoup4
  Downloading beautifulsoup4-4.11.1-py3-none-any.whl (128 kB)
     |████████████████████████████████| 128 kB 3.2 MB/s
Collecting soupsieve>1.2
  Downloading soupsieve-2.3.2.post1-py3-none-any.whl (37 kB)
Installing collected packages: soupsieve, beautifulsoup4
Successfully installed beautifulsoup4-4.11.1 soupsieve-2.3.2.post1
WARNING: You are using pip version 20.2.1; however, version 22.3.1 is available.
You should consider upgrading via the 'c:\python38\python.exe -m pip install
--upgrade pip' command.
C:\PythonWorkspace>
```

설치가 끝나면 프로젝트 페이지의 Quick start에 나온 예제 코드를 복사합니다.

그림 11-12 프로젝트 예제 코드 복사

Quick start

```
>>> from bs4 import BeautifulSoup
>>> soup = BeautifulSoup("<p>Some<b>bad<i>HTML")
>>> print(soup.prettify())
<html>
```

복사한 코드를 VSCode에서 작업 중인 파일에 붙여 넣습니다. 이때 각 문장에서 앞에 있는 〉〉〉 부분은 제외합니다.

TIP —— 일부 경고 메시지가 발생할 수 있지만, 무시해도 됩니다. 경고 메시지는 BeautifulSoup4 동작에 관한 내용입니다. 이 절에서는 신규 패키지 설치와 사용법을 설명하고 있습니다. 그래서 실습을 위해 해당 패키지를 설치했을 뿐 BeautifulSoup4가 어떤 패키지이고 예제 코드가 어떤 동작을 하는지는 몰라도 상관없습니다.

```python
from bs4 import BeautifulSoup

soup = BeautifulSoup("<p>Some<b>bad<i>HTML")
print(soup.prettify())
```

```
실행결과                                    —   □   ✕
<p>
  Some
  <b>
   bad
   <i>
    HTML
   </i>
  </b>
</p>
```

실행해 보면 프로젝트 페이지의 예제 코드 아래에 있는 내용을 출력하는 것을 확인할 수 있습니다.

BeautifulSoup4 패키지를 설치할 때 사용한 pip 명령은 패키지 설치 외에도 다양한 명령을 수행할 수 있습니다.

표 11-1 pip 명령 사용 방법

옵션	설명	사용법
install	패키지 설치	pip install [패키지명]
install --upgrade	패키지 업그레이드	pip install --upgrade [패키지명]
uninstall	패키지 삭제	pip uninstall [패키지명]
list	설치 패키지 목록	pip list
show	패키지 상세 정보	pip show [패키지명]

현재 어떤 패키지가 설치돼 있는지 확인하려면 다음 명령을 실행합니다.

```
C:\PythonWorkspace> pip list
Package         Version
--------------- -----------
beautifulsoup4  4.11.1
pip             20.2.1
setuptools      49.2.1
soupsieve       2.3.2.post1
```

설치된 패키지의 버전, 라이선스, 공식 홈페이지 등 자세한 정보는 다음과 같이 확인할 수 있습니다.

```
C:\PythonWorkspace> pip show beautifulsoup4
Name: beautifulsoup4
Version: 4.11.1
Summary: Screen-scraping library
Home-page: https://www.crummy.com/software/BeautifulSoup/bs4/
Author: Leonard Richardson
Author-email: leonardr@segfault.org
License: MIT
Location: c:\python38\lib\site-packages
Requires: soupsieve
Required-by:
```

패키지의 새로운 버전이 배포되면 버전을 업그레이드할 수도 있습니다.

```
C:\PythonWorkspace> pip install --upgrade beautifulsoup4
Requirement already satisfied: beautifulsoup4 in c:\python38\lib\site-packages
(4.11.1)
Requirement already satisfied: soupsieve>1.2 in c:\python38\lib\site-packages
(from beautifulsoup4) (2.3.2.post1)
```

설치한 패키지가 더 이상 필요 없으면 다음과 같이 삭제합니다. 패키지를 삭제할 때는 정말 삭제할지를 재확인하는데, 삭제를 원한다면 **y**를, 원하지 않는다면 **n**을 입력한 후 [Enter]를 누릅니다.

```
C:\PythonWorkspace> pip uninstall beautifulsoup4
Found existing installation: beautifulsoup4 4.11.1
Uninstalling beautifulsoup4-4.11.1:
  Would remove:
    c:\python38\lib\site-packages\beautifulsoup4-4.11.1.dist-info\*
    c:\python38\lib\site-packages\bs4\*
Proceed (Y/n)? y
  Successfully uninstalled beautifulsoup4-4.11.1
```

그림 11장 모듈과 패키지

1분 퀴즈

6. 다음 중 pip 명령 옵션에 대한 설명으로 <u>잘못된</u> 것은?

① install: 패키지 설치

② list: 설치 패키지 목록

③ show: 패키지 상세 정보

④ uninstall: 패키지 업그레이드

내장 함수 사용하기

파이썬은 프로그램을 더 빠르고 편리하게 개발할 수 있도록 유용한 기능을 담은 내장 함수와 외장 함수를 제공합니다. 내장 함수는 별도로 import하지 않고도 사용할 수 있는 함수입니다. 사용자에게 입력받을 때 사용하는 input() 함수도 내장 함수 중 하나입니다.

사용자에게 좋아하는 언어를 입력받아 문장을 출력하는 간단한 코드를 작성해 보겠습니다.

```python
language = input("어떤 언어를 좋아하세요? ")
print("{0}은 아주 좋은 언어입니다!".format(language))
```

실행결과 — □ ×
어떤 언어를 좋아하세요? **파이썬**
파이썬은 아주 좋은 언어입니다!

프로그램을 실행해 터미널에 '파이썬'을 입력하면 language라는 변수에 이 값을 저장했다가 print() 문으로 가져와 출력합니다. 이때 input() 함수를 사용하기 위해 별도로 해야 하는 일은 아무것도 없습니다.

input() 함수 외에도 내장 함수는 종류가 굉장히 많습니다. 그중 하나인 dir() 함수를 사용해 보겠습니다. dir() 함수는 어떤 객체를 전달값으로 넘기면 이 객체가 어떤 변수와 함수를 가지고 있는지 알려 줍니다. 만약 전달값으로 아무것도 넣지 않으면 현재 소스 코드 안에서 사용할 수 있는 모듈 또는 객체를 출력합니다. 비교하기 위해 아무것도 import하지 않았을 때와 random, pickle 모듈을 import했을 때 dir() 함수의 실행결과를 확인해 보겠습니다.

```python
print(dir())
import random # random 모듈 가져다 쓰기
print(dir())
import pickle # pickle 모듈 가져다 쓰기
print(dir())
```

```
['__annotations__', '__builtins__', '__cached__', '__doc__', '__file__',
'__loader__', '__name__', '__package__', '__spec__']
['__annotations__', '__builtins__', '__cached__', '__doc__', '__file__',
'__loader__', '__name__', '__package__', '__spec__', 'random']
['__annotations__', '__builtins__', '__cached__', '__doc__', '__file__',
'__loader__', '__name__', '__package__', '__spec__', 'pickle', 'random']
```

실행해 보면 처음에는 기본값만 출력되고 random 모듈을 import한 후에는 random 모듈을,
pickle 모듈을 import한 후에는 pickle 모듈까지 출력합니다.

이번에는 random 모듈을 직접 전달값으로 설정해 봅시다.

```python
import random
print(dir(random))
```

```
['BPF', 'LOG4', 'NV_MAGICCONST', 'RECIP_BPF', 'Random', 'SG_MAGICCONST',
'SystemRandom', 'TWOPI', '_Sequence', '_Set', '__all__', '__builtins__',
'__cached__', '__doc__', '__file__', '__loader__', '__name__', '__
package__', '__spec__', '_accumulate', '_acos', '_bisect', '_ceil', '_
cos', '_e', '_exp', '_inst', '_log', '_os', '_pi', '_random', '_repeat',
'_sha512', '_sin', '_sqrt', '_test', '_test_generator', '_urandom', '_
warn', 'betavariate', 'choice', 'choices', 'expovariate', 'gammavariate',
'gauss', 'getrandbits', 'getstate', 'lognormvariate', 'normalvariate',
'paretovariate', 'randint', 'random', 'randrange', 'sample', 'seed',
'setstate', 'shuffle', 'triangular', 'uniform', 'vonmisesvariate',
'weibullvariate']
```

결과로 random 모듈 안에 있는 모든 것을 출력합니다. 앞에서 이미 사용해 본 randint(), randrange(), sample(), shuffle() 등 익숙한 이름들이 보이네요.

이번에는 모듈이 아닌 리스트 자료구조를 하나 만들어서 확인해 보겠습니다. lst라는 이름의 리스트를 만들고 숫자 몇 개를 저장해 전달합니다.

```
lst = [1, 2, 3]
print(dir(lst))
```

실행결과   — □ ×

```
['__add__', '__class__', '__contains__', '__delattr__', '__delitem__', '__
dir__', '__doc__', '__eq__', '__format__', '__ge__', '__getattribute__', '__
getitem__', '__gt__', '__hash__', '__iadd__', '__imul__', '__init__', '__
init_subclass__', '__iter__', '__le__', '__len__', '__lt__', '__mul__', '__
ne__', '__new__', '__reduce__', '__reduce_ex__', '__repr__', '__reversed__',
'__rmul__', '__setattr__', '__setitem__', '__sizeof__', '__str__', '__
subclasshook__', 'append', 'clear', 'copy', 'count', 'extend', 'index',
'insert', 'pop', 'remove', 'reverse', 'sort']
```

실행하면 리스트에서 사용할 수 있는 변수와 함수 목록이 나옵니다. 리스트 자료구조를 공부할 때 본 append(), clear(), count(), extend(), index(), reverse(), sort() 등의 함수를 확인할 수 있습니다.

이번에는 더 기본적인 문자열 변수 하나를 만들어서 확인해 보겠습니다. name이라는 변수에 문자열을 값으로 넣고 dir() 함수로 확인합니다.

```
name = "Jim"
print(dir(name))
```

```
['__add__', '__class__', '__contains__', '__delattr__', '__dir__', '__
doc__', '__eq__', '__format__', '__ge__', '__getattribute__', '__getitem__',
'__getnewargs__', '__gt__', '__hash__', '__init__', '__init_subclass__',
'__iter__', '__le__', '__len__', '__lt__', '__mod__', '__mul__', '__
ne__', '__new__', '__reduce__', '__reduce_ex__', '__repr__', '__rmod__',
'__rmul__', '__setattr__', '__sizeof__', '__str__', '__subclasshook__',
'capitalize', 'casefold', 'center', 'count', 'encode', 'endswith',
'expandtabs', 'find', 'format', 'format_map', 'index', 'isalnum', 'isalpha',
'isascii', 'isdecimal', 'isdigit', 'isidentifier', 'islower', 'isnumeric',
'isprintable', 'isspace', 'istitle', 'isupper', 'join', 'ljust', 'lower',
'lstrip', 'maketrans', 'partition', 'replace', 'rfind', 'rindex', 'rjust',
'rpartition', 'rsplit', 'rstrip', 'split', 'splitlines', 'startswith',
'strip', 'swapcase', 'title', 'translate', 'upper', 'zfill']
```

훨씬 더 다양한 내용이 출력되네요. name이라는 문자열 변수의 값을 대문자로 변경하는 upper(), 소문자로 변경하는 lower(), 특정 문자를 찾는 find() 등 다양한 함수를 사용할 수 있음을 확인할 수 있습니다.

파이썬에서 제공하는 내장 함수에 관한 더 자세한 내용은 구글에서 'list of python builtins' 로 검색하거나 파이썬 공식 홈페이지의 내장 함수 소개 페이지(https://docs.python.org/3/ library/functions.html)를 방문하면 확인할 수 있습니다. 해당 페이지에는 내장 함수가 알파 벳순으로 정렬돼 있고, 친숙한 input(), print(), str() 등 다양한 함수를 확인할 수 있습니다. 참고로 페이지 왼쪽 위에 언어 설정(기본값 English)을 클릭해 한국어(Korean)를 선택하면 우리말 페이지로 확인할 수 있습니다.

그림 11-13 내장 함수 소개 페이지

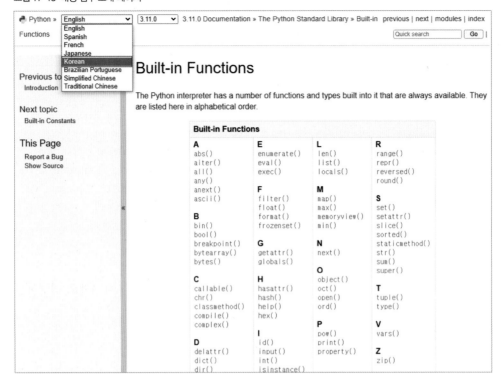

각 내장 함수를 클릭해 보면 자세한 내용을 확인할 수 있고, 예제 코드가 함께 제공되는 경우도 있습니다. 예를 들어, input()을 클릭하면 다음과 같은 내용을 보여 주는 페이지로 이동합니다.

그림 11-14 input() 함수의 상세 정보 페이지(한국어 버전)

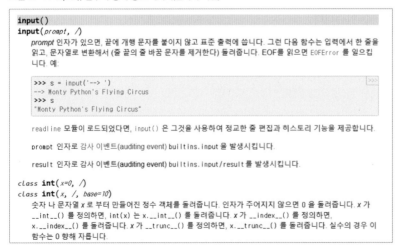

7. 다음 중 파이썬 코드에서 사용할 때 import 문이 필요 없는 함수로 알맞은 것은?

   ① dump( )

   ② load( )

   ③ print( )

   ④ random( )

11.8

외장 함수 사용하기

마지막으로 다룰 내용은 외장 함수입니다. 외장 함수는 파이썬을 설치할 때 함께 설치되어 **11.5 패키지와 모듈 위치 확인하기**에서 다룬 lib 폴더에 담겨 있습니다. 하지만 외장 함수는 내장 함수와는 다르게 반드시 import해야만 프로그램 안에서 사용할 수 있습니다.

파이썬에서 제공하는 모듈을 살펴보려면 구글에서 'list of python modules'로 검색하거나 파이썬 공식 홈페이지의 모듈 인덱스 페이지(https://docs.python.org/3/py-modindex.html)를 방문하면 됩니다. 내장 함수와 마찬가지로 파이썬에서 사용할 수 있는 모듈 목록이 알파벳순으로 정렬돼 있습니다.

목록에서 모듈 하나를 선택하면 사용 가능한 함수들과 예제 코드를 볼 수 있습니다. 예를 들어, random 모듈에서 사용 가능한 함수 정보를 확인하고 싶다면 상단 인덱스에서 r을 클릭합니다.

그림 11-15 모듈 인덱스 페이지

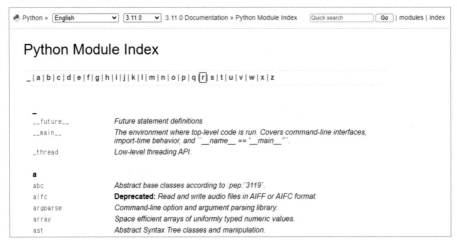

페이지가 스크롤되고 이름이 r로 시작하는 모듈들이 보입니다. 이 중에서 random을 클릭하면 모듈 상세 페이지로 이동합니다.

모듈 상세 페이지에는 다음과 같이 모듈 정보와 모듈 파일의 위치(Lib/random.py)가 표시됩니다. 스크롤을 더 내리면 모듈에 속한 함수들과 예제 코드를 확인할 수 있습니다. 모듈은 굉장히 유용해서 많이 알면 알수록 좋지만, 모두 외울 수는 없습니다. 그래도 한 번쯤 어떤 모듈이 있는지 모듈명 정도는 훑어보기를 추천합니다.

그림 11-16 모듈 상세 페이지

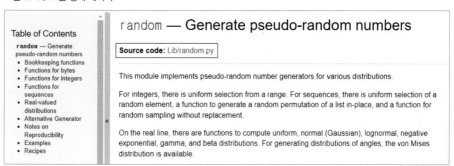

여기서는 자주 활용하는 몇 가지 모듈을 사용해 보겠습니다.

11.8.1 폴더 또는 파일 목록 조회 모듈

첫 번째 모듈은 glob(https://docs.python.org/ko/3/library/glob.html#module-glob) 입니다. glob 모듈은 어떤 경로에 있는 폴더 또는 파일 목록을 조회할 때 사용합니다. 윈도우의 명령 프롬프트에서 사용하는 dir 명령과 비슷하죠. glob 모듈에는 glob()이라는 함수가 있는데, 파일명 또는 비슷한 형태를 전달하면 해당하는 파일을 조회합니다.

확장자가 py인 파일 목록을 출력해 보겠습니다. glob 모듈을 import해서 가져오고 glob() 함수에는 *.py를 넣어 전달합니다. *는 모든 것을 지칭할 때 사용하는 와일드카드 문자이므로 *와 파이썬 파일 확장자인 py를 합치면 확장자가 py인 모든 파일을 의미합니다.

```
import glob

print(glob.glob("*.py")) # 확장자가 py인 모든 파일 출력
```

```
['ch10.py', 'ch11.py', 'ch2.py', 'ch3.py', 'ch4.py', 'ch5.py', 'ch6.py',
'ch7.py', 'ch8.py', 'ch9.py', 'super.py', 'theater_module.py']
```

실행해 보면 현재 작업 폴더에 존재하는 .py로 끝나는 모든 파일을 출력합니다.

11.8.2 운영체제의 기본 기능 모듈

다음으로 사용할 모듈은 os입니다. os는 운영체제에서 제공하는 기본 기능 정도로 생각하면 됩니다. 예를 들어, 폴더를 만들거나 삭제하는 기능입니다. os 모듈을 import하고 getcwd() 함수를 호출해 봅시다. getcwd() 함수는 os 모듈에 속한 함수로, 현재 파이썬 파일을 실행하는 경로 정보를 알려 주는 함수입니다. 여기서 cwd는 현재 작업 폴더(current working directory)를 의미합니다.

```python
import os

print(os.getcwd()) # 현재 작업 폴더 위치(경로)
```

```
C:\PythonWorkspace
```

이번에는 폴더를 하나 만들어 보겠습니다. 2가지 함수를 사용하는데, 먼저 exists() 함수는 주어진 경로에 해당하는 폴더 또는 파일이 존재하는지 여부를 알려 줍니다. makedirs() 함수는 현재 위치에 폴더를 새로 생성합니다. folder라는 변수에 sample_dir이라는 문자열을 값으로 넣습니다. exists() 함수로 folder 변수와 같은 이름의 폴더가 존재하는지를 확인합니다. 같은 이름의 폴더가 존재하지 않으면 makedirs() 함수로 새로운 폴더를 생성합니다.

TIP — path는 경로 정보를 처리하기 위해 os 모듈에서 import해서 사용하는 또 다른 모듈입니다. os 모듈에서 path 모듈, 즉 모듈에서 모듈을 호출할 때 os.path.exists()와 같이 점으로 연결해 코드를 작성합니다.

```python
import os

folder = "sample_dir"
```

```python
if os.path.exists(folder):  # 같은 이름의 폴더가 존재한다면
    print("이미 존재하는 폴더입니다.")
else:  # 폴더가 존재하지 않으면
    os.makedirs(folder)  # 폴더 생성
    print(folder, "폴더를 생성했습니다.")
```

실행결과   — □ ×

```
sample_dir 폴더를 생성했습니다.
```

코드를 실행하면 폴더를 생성했다는 메시지가 출력됩니다. 그리고 VSCode 탐색기를 보면 작업 폴더에 sample_dir이라는 폴더가 생성돼 있습니다. 앞의 코드를 다시 한번 실행하면 sample_dir 폴더가 존재하므로 출력 내용이 달라집니다.

실행결과   — □ ×

```
이미 존재하는 폴더입니다.
```

같은 이름의 폴더가 있으면 해당 폴더를 삭제하도록 코드를 조금 수정하겠습니다. 이때는 os 모듈의 rmdir() 함수를 사용합니다. if 문에서 rmdir() 함수를 호출하면서 folder 변수를 전달해 전달값과 같은 이름의 폴더를 삭제합니다. 코드를 작성하고 다시 실행하면 sample_dir 폴더가 삭제되며 관련 문구가 출력됩니다. **TIP —** 여기서 rm은 삭제를 의미하는 remove의 줄임말입니다.

```python
import os

folder = "sample_dir"
if os.path.exists(folder):  # 같은 이름의 폴더가 존재한다면
    print("이미 존재하는 폴더입니다.")
    os.rmdir(folder)  # 폴더 삭제
    print(folder, "폴더를 삭제했습니다.")  # 삭제 문구 출력
else:  # 폴더가 존재하지 않으면
    os.makedirs(folder)  # 폴더 생성
    print(folder, "폴더를 생성했습니다.")
```

실행결과   — □ ×

```
이미 존재하는 폴더입니다.
sample_dir 폴더를 삭제했습니다.
```

os 모듈에는 listdir() 함수도 있습니다. glob 모듈의 glob() 함수와 비슷하게 현재 작업 폴더 안에 있는 폴더와 파일 목록을 출력합니다.

```
import os

print(os.listdir()) # 현재 작업 폴더 안의 폴더와 파일 목록 출력
```

실행결과   — □ ×
```
['ch10.py', 'ch11.py', 'ch2.py', 'ch3.py', 'ch4.py', 'ch5.py', 'ch6.py',
 'ch7.py', 'ch8.py', 'ch9.py', 'profile.pickle', 'score.txt', 'study.txt',
 'super.py', 'theater_module.py', 'travel']
```

11.8.3 시간 관련 모듈

이번에는 시간 관련 함수를 제공하는 time 모듈을 사용해 보겠습니다. time 모듈을 import하고 나서 현재 시간 정보를 반환하는 localtime() 함수를 호출합니다.

```
import time

print(time.localtime())
```

실행결과   — □ ×
```
time.struct_time(tm_year=2024, tm_mon=1, tm_mday=2, tm_hour=22, tm_min=00,
tm_sec=00, tm_wday=0, tm_yday=2, tm_isdst=0)
```

실행결과에 무언가 나오기는 하는데 알아보기가 어렵네요. 우리나라는 날짜 정보를 보통 '2024년 1월 2일'과 같이 연/월/일 순으로 작성합니다. 국가에 따라 일/월/연 또는 월/일/연 등으로 순서를 다르게 표시하는 경우도 있습니다. time 모듈에 있는 strftime() 함수는 사용자가 원하는 문자열 형태로 시간 정보를 출력할 수 있습니다. 이때 주로 사용되는 코드와 의미는 다음과 같습니다.

표 11-2 시간 관련 함수에 사용하는 날짜/시간 포맷 코드

코드	의미
%Y	연(year)
%m	월(month)
%d	일(day)
%H	시(hour)
%M	분(minute)
%S	초(second)

가령 날짜와 시간 정보를 '2024-01-02 22:00:00'와 같이 출력하려면 각 자리에 맞게 코드를 입력하고 코드 사이에 하이픈(-)과 콜론(:)을 적절한 위치에 넣습니다. 이때 코드는 대소문자를 구분하므로 주의해야 합니다.

```
import time

print(time.strftime("%Y-%m-%d %H:%M:%S")) # 연-월-일 시:분:초
```

실행결과
2024-01-02 22:00:00

time과 비슷한 datetime 모듈도 있습니다. 다음과 같이 작성하면 datetime 모듈을 사용해 오늘 날짜를 출력할 수 있습니다.

```
import datetime

print("오늘 날짜는", datetime.date.today())
```

실행결과
오늘 날짜는 2024-01-02

datetime 모듈에는 timedelta()라는 함수도 있는데, 이 함수를 사용하면 두 날짜 및 시간 사이의 차이를 계산하거나 일정 시간이 경과한 후의 날짜 등을 구할 수 있습니다. 만약 오늘 누

군가와 만나기 시작했고 오늘로부터 100일째 되는 날을 계산한다고 가정하겠습니다. 먼저 datetime.date.today()를 사용해 오늘 날짜를 가져와 today라는 변수에 저장합니다. 그리고 timedelta() 함수를 호출하는데, 100일 뒤가 며칠인지 계산하기 위해 days라는 키워드 인자에 100을 넣습니다. 이때 반환하는 값을 td 변수에 저장합니다. 마지막으로 print() 문으로 today 변수와 td 변수의 값을 더해 출력합니다.

```python
import datetime

today = datetime.date.today() # 오늘 날짜 저장
td = datetime.timedelta(days=100) # 100일째 날짜 저장
print("우리가 만난 지 100일은", today + td) # 오늘부터 100일 후 날짜
```

실행결과	— □ ×
우리가 만난 지 100일은 2024-04-11	

프로그램 실행 시점의 날짜가 2024년 1월 2일 때 100일 뒤는 2024년 4월 11일임을 알 수 있습니다.

파이썬으로 개발할 때 처음부터 끝까지 모든 기능을 직접 구현하려고 하지 말고, 구글 검색으로 이미 누군가가 잘 만들어 놓은 유용한 라이브러리(패키지, 모듈)를 찾아보기를 추천합니다. 여러분에게 필요한 라이브러리는 대부분 이미 존재하고, 지금 이 시간에도 새로운 라이브러리가 계속 만들어지고 있으니까요. 모든 기능을 구현하는 것도 중요하지만, 필요한 라이브러리를 잘 찾아서 프로젝트에 적용하는 것도 뛰어난 개발자의 덕목이자 개발 생산성을 향상시킬 수 있는 훌륭한 전략입니다.

1분 퀴즈 해설 노트 p.429

8. 다음 중 os 모듈에 대한 설명으로 잘못된 것은?

① os 모듈은 import 없이 사용할 수 있다.

② os.rmdir()은 폴더를 삭제할 때 사용할 수 있다.

③ os.makedir()은 폴더를 생성할 때 사용할 수 있다.

④ getcwd()로 현재 작업 폴더의 위치(경로)를 알 수 있다.

11.9

실습 문제: 나만의 모듈 만들기

해설 노트 p.429

문제를 풀며 지금까지 배운 내용을 복습해 보겠습니다. 먼저 문제를 직접 풀고 나서 해설을 확인해 주세요.

문제 프로젝트에 나만의 서명을 남기는 모듈을 만들어 보세요.

조건

1. 모듈 파일명은 byme.py로 짓는다.

2. 실행했을 때 실행결과가 다음과 같이 나오도록 모듈을 작성한다.

```
import byme

byme.sign()
```

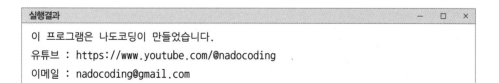

실행결과 — □ ×

이 프로그램은 나도코딩이 만들었습니다.
유튜브 : https://www.youtube.com/@nadocoding
이메일 : nadocoding@gmail.com

마무리

1. 모듈

① 모듈은 서로 관련이 있거나 비슷한 기능을 하는 함수, 클래스 등을 담고 있는 파일입니다.

② 개발하기 쉽도록 프로그램의 기능을 독립적인 작은 단위로 나누는 작업을 모듈화라고 합니다.

2. 패키지

① 패키지는 여러 모듈을 하나의 폴더 안에 담아 구성한 모듈들의 집합입니다.

② 폴더에 __init__.py 파일을 두면 패키지로 인식합니다(파이썬 3.3 버전부터는 제외 가능,
호환성을 위해 생성 권장).

3. 내장 함수

① 내장 함수는 파이썬에서 기본으로 제공해서 별도로 import하지 않고도 사용할 수 있는 함수
입니다.

② 내장 함수에는 input( ), len( ), range( ), print( ) 등이 있습니다.

4. 외장 함수

① 외장 함수는 파이썬을 설치할 때 함께 설치되지만 모듈을 import해야만 사용할 수 있는 함수
입니다.

② 파이썬에서 제공하는 모듈로는 random, glob, os, time, datetime 등이 있습니다.

셀프체크

해설 노트 p.430

문제 상황에 따라 알맞은 인사말을 출력하는 모듈을 작성하세요.

조건

1. 모듈 파일명은 greeting.py로 짓는다.

2. 모듈에는 다음과 같이 2가지 함수를 구현한다.

   ① say_hello(to): 만났을 때 하는 인사말을 출력한다.

   예) 전달값이 '파이썬'일 때: 안녕, 파이썬?

   ② say_goodbye(to): 헤어질 때 하는 인사말을 출력한다.

   예) 전달값이 '나도코딩'일 때: 또 만나, 나도코딩!

3. 모듈을 직접 실행하는 경우에만 함수 2개를 순서대로 호출한다.

```
실행결과                                    —  □  ×
# 모듈을 직접 실행 시 출력 결과
# 함수의 전달값으로 각각 파이썬과 나도코딩 전달
안녕, 파이썬?
또 만나, 나도코딩!
```

해설 노트

## 2장

1분 퀴즈

1. ②

2. ④

3. ④

해설_ not은 값을 부정하는 부정 연산자이므로, 불 자료형 앞에 not을 붙이면 True는 False가, False는 True가 됩니다.

4. ③

5. ②

6. ③

해설_ 두 번째 print( ) 문은 주석 처리(#)됐으므로 실행결과에 표시되지 않습니다.

실습 문제

```
station = "사당"
# station = "신도림"
# station = "인천공항"
print(station + "행 열차가 들어오고 있습니다.")
```

해설_ 잘 풀어봤나요? 코드는 매우 간단합니다. station이라는 변수를 만들고 '사당, 신도림, 인천공항' 순으로 값을 저장합니다. 값이 문자열이니 큰따옴표로 감싸는 것을 잊지 말고요. 이때 변수에 마지막으로 저장한 값을 사용하므로 출력할 때마다 해당 변수만 남기고 나머지는 주석 처리합니다. 문장을 출력하기 위해 print( ) 문을 사용하고 소괄호 안에는 station 변수와 "행 열차가 들어오고 있습니다."를 + 연산자로 연결해 넣습니다. 이렇게 작성하면 변수에 저장한 값과 문자열을 한 문장으로 출력할 수 있습니다.

셀프체크

```
status = "상품 준비"
```

```
# status = "배송 중"
# status = "배송 완료"
print("주문상태 : " + status)
```

3장

1분 퀴즈

1. ③

2. ④

해설_ /는 나누기 연산자로 2.0을 출력합니다. 2를 출력하고 싶다면 //를 사용합니다.

3. ②

해설_ %는 나머지 연산자이므로 5를 3으로 나눈 나머지인 2를 출력합니다.

4. ①

5. ②

해설_ 연산자 우선순위는 *가 더 높으므로 제시한 코드의 결과는 14입니다. 하지만 ②의 수식은 덧셈을 먼저 연산하므로 결과는 20입니다.

6. ②

해설_ 실행결과가 6이므로 num 변수의 값인 3에 2를 곱해야 합니다. ③처럼 + 3으로 연산하려면 =을 함께 사용해 num += 3으로 작성해야 합니다.

7. ④

해설_ 제시한 코드는 소수점 이하 둘째 자리까지 표시하도록 반올림하라는 뜻이므로 셋째 자리인 5에서 반올림해서 0.14를 출력합니다.

8. ②

해설_ random( ) 함수는 0.0 이상 1.0 미만(1은 불포함)에서 난수를 생성합니다.

실습 문제

```
from random import *
```

```
date = randint(4, 28) # 4~28일 중에서 무작위 날짜 뽑기
print("오프라인 스터디 모임 날짜는 매월 " + str(date) + "일로 선정됐습니다.")
```

해설_ 잘 풀었나요? 이번 퀴즈는 정해진 범위 안 날짜 중 무작위로 하루를 선정하는 것이 목표입니다. 정해진 범위 중 가장 이른 날짜는 조건 3에 의해 1~3일을 제외한 4일부터가 되겠네요. 그리고 가장 늦은 날짜는 조건 2에 의해 28일이 됩니다. 즉, 4~28일 중에서 하루를 무작위로 뽑아야 합니다. 날짜는 정수이므로 정수 범위를 지정해 난수를 뽑는 randint( ) 함수를 사용하면 됩니다. 그리고 randint( ) 함수로 뽑은 정수를 date 변수에 저장합니다. 마지막으로 date 변수에 저장한 값을 조건 4에 나온 형식대로 출력해야 합니다. 이때 문자열과 숫자를 함께 출력해야 하므로 str( )로 date 변수를 감싸서 문자열로 형변환해야 하는 점을 주의해 주세요. 날짜는 무작위이므로 실행결과는 책과 다를 수 있습니다.

셀프체크

```
celsius = 30
fahrenheit = (celsius * 9 / 5) + 32
print("섭씨 온도 : " + str(celsius))
print("화씨 온도 : " + str(fahrenheit))
```

4장

1분 퀴즈

1. ①

2. ②

3. ②

해설_ 인덱스는 0부터 시작하므로 인덱스 1의 위치에는 '도'가 있습니다.

4. ②

해설_ 문자열에서 2번째 글자까지 출력하므로 인덱스 0부터 1까지 출력하면 됩니다. 따라서 처음부터 2 직전까지 슬라이싱할 수 있게 msg[:2]를 넣어야 합니다. 만약 ①을 넣으면 인덱스 0부터 1 직전까지, 즉 '나'만 출력합니다.

5. ④

해설_ fruit[:-1]로 작성하면 처음부터 종료 인덱스(-1) 직전까지라는 뜻이므로 appl을 출력합니다.

6. ④

7. ①

해설_ lower() 함수는 문자열에서 대문자를 소문자로 바꾸므로 변수에 담긴 문자열을 모두 소문자로 출력합니다.

8. ①

9. ③

해설_ 인덱스가 {1}, {0} 순서이므로 커피를 먼저 출력합니다. 실행결과에는 중괄호가 표시되지 않습니다.

10. ④

해설_ f 문자열을 사용하려면 변수명을 {}로 감싸줘야 합니다.

11. ④

실습 문제

```
url = "http://naver.com"
# url = "http://daum.net" # dau40!
# url = "http://google.com" # goo61!
# url = "http://youtube.com" # you71!

my_str = url.replace("http://", "")  ------------------------------ ❶ 조건 1
# naver.com일 때 my_str.index(".")의 결과는 5
# 따라서 다음 문장은 my_str = mystr[0:5]와 같음
my_str = my_str[:my_str.index(".")]  ------------------------------ ❷ 조건 2
password = my_str[:3] + str(len(my_str)) + str(my_str.count("e")) + "!" -- ❸ 조건 3
print("{0}의 비밀번호는 {1}입니다.".format(url, password))
```

```
http://naver.com의 비밀번호는 nav51!입니다.
```

해설

이 문제에서는 문자열 처리 함수와 슬라이싱을 사용합니다.

❶ 조건 1을 적용하기 위해 replace() 함수로 입력받은 url 변수의 값 중에서 "http://"을 ""로 대체합니다. 그러면 문자열에서 'http://' 부분이 없어집니다. 이때 변경한 값을 다시 my_str 변수에 저장해야 변경한 값이 반영됩니다.

❷ 조건 2를 적용하려면 점부터 찾아야죠. 여기서는 index() 함수를 사용하면 됩니다. my_str.index(".")을 하면 처음으로 발견하는 점의 위치 정보를 알 수 있습니다. 위치 정보를 알았으니 문자열의 처음 위치로부터 점 위치 직전까지 슬라이싱합니다.

❸ 조건 3에서 남은 글자(naver) 중 처음 세 자리는 슬라이싱으로 구할 수 있습니다. 따라서 my_str[:3]을 하면 됩니다. 글자 개수는 len() 함수로 문자열의 길이를 알아내면 되고, 글자 내 'e'의 개수는 count() 함수로 확인합니다. 여기에 마지막으로 느낌표를 연결하면 끝납니다. 여기서 한 가지를 주의해야 합니다. 여러 값을 하나의 문자열로 합쳐야 하는데, len() 함수와 count() 함수로 구하는 값은 정수형입니다. 따라서 두 함수를 str()로 감싸서 문자열로 바꾼 후에 + 연산자로 모두 더해야 합니다.

자, 이제 여러분은 홈페이지마다 서로 다른 비밀번호를 자동으로 생성해 안전하게 비밀번호를 관리하는 프로그램을 개발했습니다.

셀프체크

```
proverb = "the early bird catches the worm."
# proverb = "Actions Speak Louder Than Words."
# proverb = "PRACTICE MAKES PERFECT."
print(proverb[0].upper() + proverb[1:].lower())
```

참고로, 파이썬에서 제공하는 문자열 함수를 이용하는 방법도 있습니다.

```
print(proverb.capitalize()) # 첫 글자는 대문자로, 나머지는 소문자로 변경
```

5장

1분 퀴즈

1. ①

2. ①

3. ②

4. ②

5. ②

6. ③

해설_ 첫째 줄에서 value는 v1, v2, v3입니다. 둘째 줄에서는 k1에 해당하는 값이 dictionary에 있으므로 k1 key의 value를 v0으로 변경합니다. 셋째 줄에서는 k4에 해당하는 값이 dictionary에 없으므로 key와 value를 모두 추가합니다. 따라서 최종 value는 v0, v2, v3, v4가 됩니다. 마지막 줄에 print(dictionary.values())를 추가해 실행하면 결과를 확인할 수 있습니다.

7. ②

8. ③

9. ④

10. ②

해설_ intersection() 함수는 두 세트 값의 교집합을 구하는데, 이때 중복을 허용하지 않으므로 {3, 4, 5}를 출력합니다.

11. ①

해설_ 둘째 줄에서 my_list를 세트로 형변환하면 중복을 제거하고 {1, 2, 3}이 됩니다. 이를 다시 리스트로 형변환하므로 실행결과는 [1, 2, 3]이 됩니다.

실습 문제

```
from random import *  -------------------- ❶ random 모듈 추가

users = range(1, 21)  -------------------- ❷ 리스트 생성, 1부터 21 직전(20)까지 연속한 숫자 모음
users = list(users)  --------------------- ❹ users를 리스트 자료구조로 변환
```

405

```
shuffle(users) ----------------------- ❸ 리스트 섞기

winners = sample(users, 4) ----------- ❺ users 리스트에서 중복 없이 4명 추첨

print("-- 당첨자 발표 -- ") ----------- ❻ 당첨자 출력
print("치킨 당첨자 : {0}".format(winners[0])) # 0번째 인덱스(1명)
print("커피 당첨자 : {0}".format(winners[1:])) # 1번째부터 마지막까지 슬라이싱(3명)
print("-- 축하합니다! --")
```

실행결과   ─ □ ×

```
-- 당첨자 발표 --
치킨 당첨자 : 6
커피 당첨자 : [9, 3, 10]
-- 축하합니다! --
```

해설

생각한 방식과는 매우 다르죠? 어떻게 이렇게 작성하는지 살펴봅시다.

❶ random 모듈의 shuffle( )과 sample( ) 함수를 사용해야 하니 코드 가장 윗줄에 random 모듈을
가져오는 구문을 추가합니다.

❷ 조건 1에서 제시한 1~20에 해당하는 아이디를 리스트로 만듭니다.

```
users = [1, 2, 3, 4, 5, 6, 7, 8, 9, 10, 11, 12, 13, 14, 15, 16, 17, 18, 19, 20]
```

일일이 적으려니 조금 귀찮지만, 20개는 직접 적을 만합니다. 하지만 아이디가 100개 또는 1,000개
라면요? 아마 아이디 리스트를 만드는 데도 시간을 많이 허비해야 할 겁니다. 다행히 파이썬에서는
range( ) 함수를 제공합니다. range( ) 함수는 시작 숫자와 끝 숫자를 정해 주면 시작 숫자부터 끝 숫자
직전까지 연속한 숫자를 반환합니다. 아이디는 1~20이므로 여기서는 range(1, 21)로 작성합니다.

TIP — range( ) 함수는 **6.2 for 문**에서 자세히 다룹니다.

```
users = range(1, 21)
```

---

❸ 조건 3에서 shuffle( ) 함수를 활용하라고 했으니 다음과 같이 작성하고 실행해 봅시다.

```
# users = [1, 2, 3, 4, 5, 6, 7, 8, 9, 10, 11, 12, 13, 14, 15, 16, 17, 18, 19, 20]
users = range(1, 21)
shuffle(users)
```

리스트 직접 생성 시
  [3, 5, 9, 15, 18, 11, 8, 17, 13, 4, 10, 20, 6, 14, 7, 19, 12, 2, 16, 1] ┄┄┚
  TypeError: 'range' object does not support item assignment ┄┄ range() 함수 사용 시

users 리스트에 숫자를 넣어 직접 만든 경우라면 문제없지만, range() 함수로 숫자를 생성하면 오류
가 발생합니다. shuffle() 함수는 리스트에서만 사용할 수 있는데, range()로 생성한 데이터는 리스
트가 아니기 때문입니다.

❹ 파이썬에서는 **5.5 자료구조 변환하기**에서 배운 것처럼 손쉽게 자료구조를 변환할 수 있습니다.

```
users = range(1, 21)
users = list(users) # users 변수를 리스트로 변환
shuffle(users)
```

❺ 리스트 데이터를 섞었으니 이번에는 추첨해 봅시다. 조건 2, 4에 따라 20명 중에 치킨 당첨자 1명, 커
  피 당첨자 3명이고 중복이 없어야 합니다. 여러분은 어떻게 접근했나요? 여기서는 sample() 함수
  를 사용해 처음부터 4명을 뽑은 다음, 그중 1명은 치킨, 나머지 3명은 커피 당첨자로 뽑습니다.

```
winners = sample(users, 4) # users 리스트에서 중복 없이 4명 추첨
```

❻ 이제 winners에서 첫 번째 아이디는 치킨, 나머지는 커피 당첨자로 출력하면 됩니다. 이 동작은 슬
  라이싱을 사용하면 쉽게 해결할 수 있습니다.

```
print("-- 당첨자 발표 --")
print("치킨 당첨자 : {0}".format(winners[0])) # 0번째 인덱스(1명)
print("커피 당첨자 : {0}".format(winners[1:])) # 1번째부터 마지막까지 슬라이싱(3명)
print("-- 축하합니다 --")
```

여러분이 생각한 방식은 어떤 건가요? 아마 대부분 다음처럼 접근했을 겁니다.

"20명 중에서 1명을 먼저 뽑고, 뽑은 사람을 제외한 19명 중에서 3명을 뽑자. 그런데 뽑은 사람은 어떻게 제외하지?"

좋은 접근 방식입니다. 그러면 이 방식으로도 풀어 볼까요?

❶ 아이디를 섞는 것까지는 크게 다르지 않습니다. 다만, range() 함수를 list()로 바로 감싸서 한 줄을 줄입니다.

❷ 치킨 당첨자 1명을 먼저 뽑아서 변수에 저장합니다.

❸ 그다음 전체 리스트에서 치킨 당첨자를 제외해야겠죠? 어떻게 하는 게 좋을까요? 세트 자료구조에서 차집합을 배웠는데, 기억나죠? 이를 이용하겠습니다.

❹ remain_users에는 이제 19명만 남았으니 이 중에서 커피 당첨자 3명을 뽑으면 되겠네요. 그런데 추첨에 사용하는 sample() 함수에서 세트를 사용할 때 리스트로 자동 변환해 주는 기능이 3.9 버전부터 deprecated(사용을 권장하지 않으며 향후 폐지 예정) 됐고, 3.11 버전부터는 사용할 수 없게 바뀌었습니다. 따라서 remain_users를 list() 또는 sorted() 함수를 사용해 세트에서 리스트 형태로 변환한 뒤에 sample() 함수를 사용해야 합니다.

❺ 나머지는 똑같습니다. 치킨 당첨자와 커피 당첨자가 뽑혔으니 그대로 출력만 하면 됩니다.

전체 코드를 정리하면 다음과 같습니다. 실행해서 결과를 비교해 보세요.

```
from random import *

users = list(range(1, 21))                          ❶ range()를 list()로 바로 감싸서 한 줄 줄이기
shuffle(users)
chicken_winner = sample(users, 1)                   ❷ 치킨 당첨자 1명 추첨
remain_users = set(users) - set(chicken_winner)     ❸ 전체 집합에서 치킨 당첨자 집합 제외
coffee_winners = sample(list(remain_users), 3)      ❹ 남은 19명 중에서 3명 추첨,
                                                       remain_users를 세트에서 리스트로 변환
print("-- 당첨자 발표 --")                            ❺ 당첨자 출력
print("치킨 당첨자 : {0}".format(chicken_winner))
print("커피 당첨자 : {0}".format(coffee_winners))
print("-- 축하합니다! --")
```

이렇게 해서 2가지 방법으로 문제를 풀고 코드를 작성해 봤습니다. 문제 해결을 위한 적절한 방법을 찾아내는 것이 가장 중요하지만, 때로는 유연한 사고로 더 쉬운 접근 방법을 고민해 보는 것도 중요합니다.

셀프체크

```
subject = ["자료구조", "알고리즘", "자료구조", "운영체제"]
subject = set(subject) # 리스트를 세트로 변환해 중복 제거
subject = list(subject) # 세트를 리스트로 변환
print("신청한 과목은 다음과 같습니다.")
print(subject)
```

6장

1분 퀴즈

1. ④

2. ①

해설_ if 문의 조건은 'total 변수의 값이 4보다 작거나 같다'이므로 조건을 만족합니다. 따라서 "추가

비용 없음"을 출력합니다. if 문의 조건을 만족하므로 else 문은 건너뛴 후 마지막 print() 문을 출력합니다.

3. ①

해설_ if 문의 조건을 만족하므로 print("고열입니다.")를 실행한 후 종료합니다.

4. ②

해설_ my_list(반복 대상)에 값이 있을 동안 반복하는 반복문입니다. 반복문 안에는 조건문이 있는데, 이때 조건은 변수 i의 값을 2로 나눴을 때 나머지가 0입니다. 2로 나눈 나머지가 0이면 값이 짝수이므로 i가 짝수일 때만 출력합니다.

5. ③

해설_ while 문의 조건이 i가 5보다 작거나 같을 때까지이고 i는 초깃값이 3이므로 i가 3, 4, 5일 동안 값을 출력합니다.

6. ②

실습 문제

```
from random import * ---------------------------------------- ❶ random 모듈 추가

cnt = 0 ----------------------------------------------------- ❷ 총 탑승객 수
for i in range(1, 51): -------------------------------------- ❸ 손님 총 50명
    time = randrange(5, 51) --------------------------------- ❹ 변수 정의 소요시간 5~50분
    if 5 <= time <= 15: ------------------------------------- ❺ 소요시간 5~15분인 손님만 매칭
        print("[0] {0}번째 손님 (소요시간 : {1}분)".format(i, time)) # 매칭 성공 출력
        cnt += 1 # 총 탑승객 수 증가 처리
    else: --------------------------------------------------- ❻ 매칭 실패 시
        print("[ ] {0}번째 손님 (소요시간 : {1}분)".format(i, time)) # 매칭 실패 출력

print("총 탑승객 : {0}명".format(cnt)) ------------------ ❼ 총 탑승객 수 출력
```

실행결과

```
[ ] 1번째 손님 (소요시간 : 39분)
[0] 2번째 손님 (소요시간 : 12분) ------- 5~15분 매칭 성공
[ ] 3번째 손님 (소요시간 : 42분)
[ ] 4번째 손님 (소요시간 : 44분)
[0] 5번째 손님 (소요시간 : 12분) ------- 5~15분 매칭 성공
```

계속

```
...
[  ] 49번째 손님 (소요시간 : 29분)
[  ] 50번째 손님 (소요시간 : 43분)
총 탑승객 : 13명
```

해설

이번 문제는 손님 50명의 운행 소요시간을 확인해 조건에 맞을 때만 매칭하는 프로그램을 작성하는 것입니다. 실행결과는 손님 50명을 모두 출력하되 매칭되면 [○]으로, 매칭되지 않으면 [ ]로 표시하고, 해당 손님의 운행 소요시간 정보도 함께 출력합니다. 그리고 마지막 줄에는 총 탑승객 수를 출력합니다.

실행결과 예시에서는 1번째 손님과 3번째 손님이 각각 소요시간 15분, 5분으로 조건에 만족해서 [○]로 표시합니다. 난수를 이용한 프로그램이므로 실행결과는 실행할 때마다 달라질 수 있다는 점을 유의해 주세요.

❶ 조건 1에서 운행 소요시간은 난수로 정해야 하므로 먼저 random 모듈을 추가합니다.

❷ 마지막 줄에 총 탑승객 수를 출력하므로 손님이 매칭될 때마다 어딘가 값을 저장해야 합니다. 그래서 코드 시작 부분에 탑승객 수를 표시하는 cnt 변수의 초깃값을 0으로 정의합니다.

❸ 문제에서 손님이 총 50명이라고 했으니 50번 반복하는 for 문을 작성합니다. 실행결과에 1번째 손님, 2번째 손님처럼 숫자 정보를 출력해야 하므로 반복 대상은 연속한 정수가 나오도록 range() 함수로 지정합니다.

❹ 조건 1에 따라 손님마다 운행 소요시간을 5~50분에서 뽑아야 합니다. 따라서 반복문 안에서 5~50인 범위를 지정해 randrange() 함수로 난수를 뽑고 시간 정보를 저장하는 time 변수에 저장합니다.

❺ 조건 2에서 소요시간이 5~15분인 손님만 매칭한다고 했으므로 time 변수의 값이 5~15인지 if 문의 조건으로 비교합니다. 조건에 맞으면 매칭 성공 정보를 출력하고 총 탑승객 수를 1 증가시킵니다.

❻ 조건에 맞지 않으면 매칭 실패 정보만 출력합니다.

❼ 반복이 끝나면 for 문을 빠져나와 cnt 변수에 담긴 총 탑승객 정보를 출력합니다.

셀프체크

```
price = 1000 # 상품 가격
goods = 3 # 구매 상품 수
total = 0 # 총 가격

for i in range(1, goods + 1): # 구매 상품 수가 3인 경우 1~3 반복 수행
```

```
        print("2+1 상품입니다.")
        if i % 3 == 0: # 3의 배수인 경우 가격을 더하지 않음
            continue
        total += price

print("총 가격은 " + str(total) + "원입니다.")
```

7장

1분 퀴즈

1. ①

2. ①

3. ③

4. ②

5. ④

해설_ 기본값은 함수에서 매개변수에 미리 지정해 둔 값으로 기본값이 있으면 전달값을 넣지 않아도 됩니다. 기본값이 있어도 함수를 호출할 때 전달값을 포함하면 기본값 대신 전달값을 대입해 사용합니다.

6. ④

7. ③

해설_ 함수 안에 정의한 지역변수는 함수 안에서만 접근할 수 있습니다.

8. ①

실습 문제

```
def std_weight(height, gender): ------------------- ❶ 표준 체중 계산 함수 정의
    if gender == "남자":
        return height * height * 22
    else:
        return height * height * 21
```

```
height = 175 ----------------------------------------- ❷ 전달값(키, cm 단위)을 저장한 변수 정의
gender = "남자" ------------------------------------- ❷ 전달값(성별)을 저장한 변수 정의
# weight = std_weight(height / 100, gender) ----- ❸ 함수 호출(키는 cm 단위에서 m 단위로 변환)
weight = round(std_weight(height / 100, gender), 2) -- ❺ 반올림해서 소수점 둘째 자리까지 표시
print("키 {0}cm {1}의 표준 체중은 {2}kg입니다.".format(height, gender, weight)) ---┐
                                                                    ❹ 결과 출력
```

해설

❶ 먼저 표준 체중을 계산하는 함수를 정의합니다. 조건 1에 제시한 대로 함수명을 std_weight라고 하고 전달값인 키와 성별을 각각 height와 gender로 받습니다. 전달받은 성별을 if 문으로 확인해 남자일 때와 여자일 때를 구분합니다. 그리고 공식을 코드에 그대로 적용해 표준 체중을 계산하고 함수를 호출한 곳으로 계산한 값을 반환하도록 return 문을 작성합니다.

❷ 전달값을 작성합니다. 키가 175cm이고 성별이 남자이므로 이 값을 담은 height와 gender 변수를 정의합니다.

❸ 함수를 호출하는 부분을 작성합니다. 함수에서 키를 m 단위로 받으므로 cm 단위로 된 키를 m 단위로 변환해야 합니다. 그래서 함수를 호출할 때 height 변수를 100으로 나눈 값을 전달합니다. 성별은 그대로 gender 변수를 전달하면 됩니다.

❹ 키와 성별, 함수의 반환값인 표준 체중을 합쳐 출력하도록 print() 문을 작성합니다. 여기까지 작성하고 실행하면 표준 체중이 소수점 이하 셋째 자리까지 나옵니다.

❺ 조건 2에서 표준 체중은 소수점 이하 둘째 자리까지 표시하라고 했습니다. 조건 2도 처리해 보겠습니다. **3.4 숫자 처리 함수**에서 round() 함수를 배웠습니다. round() 함수는 수를 반올림하는데, 원하는 자릿수를 지정해 표시할 수 있습니다. 여기서는 소수점 이하 둘째 자리까지 표시해야 하므로 std_weight() 함수 호출 부분을 round() 함수로 감싸고, 표시할 자릿수로 2를 넣습니다. round() 함수는 표준 체중 결과를 반올림해서 소수점 둘째 자리까지 표시한 결과를 반환합니다. 작성하고 다시 실행하면 표준 체중을 반올림해서 소수점 이하 둘째 자리까지 표시합니다.

셀프체크

```
def get_air_quality(fine_dust):
    if 0 <= fine_dust <= 30:
```

413

```
        return "좋음"
    elif fine_dust <= 80:
        return "보통"
    elif fine_dust <= 150:
        return "나쁨"
    else:
        return "매우 나쁨"

# 테스트 코드
print(get_air_quality(15)) # 좋음
print(get_air_quality(85)) # 나쁨
```

8장

1분 퀴즈

1. ③

2. ①

3. vacation

4. ③

5. ①

6. ③

7. ①

8. ④

실습 문제

```
for i in range(1, 51): # 숫자 1~50
    with open(str(i) + "주차.txt", "w", encoding="utf8") as report_file:
        report_file.write("- {0}주차 주간보고 -".format(i))
        report_file.write("\n부서 : ") # 줄 바꿈 처리
```

```
        report_file.write("\n이름 : ")
        report_file.write("\n업무 요약 : ")
```

해설

이 문제는 쓰기 모드로 파일을 열어서 제시된 내용을 보고서에 포함하도록 코드를 작성하면 됩니다. 그
리고 반복문으로 주차의 숫자를 증가시키면서 같은 동작을 50번 반복하고요.

먼저 1주차 파일을 만드는 코드를 작성해 보겠습니다. with 문을 사용해 파일을 쓰기 모드로 엽니다. 파
일명은 1주차.txt로 하고 encoding은 utf8로 지정합니다. 이 파일은 report_file이라는 변수로 접근
하게 합니다. with 문 안에서는 report_file 변수에 write() 함수를 사용해 조건에 제시된 보고서
내용을 작성하면 끝입니다.

```
with open("1주차.txt", "w", encoding="utf8") as report_file:
    report_file.write("- 1주차 주간보고 -")
    report_file.write("\n부서 : ") # 줄 바꿈 처리
    report_file.write("\n이름 : ")
    report_file.write("\n업무 요약 : ")
```

실행해 보면 '1주차.txt' 파일이 생기고 파일을 열면 본문 내용도 잘 작성돼 있습니다. 여기서 write()
함수는 내용을 있는 그대로 파일에 쓰고 줄 바꿈은 하지 않으므로 2번째 줄부터 \n을 넣어 직접 줄 바
꿈했습니다. 만약 줄 바꿈하지 않으면 파일에는 다음처럼 한 줄로 내용을 작성합니다.

다음은 이 작업을 50번 반복하면 됩니다. 앞에서 작성한 코드를 반복문 안에 넣습니다. 반복문은 for
문을 사용하고, 반복 대상은 range() 함수로 1부터 50까지 숫자를 증가시킵니다.

파일 여는 부분에서 파일명을 'X주차.txt'와 같은 형식으로 바꿔야 하므로 1~50의 숫자 정보를 담는 i 변수와 연결하는 방식으로 하겠습니다. 문자열을 합칠 때 + 연산자를 사용하는데, i가 정수이므로 str( )로 감싸서 문자열로 변환한 후 연결합니다.

write( ) 함수 부분은 앞에서 작성한 코드를 대부분 그대로 사용하고, 첫 번째 줄에 주차 정보를 표시하는 부분만 format( ) 함수로 i 값을 넣어 주도록 변경합니다. 완성한 코드는 다음과 같습니다.

```python
for i in range(1, 51): # 숫자 1~50
    with open(str(i) + "주차.txt", "w", encoding="utf8") as report_file:
        report_file.write("- {0} 주차 주간보고 -".format(i))
        report_file.write("\n부서 : ") # 줄 바꿈 처리
        report_file.write("\n이름 : ")
        report_file.write("\n업무 요약 : ")
```

코드를 실행하면 한꺼번에 50개 파일이 생깁니다. 각 파일을 열어 보면 제목과 동일한 주차로 주간 보고 내용이 작성돼 있습니다.

그림 8-7 실행결과

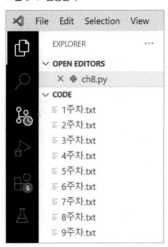

TIP ── 실습한 후에 50개 파일은 필요 없습니다. 많은 파일을 한꺼번에 삭제하려면 VSCode의 탐색기에서 '1주차.txt' 파일을 클릭하고 키보드의 Shift 를 누른 채 '50주차.txt' 파일을 클릭하면 범위에 있는 모든 파일이 선택됩니다. 또는 Ctrl (macOS일 때 command)을 누른 상태에서 파일을 하나씩 클릭하면 파일을 다중 선택할 수 있습니다. 이 상태에서 delete (macOS일 때 fn + delete)를 누르거나 마우스 오른쪽 버튼을 클릭해 나온 메뉴에서 Delete(삭제)를 누르면 파일을 한 번에 삭제할 수 있습니다.

셀프체크

```python
with open("class.txt", "r", encoding="utf8") as f:
    txt = f.read() # 파일 내용 읽어 오기
    words = txt.split() # 내용을 띄어쓰기로 구분해 리스트로 반환
```

```
for word in words:
    print(word, end=" ")
    if word.endswith("명"): # 명으로 끝나면 줄 바꿈
        print()
```

"class.txt"에는 실제 파일 경로를 넣어야 합니다.

1분 퀴즈

1. ②

2. ①

3. ②

해설_ 객체만을 위한 인스턴스 변수가 필요한 경우에 객체에서 직접 정의할 수 있습니다. 이때 해당 객체를 제외한 나머지 객체는 새로 정의한 인스턴스 변수를 알지 못하고 사용할 수도 없습니다.

4. ①

5. ②

해설_ 다중 상속으로 여러 클래스를 상속받을 때는 쉼표(,)로 구분해 표시합니다.

6. ②

7. ③

8. ④

실습 문제

```
class House:
    # 매물 초기화: 위치, 건물 종류, 매물 종류, 가격, 준공연도
    def __init__(self, location, house_type, deal_type, price, completion_year):
        self.location = location
        self.house_type = house_type
        self.deal_type = deal_type
```

```
        self.price = price
        self.completion_year = completion_year

    # 매물 정보 표시
    def show_detail(self):
        print(self.location, self.house_type, self.deal_type, \
            self.price, self.completion_year)

houses = []
house1 = House("강남", "아파트", "매매", "10억 원", "2010년")
house2 = House("마포", "오피스텔", "전세", "5억 원", "2007년")
house3 = House("송파", "빌라", "월세", "500/50만 원", "2000년")

houses.append(house1)
houses.append(house2)
houses.append(house3)

print("총 {0}가지 매물이 있습니다.".format(len(houses)))
for house in houses:
    house.show_detail()
```

실행결과　　　　　　　　　　　　　　　　　　　　　　　　　　－　□　×

```
총 3가지 매물이 있습니다.
강남 아파트 매매 10억 원 2010년
마포 오피스텔 전세 5억 원 2007년
송파 빌라 월세 500/50만 원 2000년
```

해설

문제에 주어진 클래스를 완성하는 것이 목표입니다.

❶ House 클래스의 생성자는 전달값에 넘어온 값들로 인스턴스 변수를 만듭니다. 인스턴스 변수는 앞에 self.을 붙여야 한다는 점을 주의하세요.

❷ show_detail() 메서드는 특별한 내용이 필요 없으므로 print() 문으로 인스턴스 변수를 순서대로 출력만 하면 됩니다. 문장이 길어서 중간에 \를 넣어 두 줄로 표시했습니다.

```
class House:
    # 매물 초기화: 위치, 건물 종류, 매물 종류, 가격, 준공연도
```

```python
    def __init__(self, location, house_type, deal_type, price, completion_year):
        self.location = location
        self.house_type = house_type
        self.deal_type = deal_type                    ---- ❶ self.을 붙여 인스턴스 변수 정의
        self.price = price
        self.completion_year = completion_year

    # 매물 정보 표시
    def show_detail(self):
        print(self.location, self.house_type, self.deal_type,\
            self.price, self.completion_year)         ---------- ❷ 인스턴스 변수의 값 순서대로 출력
```

❸ 여러 매물을 관리해야 하므로 houses라는 이름으로 리스트를 생성합니다. 여기서는 리스트에 추가

될 매물 정보가 준비되지 않았으므로 값이 없는 빈 상태로 정의합니다.

❹ House 클래스로 각 매물 정보를 전달해 객체 3개를 생성합니다.

❺ 생성한 객체들을 append( ) 함수로 houses 리스트에 추가합니다.

```python
houses = []  ----------------- ❸ houses 리스트 생성
house1 = House("강남", "아파트", "매매", "10억 원", "2010년")
house2 = House("마포", "오피스텔", "전세", "5억 원", "2007년")  ---- ❹ House 클래스로
house3 = House("송파", "빌라", "월세", "500/50만 원", "2000년")        객체 3개 생성

houses.append(house1)
houses.append(house2)  ---- ❺ houses 리스트에 객체 추가
houses.append(house3)
```

❻ 총 매물 수를 출력해야 하므로 print( ) 문을 작성합니다. 각 매물은 houses 리스트에 객체로 저장

돼 있습니다. 따라서 houses 리스트에 객체가 몇 개 있는지 확인하면 총 매물 수가 됩니다. 문자열의

길이를 확인할 때 사용한 len( ) 함수로 리스트의 길이도 확인할 수 있습니다. 따라서 다음과 같이

작성합니다.

```python
print("총 {0}가지 매물이 있습니다.".format(len(houses)))  ---- ❻ 총 매물 수 출력
```

❼ 마지막으로 각 매물의 정보를 표시하기 위해 객체별로 show_detail( ) 메서드를 호출합니다. 객체

는 리스트로 관리하고 있으므로 다음과 같이 반복문을 사용하면 같은 코드를 반복 작성하지 않고 짧

은 코드로 원하는 동작을 구현할 수 있습니다.

```
for house in houses: ---- ❼ 반복문으로 매물 정보 출력
    house.show_detail()
```

셀프체크

```
class ParkingManager:
    # 주차 정보 초기화: 총 주차 가능 대수
    def __init__(self, capacity):
        self.capacity = capacity # 총 주차 가능 대수
        self.count = 0 # 현재 등록된 차량 수
        print(f"총 {capacity}대를 등록할 수 있습니다.")

    # 신규 차량 등록
    def register(self):
        if self.count >= self.capacity:
            print("더 이상 등록할 수 없습니다.")
            return
        self.count += 1
        print(f"차량 신규 등록 ({self.count}/{self.capacity})")

# 테스트 코드
manager = ParkingManager(5)
for i in range(6):
    manager.register()
```

10장

1분 퀴즈

1. ④

2. ②

3. ④

4. ②

실습 문제

```python
class SoldOutError(Exception):
    pass

chicken = 10 # 남은 치킨 수
waiting = 1 # 대기번호, 1부터 시작

while True:
    try:
        print("[남은 치킨 : {0}]".format(chicken))
        order = int(input("치킨을 몇 마리 주문하시겠습니까? "))
        if order > chicken: # 남은 치킨보다 주문량이 많을 때
            print("재료가 부족합니다.")
        elif order <= 0:
            raise ValueError
        else:
            print("[대기번호 {0}] {1}마리를 주문했습니다.".format(waiting, order))
            waiting += 1 # 대기번호 증가
            chicken -= order # 주문 수만큼 남은 치킨 감소
        if chicken == 0:
            raise SoldOutError
    except ValueError:
        print("잘못된 값을 입력했습니다.")
    except SoldOutError:
        print("재료가 소진돼 더 이상 주문을 받지 않습니다.")
        break
```

실행결과   — □ ✕

```
[남은 치킨 : 10]
치킨을 몇 마리 주문하시겠습니까? 10
[대기번호 1] 10마리를 주문했습니다.
재료가 소진돼 더 이상 주문을 받지 않습니다.
```

해설

주어진 코드를 살펴보면 먼저 남은 치킨 수(chicken)와 대기번호(waiting)를 각각 10마리와 1번으로 초기화합니다. 반복문 안에서 사용자로부터 치킨을 주문받고 주문 수가 남은 치킨 수를 초과하면 "재료가 부족합니다."를 출력합니다. 그렇지 않은 경우에는 대기번호 몇 번인 손님이 치킨을 몇 마리 주문했는지 출력합니다. 그런 다음 대기번호는 1 증가시키고, 남은 치킨 수는 주문 수만큼 감소시킵니다.

코드를 실행하면서 작동 원리를 살펴보겠습니다. 처음에는 치킨이 10마리 있으므로 5를 입력하고 Enter 를 눌러 5마리를 주문합니다.

대기번호 1번 손님이 치킨 5마리 주문했다는 문구가 나오고 남은 치킨은 5마리로 줄어들어 출력됩니다. 아직 치킨이 남아 있어서 다시 반복문이 실행되고 계속해서 주문을 받습니다. 2마리를 더 주문해 볼까요? 2를 입력한 후 Enter 를 누릅니다.

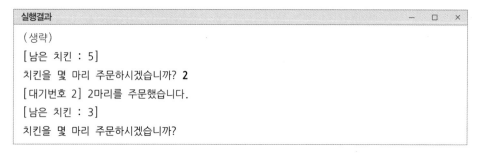

대기번호가 1 증가해 2가 되고 남은 치킨은 3마리로 줄어듭니다. 마지막으로 남은 치킨 수를 초과해 10을 입력해 보겠습니다.

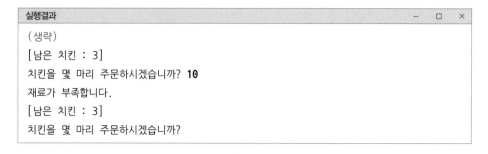

치킨이 3마리 남았는데 10마리 주문이 들어오니 재료가 부족하다는 메시지와 함께 남은 치킨 수는 그대로 있네요. 정상적인 동작입니다. 0마리를 주문하면 어떨까요?

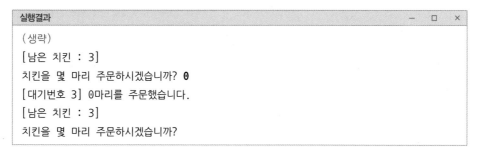

0마리인데도 주문했다는 문구가 뜨네요. 그러면 −1을 입력해 볼까요?

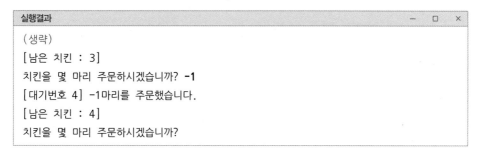

큰일이 생겼습니다. 남은 치킨이 4마리로 늘어나는 문제가 발생합니다. 마지막으로 한글로 주문해 보겠습니다. '10마리'라고 입력해 봅시다.

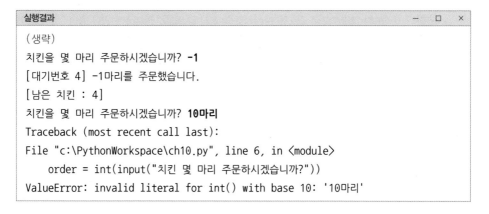

ValueError가 발생하면서 프로그램이 비정상적으로 종료합니다. 이와 같이 잘못된 값이 입력됐을 때와 남은 치킨 수가 0이 됐을 때 예외 처리를 작성하면 됩니다.

❶ 조건 1에서 1보다 작거나 숫자가 아닌 값이 입력될 때 ValueError로 예외 처리를 해야 하므로 코

드를 try-except 문 사이에 넣습니다. 이때 while 문까지 통째로 넣으면 잘못된 값이 입력될 때 while 문 밖에 있는 except 문에서 예외 처리돼 프로그램이 바로 종료됩니다. 그래서 잘못된 값을 입력하더라도 반복문이 계속 실행되도록 while 문 내부 코드만 try-except 문으로 감쌉니다.

```python
chicken = 10
waiting = 1

while True:
    try: ----------------------------- ❶ 예외 처리를 위한 try 문 추가
        print("[남은 치킨 : {0}]".format(chicken))
        order = int(input("치킨을 몇 마리 주문하시겠습니까? "))
        if order > chicken:
            print("재료가 부족합니다.")
        else:
            print("[대기번호 {0}] {1}마리를 주문했습니다.".format(waiting, order))
            waiting += 1
            chicken -= order
    except ValueError: --------------- ❶ ValueError 예외 처리
        print("잘못된 값을 입력했습니다.")
```

❷ 여기까지 작성하면 숫자가 아닌 값을 입력했을 때 입력값을 정수형으로 변환하는 int(input(...)) 부분에서 오류가 발생하므로 except 문에서 예외 처리를 합니다. 하지만 '1보다 작거나'에 해당하는 조건이 처리되지 않았으므로 코드를 보완하겠습니다. 입력값을 정수로 변환한 후 if 문으로 비교하므로 입력값이 1보다 작은 경우는 이 부분을 수정하면 됩니다. if 문에서 남은 치킨보다 주문량이 많은 경우(order > chicken)를 제외한 모든 경우는 else 문에서 정상 주문으로 처리됩니다. 그 사이에 elif 문을 추가해 입력값이 1보다 작은지 비교하고 1보다 작으면 ValueError를 발생시킵니다.

```python
chicken = 10
waiting = 1

while True:
    try:
        print("[남은 치킨 : {0}]".format(chicken))
        order = int(input("치킨을 몇 마리 주문하시겠습니까? "))
        if order > chicken:
            print("재료가 부족합니다.")
```

```
        elif order <= 0: ----------- ❷ 입력값이 1보다 작은 수일 때
            raise ValueError
        else:
            print("[대기번호 {0}] {1}마리를 주문했습니다.".format(waiting, order))
            waiting += 1
            chicken -= order
    except ValueError:
        print("잘못된 값을 입력했습니다.")
```

❸ 조건 1은 모두 처리했으니 이제 조건 2와 조건 3을 살펴보겠습니다. 대기 손님이 주문할 수 있는 치킨은 총 10마리이므로 남은 치킨 수가 0이 되면 SoldOutError를 발생시키고 안내 문구를 출력한 후 프로그램을 종료하면 됩니다. 먼저 코드 가장 윗줄에 사용자 정의 오류인 SoldOutError 클래스를 정의합니다. 세부 동작은 구현하지 않고 pass로만 작성합니다.

```
class SoldOutError(Exception): ----------- ❸ 재고 소진 시 발생할 오류 정의
    pass


chicken = 10
waiting = 1


while True:
    (생략)
```

❹ 이제 while 문 안에서 남은 치킨 수가 0이 됐을 때 SoldOutError가 발생하면 되겠네요. 기존 if-else 문 아래에 새로운 if 문을 추가합니다. 그리고 SoldOutError를 처리하기 위한 except 문을 추가하고 조건 3에 제시한 안내 문구를 출력하도록 print() 문을 작성합니다. 또한, 더 이상 주문을 받을 수 없으므로 break로 while 문을 탈출해 프로그램을 종료하게 합니다.

```
class SoldOutError(Exception):
    pass


chicken = 10
waiting = 1


while True:
    try:
```

```
            print("[남은 치킨 : {0}]".format(chicken))
            order = int(input("치킨을 몇 마리 주문하시겠습니까? "))
            if order > chicken:
                print("재료가 부족합니다.")
            elif order <= 0:
                raise ValueError
            else:
                print("[대기번호 {0}] {1}마리를 주문했습니다.".format(waiting, order))
                waiting += 1
                chicken -= order
```

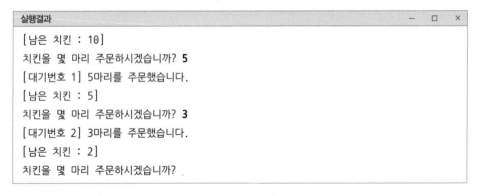

```
            if chicken == 0: ------------------- ❹ 남은 치킨 수가 0이면
                raise SoldOutError ----------- ❹ 재료 소진으로 주문이 불가능하므로 오류 발생
    except ValueError:
        print("잘못된 값을 입력했습니다.")
    except SoldOutError: ------------------- ❹ 재료 소진 시 발생하는 오류의 예외 처리
        print("재료가 소진돼 더 이상 주문을 받지 않습니다.")
        break
```

코드 작성이 끝났습니다. 제대로 작동하는지 확인하기 위해 프로그램을 실행해 보겠습니다. 먼저 5를 입력하고 이어서 3을 입력합니다.

실행결과

```
[남은 치킨 : 10]
치킨을 몇 마리 주문하시겠습니까? 5
[대기번호 1] 5마리를 주문했습니다.
[남은 치킨 : 5]
치킨을 몇 마리 주문하시겠습니까? 3
[대기번호 2] 3마리를 주문했습니다.
[남은 치킨 : 2]
치킨을 몇 마리 주문하시겠습니까?
```

여기까지는 정상적인 값을 입력해서 제대로 동작합니다. 이번에는 주문할 수 없는 0을 입력해 보겠습니다.

실행결과

```
(생략)
치킨을 몇 마리 주문하시겠습니까? 3
[대기번호 2] 3마리를 주문했습니다.
[남은 치킨 : 2]
```

❖ 계속

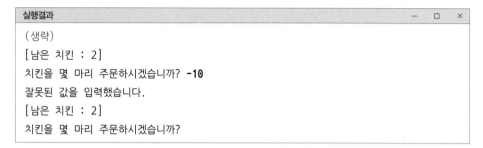

```
치킨을 몇 마리 주문하시겠습니까? 0
잘못된 값을 입력했습니다.
[남은 치킨 : 2]
치킨을 몇 마리 주문하시겠습니까?
```

예외 처리가 잘 됩니다. 다음으로 −10을 입력해 이번에도 예외 처리가 되는지 확인합니다.

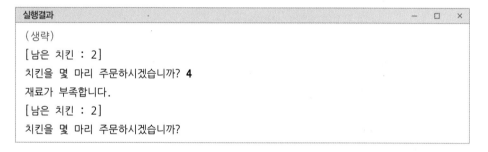

실행결과 − □ ×
```
(생략)
[남은 치킨 : 2]
치킨을 몇 마리 주문하시겠습니까? -10
잘못된 값을 입력했습니다.
[남은 치킨 : 2]
치킨을 몇 마리 주문하시겠습니까?
```

이번에는 남은 치킨 수를 초과하는 4를 입력합니다.

실행결과 − □ ×
```
(생략)
[남은 치킨 : 2]
치킨을 몇 마리 주문하시겠습니까? 4
재료가 부족합니다.
[남은 치킨 : 2]
치킨을 몇 마리 주문하시겠습니까?
```

한글도 입력해 볼까요? 삼이라고 입력합니다.

실행결과 − □ ×
```
(생략)
[남은 치킨 : 2]
치킨을 몇 마리 주문하시겠습니까? 삼
잘못된 값을 입력했습니다.
[남은 치킨 : 2]
치킨을 몇 마리 주문하시겠습니까?
```

이제는 프로그램이 비정상적으로 종료되지 않고 계속 주문을 받습니다. 마지막으로 2를 입력해 재료를 소진해 봅시다.

정상적으로 주문되고 재료 소진 안내 문구와 함께 프로그램이 종료됩니다. 이렇게 예외 처리를 적용해 탄탄하고 신뢰할 수 있는 좋은 프로그램을 완성했습니다.

셀프체크

```python
def save_battery(level):
    try:
        print(f"배터리 잔량 : {level}%") # 배터리 잔량 표시
        if level > 30:
            print("일반 모드로 사용합니다.")
        elif level > 5:
            print("절전 모드로 사용합니다.")
        else:
            raise Exception("배터리가 부족해 스마트폰을 종료합니다.") # 오류 발생
    except Exception as e:
        print(e)
    print() # 마지막 줄 바꿈


# 테스트 코드
save_battery(75)
save_battery(25)
save_battery(3)
```

11장

1분 퀴즈

1. ④

2. ②

3. ③

4. ②

5. ①

6. ④

7. ③

8. ①

실습 문제

byme.py

```
def sign():
    print("이 프로그램은 나도코딩이 만들었습니다.")
    print("유튜브 : https://www.youtube.com/@nadocoding")
    print("이메일 : nadocoding@gmail.com")
```

example.py

```
import byme

byme.sign()
```

실행결과	— □ ×

```
이 프로그램은 나도코딩이 만들었습니다.
유튜브 : https://www.youtube.com/@nadocoding
이메일 : nadocoding@gmail.com
```

VSCode에서 **byme.py**라는 이름으로 새로운 파일을 생성합니다. byme 모듈에는 조건에 주어진 대로 sign()이라는 함수를 정의합니다. sign() 함수의 역할은 아주 단순합니다. 실행결과에 나온 3줄을 출력만 하면 됩니다. 따라서 함수 안에 안내 문구를 출력하는 print() 문을 작성합니다.

byme.py 파일을 저장하고 원래 작업하던 파일(example.py)로 돌아가서 조건에 제시한 코드를 작성합니다. byme 모듈은 작업 파일과 같은 경로에 있으므로 import만 하면 바로 사용할 수 있습니다. 조건에 나온 대로 byme 모듈을 import하고 sign() 함수를 호출합니다. 실행하면 byme 모듈이 정상적으로 import돼 작성한 서명 문구를 출력하는 것을 확인할 수 있습니다.

셀프체크

greeting.py

```python
def say_hello(to):
    print(f"안녕, {to}?")


def say_goodbye(to):
    print(f"또 만나, {to}!")


if __name__ == "__main__":  # 모듈 직접 실행 시 함수 호출
    say_hello("파이썬")
    say_goodbye("나도코딩")
```

INDEX